滇东北地区混凝土质量控制及强度原位测试技术

杜杰贵 白 银 曹志伟 陈 波 著

东南大学出版社
SOUTHEAST UNIVERSITY PRESS
·南京·

内 容 提 要

本书以滇东北高速公路为工程背景,从混凝土配合比设计、低温条件下强度快速增长技术、表面质量提升以及强度原位测试等方面展开研究,总结了滇东北公路工程结构混凝土施工与养护的关键技术。

本书的特色之处是在混凝土骨料级配设计方法中引入骨料粒形的影响,研发出能够适应滇东北典型低温条件的低温早强剂,对混凝土表面缺陷提出定量表征方法,采用当地原材料建立了滇东北回弹测强曲线,既有必要的理论阐述,也有实践经验的总结。

本书可供公路工程混凝土相关研究、设计、施工、检测技术人员和高校师生参考使用。

图书在版编目(CIP)数据

滇东北地区混凝土质量控制及强度原位测试技术 / 杜杰贵等著. —南京:东南大学出版社,2020.3
 ISBN 978-7-5641-8616-6

Ⅰ.①滇… Ⅱ.①杜… Ⅲ.①水泥混凝土路面-混凝土质量-质量控制-研究-云南②水泥混凝土路面-混凝土强度-研究-云南 Ⅳ.①U416.216

中国版本图书馆 CIP 数据核字(2019)第 256736 号

滇东北地区混凝土质量控制及强度原位测试技术

出版发行	东南大学出版社
社　　址	南京市四牌楼 2 号　邮编:210096
出 版 人	江建中
责任编辑	杨　凡
网　　址	http://www.seupress.com
经　　销	全国各地新华书店
印　　刷	南京新世纪联盟印务有限公司
版　　次	2020 年 3 月第 1 版
印　　次	2020 年 3 月第 1 次印刷
开　　本	700 mm×1000 mm　1/16
印　　张	18
字　　数	368 千字
书　　号	ISBN 978-7-5641-8616-6
定　　价	98.00 元

本社图书若有印装质量问题,请直接与营销部联系。电话(传真):025-83791830

前　　言

"十三五"时期仍是我国交通运输发展的重要时期,尤其是我国西部地区,交通运输发展将迎来新的高潮。公路工程作为交通运输业的重要组成部分,也将迎来新的机遇和挑战。滇东北地区地处云贵高原北部,地质条件复杂,公路工程沿线砂石原材料品质波动大,运输成本高,气候变化呈垂直分布,高海拔部位和低海拔部位的气候差异明显,给工程建设带来了较大的困难,主要存在的问题有:砂石骨料品质差,尤其是砂石骨料的粒形差异明显,石粉含量高,含泥较重,品质控制的难度大;冬季气温低,平均气温在 0~5 ℃,既算不上严寒地区,但又确实会导致混凝土强度发展缓慢,由于云南省全年混凝土施工不间断,这样的低温会对施工进度和工程质量产生明显影响;混凝土外观质量控制难,公路工程典型的桥梁结构容易出现气泡多、色差大、表面强度低等外观缺陷;混凝土强度评价方法实用性差,公路工程验收多采用回弹法评定混凝土强度,滇东北地区骨料品种分布多样,有石灰岩、玄武岩、砂岩、泥岩等多种岩性的岩石,各种岩石物理力学性能差别较大,对回弹法测试结果影响显著。针对滇东北地区典型的地质、气候条件,结合公路工程混凝土实际遇到的难题,提出相应的解决措施和方案,是本书出版的初衷。

本书密切结合滇东北公路工程混凝土配合比设计及冬季施工、养护的关键问题开展研究。全书分为四个部分:①考虑骨料粒形影响的混凝土全级配配合比设计方法。目前国内外尚未有将骨料粒形作为一个物理参数考虑到配合比设计过程中的方法,本书通过图像分析技术识别粗细骨料的粒形特征,将其引入骨料级配设计曲线中,建立了全新的骨料级配曲线设计方法,并编制软件实现自动设计,方便施工人员使用。②低温弱养护条件下混凝土强度快速增长技术。针对滇东北典型的气候条件,研制低温早强剂,实现在 0~5 ℃环境下掺用低温早强剂的混凝土强度发展速度高于标准养护条件下的强度发展速度,解决了部分结构混凝土难以养护且强度发展缓慢的难题。③混凝土表面质量量化表征与提升技术。采用图像分析技术建立了混凝土表面质量定量分析并详细比较了涂刷类、贴附类脱模材料对混凝土外观质量的影响,提出提高表面质量的技术措施。④滇东北地区公路工程混凝土强度原位测试技术。针对滇东北地区典型的骨料岩性,考察了回弹法推定强度与混凝土抗压强度之间的相关关系,编制了地方回弹曲线。本书主要面向公路工程混凝土相关研究、设计、施工、检测技术人员,也可供高校师生参考。

本书由大山包一级公路建设指挥部、水利部交通运输部国家能源局南京水利科学研究院、云南省公路科学技术研究院合著,由杜杰贵教授级高级工程师统筹全稿。全书篇章分工如下:第1篇"考虑骨料粒形影响的混凝土配合比设计方法"由杜杰贵、吕乐乐、宁逢伟、郭西宁执笔,第2篇"低温弱养护条件下混凝土强度快速增长技术"由白银、张丰执笔,第3篇"混凝土表面质量量化表征与提升技术"由曹志伟、陈波、李安强执笔,第4篇"滇东北地区公路工程混凝土强度原位测试技术"由陈波、宁逢伟、曹志伟、张丰执笔。同时,对参与本书编辑、设计和校对的东南大学出版社杨凡等编辑表示感谢。

本书的完成还要感谢以下基金项目的支持:国家重点研发计划项目资助(课题编号:2016YFC0401609)、国家自然科学基金重点项目资助(51739008)、云南省交通运输厅科技项目资助[云交科教〔2016〕56号一(三)]。

鉴于编者水平有限,书中难免会有错误和纰漏之处,敬请各位专家和广大读者批评指正。

作者
2019年7月19日于南京

目　　录

第 1 篇　考虑骨料粒形影响的混凝土配合比设计方法

第 1 章　绪论···002
1.1　骨料级配理论··002
1.2　骨料颗粒特性表征···006
1.3　混凝土配合比设计方法··007

第 2 章　细骨料级配及颗粒形貌表征···009
2.1　原材料及试验方法···009
2.2　级配和细度模数···013
2.3　颗粒粒形表征··017
2.4　颗粒粒形与颗粒流动性关系···024

第 3 章　粗骨料级配及颗粒形貌表征···030
3.1　粗骨料粒形表征···030
3.2　颗粒流动性与评定参数的关系······································033

第 4 章　考虑粒形影响的混凝土骨料级配设计方法·························045
4.1　Bolomey 理想级配曲线模型···045
4.2　颗粒特征参数对最优级配曲线模型的影响·······················046
4.3　最优级配曲线模型的优化···047
4.4　骨料级配设计方法的软件实现·····································051
4.5　考虑粒形影响的骨料级配设计方法与传统方法效果对比······056
4.6　考虑骨料粒形影响的配合比设计方法的应用····················060

第 2 篇　低温弱养护条件下混凝土强度快速增长技术

第 5 章　引言···064
5.1　低温弱养护条件下混凝土凝结硬化特性··························064
5.2　混凝土冬季施工特点与养护现状··································065
5.3　早强剂研究现状···069

第 6 章 低温早强剂的设计及性能 ································ 079
- 6.1 试验原材料 ································ 079
- 6.2 低温对水泥水化热和强度的影响 ································ 082
- 6.3 水泥早期水化过程 ································ 083
- 6.4 设计早强组分 ································ 084
- 6.5 低温早强剂的配制 ································ 096
- 6.6 低温早强剂性能 ································ 103

第 7 章 低温早强剂作用机理分析 ································ 110
- 7.1 对净浆物理性能及强度的影响 ································ 110
- 7.2 对水泥水化热的影响 ································ 113
- 7.3 水泥水化动力学模型分析 ································ 118
- 7.4 对水化产物组成的影响 ································ 125
- 7.5 对水化产物微观形貌的影响 ································ 127
- 7.6 对水化产物孔结构的影响 ································ 131

第 8 章 低温早强剂对混凝土性能的影响 ································ 135
- 8.1 对混凝土工作性的影响 ································ 135
- 8.2 对混凝土力学性能的影响 ································ 139
- 8.3 对混凝土干缩性能的影响 ································ 144
- 8.4 对混凝土耐久性的影响 ································ 146
- 8.5 低温早强剂与市售产品性能比较 ································ 148

第 3 篇 混凝土表面质量量化表征与提升技术

第 9 章 引言 ································ 152
- 9.1 提升混凝土表面质量的重要性 ································ 152
- 9.2 混凝土主要表面缺陷类型 ································ 152
- 9.3 常用混凝土表面质量表征技术与方法 ································ 153
- 9.4 混凝土表面质量提升技术与应用 ································ 158

第 10 章 混凝土表面质量量化表征 ································ 164
- 10.1 混凝土外观质量分级 ································ 164
- 10.2 混凝土表面回弹统计分析 ································ 165
- 10.3 混凝土表面气孔特征参数表征 ································ 166

第 11 章 混凝土表面质量提升技术 ································ 170
- 11.1 滇东北地区常见混凝土表面质量缺陷 ································ 170
- 11.2 混凝土表面质量提升实验室试验 ································ 170
- 11.3 混凝土表面质量提升效果量化表征 ································ 176

第12章 混凝土表面质量提升技术工程示范应用 198
12.1 表面质量提升技术在甘河水库大桥中的应用 199
12.2 表面质量提升技术在牛街子1号大桥中的应用 204

第4篇 滇东北地区公路工程混凝土强度原位测试技术

第13章 常见混凝土强度原位测试技术 210
13.1 破损法 211
13.2 非破损法 217
13.3 破损-非破损综合法 222
第14章 滇东北地区混凝土强度的回弹表征 223
14.1 滇东北地区混凝土工程特征 225
14.2 滇东北地区混凝土回弹测强曲线 229
第15章 滇东北地区回弹测强曲线的应用实例 250
15.1 应用工程简介——昭通市大山包一级公路 250
15.2 滇东北地区回弹测强曲线的适用性评价 251
15.3 滇东北地区回弹测强曲线与国家统一测强曲线对比 257
附录A 滇东北地区机制砂混凝土回弹测强曲线推定抗压强度表 265
附录B 滇东北地区河砂混凝土回弹测强曲线推定抗压强度表 268

参考文献 271

第1篇

考虑骨料粒形影响的混凝土配合比设计方法

第1章
绪论

骨料的体积占混凝土总体积的70%~80%,骨料的级配、形状、强度等性能对所配制混凝土的性能产生很大影响。随着我国基础建设规模的进一步扩大,骨料用量与日俱增。天然骨料资源有限,难以满足工程建设需求,人工骨料取代天然骨料是大势所趋。目前,人工骨料的生产以中小微型模式为主,由于开采技术、破碎设备、筛分工艺各不相同,骨料岩性组成复杂,人工骨料的品质往往存在较大差异。

评价骨料品质特征的指标包括级配、强度、压碎指标、针片状含量、吸水率等。现行规范如《建设用卵石、碎石》(GB/T 14685—2011)、《公路桥涵施工技术规范》(JTG/T F50—2011)等,均推荐了骨料的颗粒级配范围,可以依据骨料的级配来确定混凝土中不同粒径骨料所占的比例,但现行规范中均未明确骨料粒形差别较大时,各级骨料的比例如何调整,即骨料级配曲线未充分考虑粒形的影响。此外,针片状含量是一种描述骨料中不规则颗粒含量的指标,在一定程度上可以反映骨料的粒形情况,但是并不能定量描述骨料的形状差异,例如,针片状含量都为0的两种骨料,有可能是人工破碎的多棱角的碎石,也有可能是河卵石,二者的粒形差异较大,但无法通过针片状含量来反映。因此,针片状含量尚不能作为调整混凝土中骨料级配的一个依据。至今,在混凝土配合比设计过程中充分考虑骨料形状影响的设计方法的相关研究开展极少。

本书重点介绍了骨料粒形的表征方法,并基于骨料颗粒堆积理论,在骨料级配曲线设计中引入骨料粒形特征,以混凝土的工作性、强度为评价指标,建立考虑骨料粒形影响的混凝土骨料级配设计方法,以弥补骨料级配设计不考虑粒形影响的不足。

1.1 骨料级配理论

骨料级配是指不同粒径颗粒之间的比例关系,对混凝土配合比设计影响显著。不合适的级配不仅会增大水泥用量,增加成本,还将对混凝土的性能产生负面影响[1]。

骨料级配有连续级配和间断级配之分,在实际工程中,前者使用较多。目前,骨料级配理论主要包括最大密度曲线理论、粒子干涉理论。

(1) 最大密度曲线理论

早在1901年,Fuller在大量试验的基础上提出了最大密度曲线理论。Fuller认为[2],将不同粒径大小的颗粒按照一定的比例组合在一起,在理论上得到的骨料密度最大、空隙最小。最初提出的理论曲线由两部分组成:细骨料颗粒级配组成的椭圆形曲线和粗骨料级配组成的与椭圆形曲线相切的直线,根据此理论曲线组合骨料,可以得到最大密度。由于上述曲线的计算较复杂,后经研究改进,认为级配曲线为抛物线时,能够达到最大密度[3],表达式见式(1-1):

$$P_i = 100 \times \sqrt{\frac{d_i}{D}} \tag{1-1}$$

式中:P_i——各粒级通过率(%);

d_i——各粒级颗粒粒径(mm);

D——最大颗粒粒径(mm)。

Fuller曲线适用于干硬性混凝土,不适用于流动性较大的混凝土。在此基础上Bolomey[4]将参数A_B引入Fuller公式中建立了改进的级配曲线,见表达式(1-2)。参数A_B与混凝土的工作性及骨料类型有关,如表1.1所示。

$$P_i = A_B + (100 - A_B) \times \sqrt{\frac{d_i}{D}} \tag{1-2}$$

式中:P_i、d_i、D 同上;

A_B——常数,取决于骨料类型和混凝土工作性,取值范围为8~14(见表1.1)。

表1.1 混凝土工作性和骨料类型对A_B的影响

骨料类型	A_B		
	坍落度/mm		
	0~50	50~150	150~250
天然骨料	8	10	12
人工骨料	10	12	14

上述Bolomey等式与Fuller等式的不同在于,Bolomey探讨如何将空隙体积减小,但并未降低到最小,会有富余的水泥浆体润滑骨料颗粒,从而提高混凝土的工作性[5]。然而,Fuller曲线是过于理想化的曲线,实际上要想获得最大密度,骨料会在一定的范围内波动,因此,Fuller等式的指数不应是一个常数,而应是一个变数。所以,Talbot[6]将Fuller等式中的指数0.5改写成了变数n,表达式[6-7]见式

(1-3):

$$P_i = 100 \times (d_i/D)^n \tag{1-3}$$

式中：P_i、d_i、D 同上；

n——实验指数，取值范围 0.3～0.5。

对于变数 n，有着不同的定义。日本将 n 的取值范围定为 0.3～0.45。20 世纪 40 年代，Nijboer 提出 $n=0.45$ 时，密度达到最大，Goodle 和 Lutsey、美国沥青协会经过验证发现，$n=0.45$ 时，沥青混合料确实达到最大密度。美国则将 $n=0.45$ 作为标准级配的依据。

我国学者在最大密度理论方面也做了大量的研究工作。林绣贤[8]以 Fuller 等式为基础，提出以通过百分率的递减率 i 为参数的计算公式，如式(1-4)所示：

$$P_i = 100(i)^{x-1} \tag{1-4}$$

式中：P_i——各粒级通过率(%)；

i——通过百分率递减率，取值范围 0.7～0.8；

x——由大到小粒径的顺序号，最大粒径为 D 时，$x=1$，粒径为 $D/2$ 时，$x=2$，粒径为 $D/4$ 时，$x=3$……连续级配的粒径由大到小按照 1/2 递减。

傅沛兴[9-10]在连续级配密实堆积的基础上，采用 5～20 mm 和 5～25 mm 石子进行了大量的试验研究，将常用的 2 个连续级配公式调整为分别适用于干硬性混凝土、低塑性混凝土、普通塑性混凝土、流动性混凝土和大流动性混凝土的 5 个计算式，表达式见式(1-5)：

$$P = (d/D)^{1/n} \tag{1-5}$$

对于坍落度<10 mm 的干硬性混凝土，取 $n=1$；对于坍落度 10～50 mm 的低塑性混凝土，取 $n=1.5$；对于坍落度 50～100 mm 的普通塑性混凝土，取 $n=2$；对于坍落度 100～160 mm 的流动性混凝土，取 $n=2.5$；对于坍落度>160 mm 的大流动性混凝土，取 $n=3$。

还有基于 Fuller 曲线而提出的各粒级骨料用量的数值解法[11]以及根据混凝土中固体颗粒的分布规律而提出的骨料级配包围垛密理论[12]等。

通过上述文献回顾可以发现，典型的 Fuller 曲线是以连续级配骨料实现最紧密堆积作为曲线确定依据的，因此，该曲线所确定的级配适合于干硬性混凝土，但是对于大流动度的混凝土则不适合。后来研究人员通过不断的优化改进，通过调整 Fuller 曲线中的指数参数，逐渐总结出适合于大流动度混凝土骨料级配优化的理论计算公式。不过，上述曲线均只考虑骨料粒径，未考虑骨料粒形。

(2) 粒子干涉理论

粒子干涉理论是由 Weymouth[13-14]提出的，该理论以填充理论为基础，目的是为了得到最大密度。该理论指出,要想获得最大密度,那么次一级的骨料颗粒应填充上一级骨料颗粒之间形成的空隙,再次一级的骨料颗粒填充其余的空隙,同时,填充空隙的骨料颗粒的粒径不能超过上一级骨料颗粒之间形成的空隙之间的距离,否则骨料颗粒之间将会发生干涉现象。为了避免干涉现象的出现,推导出了前一级颗粒之间形成的空隙的距离计算式,如式(1-6)所示:

$$t = [(\varphi_0/\varphi_a)^{\frac{1}{3}} - 1] \times D \qquad (1\text{-}6)$$

当颗粒之间的空隙 t 与次一级颗粒粒径相同时,便会处于临界状态,将式(1-6)改写成式(1-7):

$$\varphi_a = \frac{\varphi_0}{(d/D+1)^3} \qquad (1\text{-}7)$$

式中:t——上一级颗粒之间形成的空隙距离(mm);

d——次一级颗粒粒径(mm);

D——上一级颗粒粒径(mm);

φ_0——次一级颗粒的理论实积率(%);

φ_a——次一级颗粒的实用实积率(%)。

致密配合比设计理论是粒径较大的颗粒之间形成的空隙被粒径较小的颗粒所填充,更小的颗粒填充较小颗粒之间产生的空隙。该方法需要大量的堆积试验来确定相应的最佳配比[3]。

20 世纪 90 年代,根据颗粒堆积等材料科学原理,国内又提出了致密逆填配合比设计法和致密正填配合比设计法[15],利用这两种方法最终得到的混合料最大单位重几乎相同,粗细骨料的质量比例也基本一致,均为 1∶0.85,但掺合料的用量不同,正填掺合料用量多于逆填掺合料的用量[16-17]。两种设计方法的填充顺序为:致密逆填顺序是先将粉煤灰加入砂中,然后将两者最佳混合物加入石子中;致密正填顺序是先将砂加入石子中,然后再将粉煤灰加入砂石混合物中。

从事混凝土级配优化工作的 J. M. Shilstone 教授[18-19]提出了能够用来反映颗粒级配和混凝土性能之间相关性的两个参数:粗糙度因子(CF)和工作性因子(WF)。通过 CF 和 WF 两个参数能够合理地控制骨料的级配,进而使得混凝土的工作性得到优化,表达式如式(1-8)、式(1-9)所示:

$$CF = Q/R \times 100 \qquad (1\text{-}8)$$

式中:Q——9.5 mm 方孔筛的累计筛余百分比(%);

R——2.36 mm 方孔筛的累计筛余百分比(%)。

$$WF = W + 2.5 \times (B - 335)/56 \qquad (1\text{-}9)$$

式中：W——2.36 mm方孔筛的骨料通过率(%)；

B——每立方米混凝土中的胶凝材料用量(kg)。

彭浩等[20]将$n=0.45$时的泰波曲线与J. M. Shilstone提出的粗糙度-工作性因子相结合，对骨料级配进行优化，结果表明，该方法不仅可以有效地保证新拌混凝土的工作性，同时还能减少经济成本。

综上所述，虽然最大密度曲线理论与粒子干涉理论考虑问题的角度不同，但均是以连续级配，骨料如何达到紧密堆积状态作为评价级配优劣的指标，且均未考虑骨料粒形对最优级配的影响。

1.2 骨料颗粒特性表征

颗粒的形状是骨料颗粒的重要属性之一，颗粒的形貌与其物理性能之间关系密切，如颗粒的流动性、填充性都与颗粒形貌密切相关。

《建设用卵石、碎石》(GB/T 14685—2011)中对针状颗粒和片状颗粒的评判作了相关规定：长度大于颗粒所属粒级平均粒径的2.4倍的颗粒是针状颗粒，颗粒的厚度小于颗粒平均粒径的0.4倍的颗粒是片状颗粒。这种方法仅能评价骨料中特殊颗粒所占比例，并不能全面反映颗粒的粒形情况，换句话说，即使针片状含量相同的两种骨料，其粒形差别也可能非常大。

英国BS 882将颗粒形状划分成圆形、片状的、角状的、不规则的、细长的及片状和细长的；英国BS 821—8根据棱角系数的不同，把颗粒划分成圆形、不规则形和有棱角形三种[21]。这些对于骨料颗粒的定义比较粗糙，不能清晰地反映出颗粒的形状。因此，许多学者采用数字图像技术[22-25]、分形理论[26-27]、傅里叶形态学[28-32]、数值计算[33]等方法对颗粒的形状进行描述，从而得到表征颗粒形状的参数。

目前，常用的能够用来描述颗粒形状的参数有扁平度、圆度、圆形度、球度、粗糙度、棱角度等，可以在不同的层次上对颗粒形状进行量化。

叶建雄等[34]使用圆度[35]和粗糙度[36]表征机制砂颗粒的棱角性，测试与水泥胶砂流动度之间的相关性，结果表明，圆度与粗糙度与水泥胶砂流动度之间并无必然的联系。汪海年等[36]采用颗粒周长法及分形几何法评价骨料颗粒的棱角特性，提出了2个指标：粗糙度和分形维数。其中，粗糙度为颗粒周长与颗粒外切多边形周长的比值的平方。试验结果表明，粗糙度及分形维数与棱角特性之间具有显著相关性。温喜廉等[37-38]利用颗粒图像分析仪测定了河砂、海砂、机制砂以及尾砂颗粒的圆度，并拌制胶砂，结果表明，砂颗粒圆度越大，胶砂流动度越好。刘秀美等[39]利用形貌测试仪测定三种不同机制砂的圆形度，测试相应机制砂配制的混凝土的工作性及抗压强度，结果显示，随着圆形度的增大，混凝土的工作性越好，抗压强度越高。严琳等[40]研究骨料颗粒的形状指数与混凝土性能之间的关系，形状指数越大,颗粒粒形越好,拌制的混凝土的工作性越好。郑灼知等[41]将等轴率及薄片率的倒数定义为骨料的形状系数,并分析其与自密实混凝土工作性及力学性能之间的关系,结果表明,随着形状系数的增大,工作性变差,强度降低,甚至有的试验组强度达不到要求。孔亮等[42]采用 PFC2D 软件模拟颗粒的堆积试验、直剪试验及双轴试验,分析其与颗粒形状系数之间的关系,结果发现,天然空隙率、峰值强度及抗剪强度会随着形状系数值的减小而增加。

上述文献研究均表明,骨料颗粒形状对混凝土的性能有显著影响,并且可以通过图形图像分析、分形分析等手段对骨料颗粒的形状进行表征,但是如何在混凝土配合比设计过程中充分考虑骨料颗粒形状的影响,目前还缺少研究。

1.3 混凝土配合比设计方法

几乎每个国家都有自己的配合比设计方法,我国《普通混凝土配合比设计规程》(JGJ 55—2011)通常采用的设计过程为:首先确定混凝土的配制强度,计算水胶比,根据用水量计算出胶凝材料用量,然后根据混凝土拌合性能、施工要求、骨料技术指标等选择合理的砂率,根据质量法或体积法计算粗细骨料用量,最后进行混凝土的试配、调整,以得到符合要求的混凝土配合比。

美国混凝土协会(ACI)混凝土配合比设计中以骨料最大粒径、单位体积混凝土中粗骨料在干燥捣实的状态下所占体积、粗骨料捣实容重和砂的细度模数作为配合比设计的控制因素。ACI 方法中没有涉及砂率的概念,而是根据单位混凝土中粗骨料所占的体积确定其用量,依据绝对体积法计算出砂的用量。

美国的几位教授在 1982 年编写的混凝土配合比手册(*Design Mix Manual for Concrete Construction*)中提出 DMMCC 配合比设计方法[43],旨在提供一种简便快捷获得符合要求的混凝土的方法。该手册主要编写了 270 个表格,表格中的数据是由经过几千次的试验总结的配合比关系曲线转换而来的。DMMCC 配合比设计方法把混凝土分成了粗骨料和砂浆两大部分,采用表格的方式列出各种情况下砂浆的体积和砂浆中水与水泥的体积,从而计算出粗、细骨料的用量。同时,针对不同空隙率的砂,对水泥浆体的用量进行了修正。

对于高强高性能混凝土配合比设计方法,美国 ACI 211 委员会制定的"使用粉煤灰和硅酸盐水泥的高强混凝土设计指南"提出了一种掺粉煤灰的高强混凝土配合比设计和优化的方法。该方法适用于抗压强度在 41~83 MPa 的普通容重非引气混凝土,主要采用一系列不同胶凝材料比例和用量进行试验,从而得到最佳配合比。配合比设计时首先根据坍落度和混凝土强度要求进行选择,选择合适的骨料最大粒径和最佳骨料用量,根据估算的拌合水和含气量选择水胶比,计算胶凝材料用量,计算混凝土基准配合比,进而计算出掺粉煤灰的混凝土配合比,再进行试配、调整得到最佳配合比。

法国国家路桥实验室（LCPC）配合比设计方法主要是利用模型材料进行大量试验，用胶结料浆体进行流变试验，用砂浆进行力学试验[3,44]，从而筛选最佳配合比。P. K. Mehta 和 P. C. Aitcin 的方法[44-47]是在现有的高强、高性能混凝土实践经验的基础上，对主要的配合比设计参数做出假设，从而得到试拌用的第一盘配料的配合比。主要假设有：水泥浆与骨料的体积比为 35：65，用水量根据混凝土强度等级取不同的设定值；假定含气量，再根据用水量和水泥浆体积，计算出水泥用量；近似假设水泥与矿物掺合料的体积比为 75：25；复合双掺时，硅灰与粉煤灰或矿渣的体积各为 10％、15％；粗骨料体积比设为 60：40，高效减水剂的掺量（以含固量计）设为 1％。该方法中存在大量的假设，因此得到的第一盘配料仅起引导作用。

国内外各配合比设计方法中均未将骨料形状作为混凝土配合比设计的要素来考虑。

第2章

细骨料级配及颗粒形貌表征

2.1 原材料及试验方法

2.1.1 水泥

水泥采用海螺牌 P·O 42.5 普通硅酸盐水泥,其化学成分如表 2.1 所示,物理性能和胶砂强度检测结果如表 2.2 和表 2.3 所示。

表 2.1 水泥的化学成分 (单位:%)

SiO_2	CaO	MgO	Fe_2O_3	Al_2O_3	K_2O	Na_2O	SO_3	碱含量
22.71	66.10	1.90	2.85	4.57	0.68	0.15	1.37	0.60

表 2.2 水泥的物理性能

凝结时间/min		标准稠度用水量/%	密度/(kg·m^{-3})	比表面积/(m^2·kg^{-1})	安定性
初凝	终凝				
180	315	22.5	3.10	300	合格

表 2.3 水泥胶砂强度 (单位:MPa)

抗压强度		抗折强度	
3 d	28 d	3 d	28 d
19.2	44.8	7.10	11.14

2.1.2 减水剂

减水剂采用南京瑞迪高新技术有限公司提供的缓凝型聚羧酸高性能减水剂,其性能见表 2.4。

表 2.4 聚羧酸高性能减水剂性能

检测项目		《混凝土外加剂》(GB 8076—2008)性能指标	检测结果
减水率/%		≥25	27.5
泌水率比/%		≤70	40.2
含气量/%		≤6.0	2.0
凝结时间差/min		−90～+120	−20
抗压强度比/%	1 d	—	182
	3 d	—	176
	7 d	≥140	165
	28 d	≥130	144
28 d 收缩率比/%		≤110	98
密度/(g·mL^{-1})		1.1±0.02	1.055 0
pH		—	6.9
固体含量 S/%		0.9S～1.1S	24.3
氯离子含量(按折固含量计)/%		—	0.0
碱含量(按折固含量计)/%		—	0.6
对钢筋锈蚀作用			无锈蚀

2.1.3 细骨料

细骨料采用云南省昭通市的玄武岩砂,其物理性能见表 2.5。

表 2.5 细骨料的物理性能

品种	饱和面干表观密度/(g·cm^{-3})	饱和面干吸水率/%	石粉含量/%	硫化物含量/%	细度模数
玄武岩砂	2.74	1.80	10.50	0	3.1

2.1.4 粗骨料

粗骨料采用云南省昭通市的玄武岩碎石,其相关物理性能见表 2.6。

表 2.6 粗骨料的物理性能

品种	粒径/mm	饱和面干表观密度/(g·cm^{-3})	饱和面干吸水率/%	针片状含量/%	硫化物含量/%	压碎值/%
玄武岩碎石	5～20	2.86	1.40	21.9	0	3.8
	20～40	2.86	0.90	6.5	0	

2.1.5 Image-ProPlus 图像分析软件

Image-ProPlus(简称 IPP)是 Media Cybernetics 公司研发的图像分析软件,支持彩色图像处理、计数、测量、分析、图像标注等功能,还具有动态数据转换(DDE)功能,可直接将测量结果输出到 Excel 或其他分析软件中。IPP 提供 56 个测量分析图像的参数,可以全面评价骨料颗粒粒形。

采用 IPP 进行骨料粒形分析的步骤如下:

第一步:对测量物体进行拍照时,能使得物体与背景之间明显区分开。同时,各物体之间完全分隔开,避免对粘连物体分割时产生的误差影响。

第二步:将照片转换成灰度图像,然后对灰度图像进行预处理,将处理后的图像二值化,形成二值图像。对图像进行二值化处理的方式有两种:一种为自动选取阈值,另一种为手动选取阈值。

自动选取阈值的操作步骤:打开 Count/Size 对话框,选择 Automatic Dark Objects 选项,如图 2.1 所示。处理之后的图像即二值图,如图 2.2 所示。

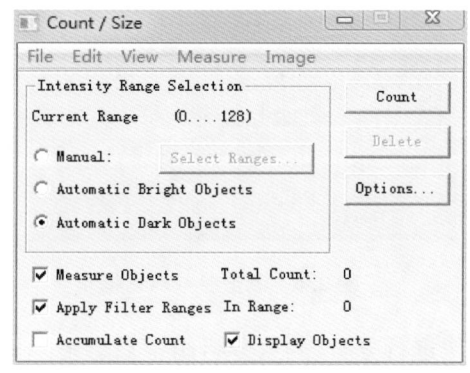

图 2.1　Count/Size 命令对话框 1

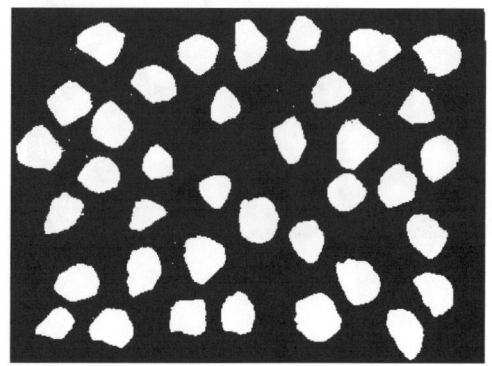

图 2.2　二值图

手动选取阈值的操作步骤:打开 Count/Size 对话框,选择 Intensity Range Selection 组框中的 Select Ranges 按钮,如图 2.3 所示,弹出图 2.4 所示的图像分割对话框,点击 Apply Mask,处理后即得到二值图。

这两种选取阈值的方法中,手动选取阈值的操作更加符合本书分析的要求。由于测量的颗粒是不规则的,因此,在选择感兴趣区域(即测量分析的对象)时,采用工具栏中的 irregular tool。用鼠标点击目标对象边界上的一点,点击左键,沿着边界移动鼠标,点击右键,其会自动选定整个目标对象,如图 2.5 所示。

第三步:测量操作,打开 Count/Size 对话框,点击 Measure,选择 Select Measure,选择需要的测量参数,如图 2.3、图 2.6 所示。

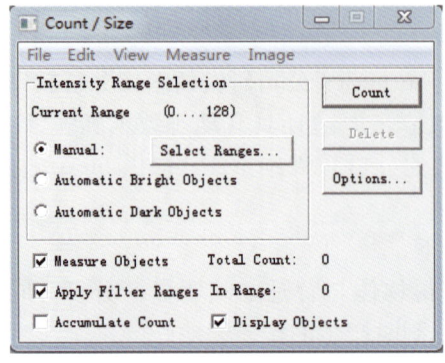
　　图 2.3　Count/Size 命令对话框 2

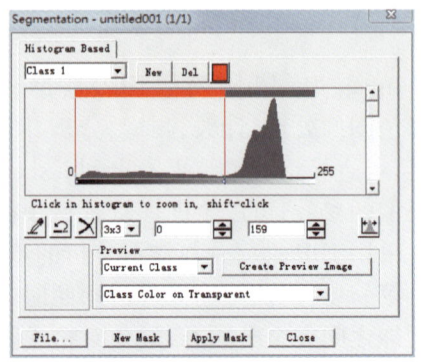
　　图 2.4　图像分割对话框

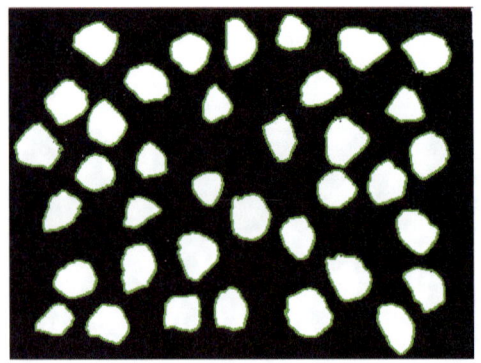
　　图 2.5　感兴趣区域图

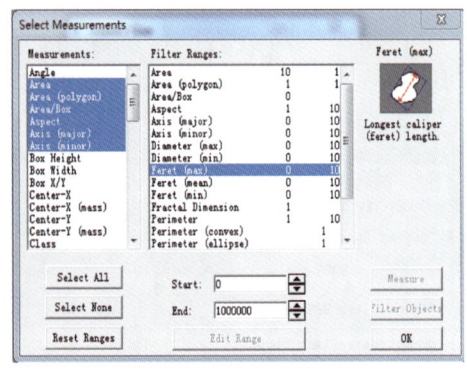
　　图 2.6　测量参数对话框

　　选择好需要的测量参数之后,便可对图像进行分析,测量分析结束后会显示对象的轮廓并对其进行编号,如图 2.7 所示。最后,将测量数据输出到 Excel 中进行下一步的分析。

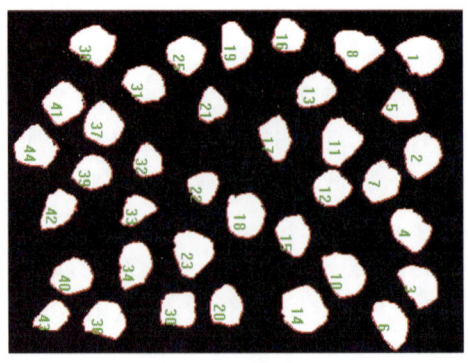
　　图 2.7　IPP 测量图

根据本项目测量分析的需要,选择的测量参数有:

Area:目标对象的面积;
Perimeter:目标对象的周长;
Perimeter(ellipse):目标对象的等效椭圆的周长;
Perimeter(convex):目标对象的最小外接多边形的周长;
Feret(max):最大弗雷特直径;
Feret(min):最小弗雷特直径;
Diameter(max):通过目标对象的质心,并连接轮廓上两点之间的最长距离;
Diameter(min):通过目标对象的质心,并连接轮廓上两点之间的最短距离;
Roundness:目标对象的圆度;
Axis(major):目标对象等效椭圆的长轴;
Axis(minor):目标对象等效椭圆的短轴。

2.1.6 混凝土流动性试验

混凝土的流动性采用坍落度和坍落扩展度表征,按照《普通混凝土拌合物性能试验方法标准》(GB/T 50080—2016)规定进行:先将坍落度筒内壁及地板润湿,然后固定住坍落度筒,将新拌混凝土分三层装入,每层插捣25次,顶层插捣完成后,将其抹平,垂直提起坍落度筒,测量筒顶端与试体最高点之间的高度差,即混凝土的坍落度值;用直尺测量坍落体相互垂直的两条直径,其平均值即为坍落扩展度值。

2.1.7 颗粒流动性试验

将需要测试的骨料颗粒装入预先放在平面上的坍落度筒内,装满抹平,垂直平稳、迅速地提起坍落度筒,骨料颗粒产生坍落现象,测量筒顶端与坍落后骨料颗粒的最高点之间的距离 H,然后计算坍落度筒的高度与 H 之间的差值,即为骨料颗粒的坍落高度。参照混凝土坍落扩展度的测量方法,测试骨料坍落体的坍落扩展度值。以坍落高度与坍落扩展度值的一半的比值作为休止角的正切值,计算休止角。同种骨料颗粒进行三次试验,计算其平均值。如果数据差值较大,应重做试验。

2.2 级配和细度模数

选取不同的6种砂作为研究对象,分别标记为 S1#、S2#、S3#、S4#、S5#、S6#。对上述砂进行筛分,测试结果见表2.7,相应的级配曲线见图2.8。

表 2.7 砂的筛分结果

砂的种类	筛孔尺寸/mm	筛余量/g	分计筛余/%	累计筛余/%	过筛率/%
S1#	9.50	0.00	0.00	0.00	100.00
	4.75	0.00	0.00	0.00	100.00
	2.36	43.15	8.63	8.63	91.37
	1.18	52.35	10.47	19.10	80.90
	0.60	119.90	23.98	43.08	52.92
	0.30	227.30	45.46	88.54	11.46
	0.15	49.10	9.82	98.36	1.64
	筛底	7.75	1.55	99.91	—
	合计	499.55	—	—	—
S2#	9.50	0.00	0.00	0.00	100.00
	4.75	42.70	8.54	8.54	91.46
	2.36	54.80	10.96	19.50	80.50
	1.18	54.90	10.98	30.48	69.52
	0.60	83.70	16.74	47.22	52.78
	0.30	209.85	41.97	89.19	10.81
	0.15	47.40	9.48	98.67	1.33
	筛底	6.30	1.26	99.93	—
	合计	499.65	—	—	—
S3#	9.50	0.00	0.00	0.00	100.00
	4.75	0.00	0.00	0.00	100.00
	2.36	0.00	0.00	0.00	100.00
	1.18	100.90	20.18	20.18	79.82
	0.60	143.20	28.64	48.82	51.18
	0.30	125.85	25.17	73.99	26.01
	0.15	67.00	13.40	87.39	12.61
	筛底	61.95	12.39	99.78	—
	合计	498.90	—	—	—

续表 2.7

砂的种类	筛孔尺寸/mm	筛余量/g	分计筛余/%	累计筛余/%	过筛率/%
S4#	9.50	0.00	0.00	0.00	100.00
	4.75	18.25	3.65	3.65	96.35
	2.36	58.85	11.77	15.42	84.58
	1.18	73.60	14.72	30.14	69.86
	0.60	127.20	25.44	55.58	44.42
	0.30	170.60	34.12	89.70	10.30
	0.15	38.95	7.79	97.49	2.51
	筛底	11.55	2.31	99.80	—
	合计	499.00	—	—	—
S5#	9.50	0.00	0.00	0.00	100.00
	4.75	25.10	5.02	5.02	94.98
	2.36	44.20	8.84	13.86	86.14
	1.18	54.85	10.97	24.83	75.17
	0.60	92.55	18.51	43.34	56.66
	0.30	193.40	38.68	82.02	17.98
	0.15	62.20	12.44	94.46	5.54
	筛底	26.00	5.20	99.66	—
	合计	498.30	—	—	—
S6#	9.50	0.00	0.00	0.00	100.00
	4.75	3.30	0.66	0.66	99.34
	2.36	107.70	21.54	22.20	77.80
	1.18	84.80	16.96	39.16	60.84
	0.60	92.20	18.44	57.60	42.40
	0.30	125.00	25.00	82.60	17.40
	0.15	43.70	8.74	91.34	8.66
	筛底	42.50	8.50	99.84	—
	合计	499.20	—	—	—

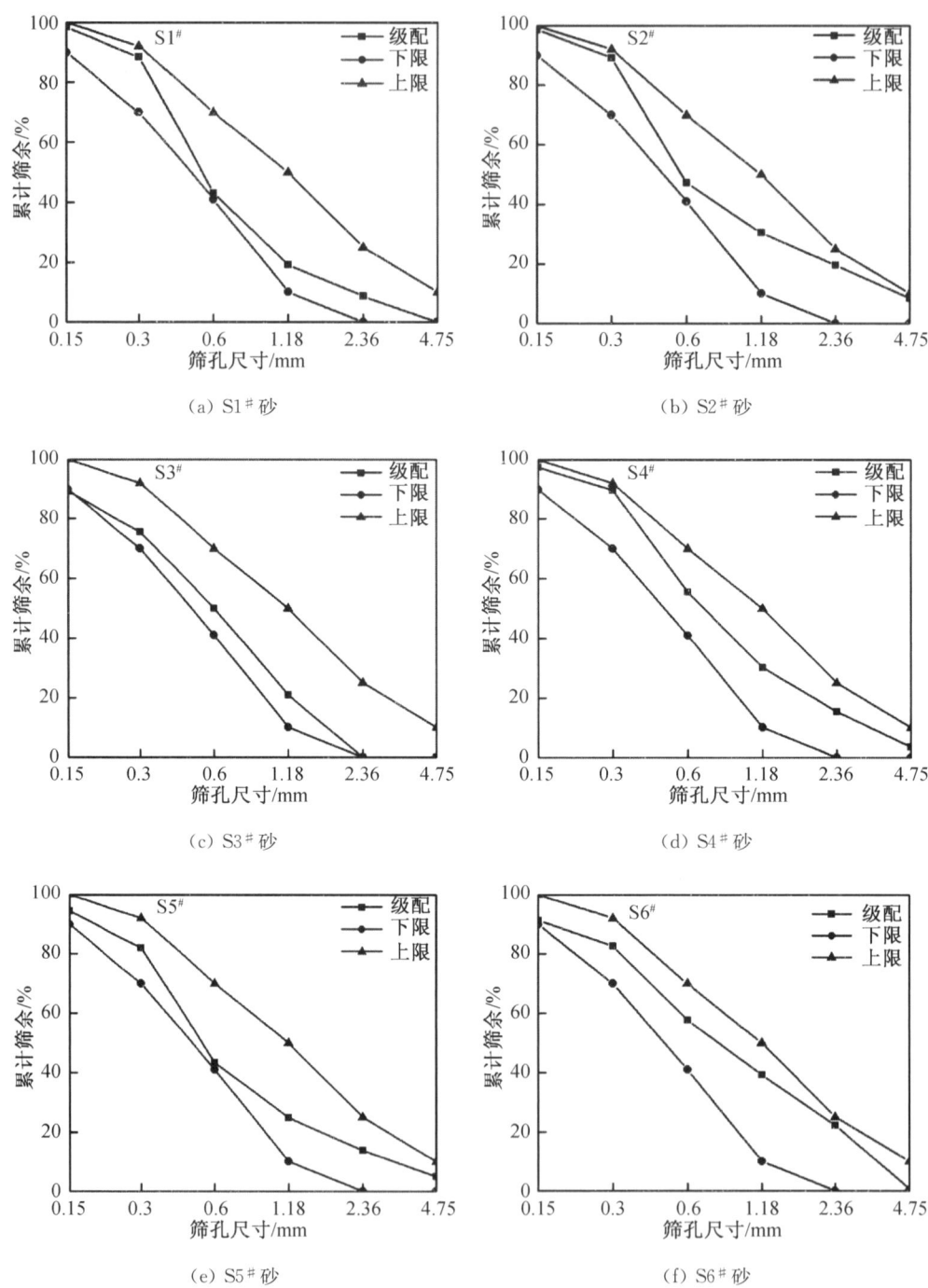

图 2.8 砂的级配曲线

图 2.8 中给出了 S1#砂～S6#砂的级配曲线以及Ⅱ区砂的级配上限和级配下限,结合表 2.7 和图 2.8 可知,6 种砂均处于Ⅱ区砂的级配区间内,级配均合格,但是 6 种砂的粒径分布还是存在一定的差异。

砂的细度模数是用来反映砂颗粒粗细程度的指标。细度模数越大,表示砂越粗。砂的细度模数计算式见式(2-1)。

$$M_x = \frac{A_2 + A_3 + A_4 + A_5 + A_6 - 5A_1}{100 - A_1} \tag{2-1}$$

式中:M_x——砂的细度模数;

A_1、A_2、A_3、A_4、A_5、A_6——4.75 mm、2.36 mm、1.18 mm、600 μm、300 μmm、150 μm 方孔筛累计筛余百分率(%)。

《建设用砂》(GB/T 14684—2011)规定将砂的细度模数分为 3 级,如表 2.8 所示:

表 2.8 砂的粗细程度分级

砂的分类	粗砂	中砂	细砂
细度模数	3.1～3.7	2.3～3.0	1.6～2.2

根据式(2-1)计算得出的 6 种砂的细度模数见表 2.9。由表 2.9 可知,S1#、S2#、S3#、S4#、S5#、S6# 6 种砂的细度模数均介于 2.3～3.0 之间,为中砂。

表 2.9 砂的细度模数

砂的种类	S1#	S2#	S3#	S4#	S5#	S6#
细度模数	2.6	2.7	2.3	2.8	2.5	2.9

2.3 颗粒粒形表征

2.3.1 表征颗粒形状的参数

采用 Image-ProPlus 测试 1.18～2.36 mm、2.36～4.75 mm 粒级的砂,得到颗粒的基本参数,如周长、面积等,基本参数、符号及描述[48-49]如表 2.10 所示。将这些基本参数利用数学方式组合,得到表示颗粒形状特征的形状参数。

表 2.10 基本测量参数

参数	符号	描述
面积	A	颗粒边界范围内像素之和
周长	P	颗粒边界连续像素之和

续表 2.10

参数	符号	描述
弗雷特直径	$F_{\max}$	最大弗雷特直径
	$F_{\min}$	最小弗雷特直径
等效椭圆周长	P_e	对象的等效椭圆的周长
外接多边形周长	P_c	沿着颗粒边界的最小外接多边形的周长
长度	L	外轮廓点之间的最大距离值
宽度	B	长轴为 L，且与颗粒投影面积相等的椭圆短轴
直径	D_c	最小外接圆直径
轴向系数	A_s	测量对象的等效椭圆长短轴之比

(1) 扁平度

扁平度[50]是指颗粒的最大弗雷特直径与最小弗雷特直径的比值，计算式见式(2-2)。扁平度的值是大于等于1的。扁平度表征颗粒的延长属性，颗粒形状越接近球形，其值越接近于1；扁平度的值越大，则其形状越趋于狭长、扁平。

$$e = F_{\max}/F_{\min} \tag{2-2}$$

(2) 长宽比

长宽比[26]定义为颗粒的长度和宽度的比值，计算式见式(2-3)。长宽比的值是大于等于1的，它能够粗略地表征颗粒的形状。陈海洋等[26]研究得出纺锤状颗粒、块状颗粒的长宽比介于1～3之间，然而，针状颗粒、片状颗粒的长宽比的值大于3。

$$\alpha = L/B \tag{2-3}$$

(3) 形状因子

形状因子[51]能够描述颗粒投影轮廓的粗糙度，计算式见式(2-4)。形状因子的值介于0～1之间，该值为1时，说明颗粒为球形。形状因子的值越大，颗粒的轮廓越规整；反之，该值越小，颗粒的轮廓越粗糙。

$$R = \frac{4\pi A}{P^2} \tag{2-4}$$

(4) 圆形度

圆形度[52]指的是与颗粒投影等面积的圆的周长与颗粒周长之比，计算式见式(2-5)。参数值范围为0～1，该参数值越接近1，则颗粒的形状越接近圆形；相反，其值越小，表明颗粒的形状越偏离圆形。圆形度可在整体上反映颗粒的形貌特征。

$$S = \frac{2\sqrt{\pi A}}{P} \tag{2-5}$$

（5）实用球形度

实用球形度[52]指的是与颗粒投影等面积的圆的直径和颗粒的最小外接圆的直径之比，计算式见式(2-6)。实用球形度的值小于等于1，反映颗粒的形状接近球形的程度，其值越接近1时，颗粒形状越接近于球形。

$$q = \frac{D}{D_c} \tag{2-6}$$

（6）布拉斯谢克形状参数

布拉斯谢克形状参数[53]的计算式见式(2-7)，其值的取值范围为$[0, 8/\pi^2]$。当该值接近$8/\pi^2$时，表明颗粒形状接近于圆形。

$$I_{cb} = \frac{32A}{(\pi P)^2} \tag{2-7}$$

（7）微观特性

微观特性[54]指的是颗粒的等效椭圆的周长与颗粒的周长之间的比值，计算式见式(2-8)。该参数反映的是颗粒轮廓凹凸的程度，其值是小于等于1的。当值越接近于1时，颗粒轮廓越光滑；当值越接近于0时，颗粒的轮廓越凹凸。

$$\xi = P_e / P \tag{2-8}$$

（8）粗糙度

粗糙度[55]指的是颗粒的周长与其最小的外接多边形的周长比值的平方，计算式见式(2-9)。该参数反映的是颗粒的棱角特征，其值是大于等于1的。粗糙度的值越大，颗粒的棱角性越强。

$$r = (P/P_c)^2 \tag{2-9}$$

（9）棱角参数

棱角参数[55]指的是颗粒的外接多边形的周长和颗粒的等效椭圆周长之间的比值的平方，计算式见式(2-10)。该参数反映的是颗粒的棱角特性，其值是大于等于1的。随着棱角参数的增大，颗粒的棱角性更加丰富。

$$A_g = (P_c / P_e)^2 \tag{2-10}$$

（10）轴向系数

轴向系数[55]指的是颗粒的等效椭圆的长短轴的比值，计算式见式(2-11)。该参数反映的是颗粒的针片状的程度，其值大于等于1。参数值越大，颗粒的针状性越强。同时，轴向系数亦可由 IPP 软件直接测得，即 Aspect。

$$A_s = \frac{A_{\text{xis,major}}}{A_{\text{xis,minor}}} \quad (2-11)$$

(11) 圆度

圆度反映的是颗粒的形状与圆的接近程度,其值大于等于1,参数值越接近1,颗粒的形状越接近于圆形。该参数可以由 IPP 软件直接测得,即 Roundness;亦可按照式(2-12)进行计算[55]。

$$FF = \frac{P^2}{4\pi A} \quad (2-12)$$

上述介绍的11种形状参数分别从不同角度对颗粒的形状进行描述。

2.3.2 Image-ProPlus 图像分析颗粒特征

采用 IPP 软件分别对 1.18～2.36 mm、2.36～4.75 mm 两个粒级砂颗粒的形状进行测量,根据实际测试的结果,1.18 mm 以下的砂颗粒在照片中很难区分形状,测出的颗粒形貌基本接近球形,采用激光粒度仪的图像测试通道也可以测试得到细颗粒的形状参数,但是考虑到实际使用的方便性,1.18 mm 以下颗粒的形状参数值均取为1。按照 2.3.1 节公式计算得到6种砂颗粒的扁平度、长宽比、形状因子、圆形度、实用球形度、布拉斯谢克形状参数、微观特性、粗糙度、棱角参数、轴向系数、圆度,将各参数的平均值作为砂颗粒总体的参数值,分别如表2.11和表2.12所示。

表中,标准差反映数据的离散程度。变异系数是原始数据的标准差与平均值的比值,其亦可反映数据的离散程度。集中区间包含总颗粒数量的95%的颗粒,能够反映数据的分布情况。

表 2.11 1.18～2.36 mm 粒级砂颗粒形状参数统计表

参数类型	统计量	S1[#]	S2[#]	S3[#]	S4[#]	S5[#]	S6[#]
扁平度	平均值	1.53	1.39	1.39	1.39	1.41	1.49
	标准差	0.24	0.18	0.19	0.19	0.18	0.25
	变异系数	0.16	0.13	0.14	0.14	0.13	0.17
	集中区间	(1.10,2.05)	(1.11,1.75)	(1.12,1.80)	(1.10,1.80)	(1.10,1.75)	(1.10,1.85)
长宽比	平均值	1.45	1.34	1.36	1.35	1.37	1.45
	标准差	0.22	0.16	0.19	0.18	0.18	0.27
	变异系数	0.15	0.12	0.14	0.13	0.13	0.18
	集中区间	(1.10,1.90)	(1.10,1.67)	(1.10,1.70)	(1.06,1.70)	(1.05,1.65)	(1.05,1.85)

续表 2.11

参数类型	统计量	S1#	S2#	S3#	S4#	S5#	S6#
形状因子	平均值	0.89	0.90	0.89	0.89	0.91	0.90
	标准差	0.07	0.06	0.06	0.06	0.05	0.07
	变异系数	0.08	0.06	0.07	0.07	0.06	0.07
	集中区间	(0.75,1.00)	(0.81,1.00)	(0.76,0.97)	(0.75,1.00)	(0.81,1.00)	(0.77,1.00)
圆形度	平均值	0.94	0.95	0.94	0.94	0.95	0.95
	标准差	0.04	0.03	0.04	0.04	0.03	0.04
	变异系数	0.04	0.03	0.04	0.04	0.03	0.04
	集中区间	(0.86,1.00)	(0.90,1.00)	(0.86,0.98)	(0.85,1.00)	(0.90,1.00)	(0.88,1.00)
实用球形度	平均值	0.84	0.87	0.86	0.87	0.86	0.84
	标准差	0.06	0.05	0.06	0.05	0.05	0.07
	变异系数	0.07	0.06	0.07	0.06	0.06	0.08
	集中区间	(0.73,0.96)	(0.77,0.96)	(0.74,0.96)	(0.75,0.96)	(0.78,0.96)	(0.73,0.96)
布拉斯谢克形状参数	平均值	0.23	0.23	0.23	0.23	0.23	0.23
	标准差	0.02	0.01	0.02	0.02	0.01	0.02
	变异系数	0.08	0.06	0.07	0.07	0.06	0.07
	集中区间	(0.19,0.26)	(0.21,0.26)	(0.19,0.25)	(0.19,0.26)	(0.20,0.26)	(0.20,0.26)
微观特性	平均值	0.98	0.97	0.97	0.97	0.98	0.98
	标准差	0.03	0.03	0.03	0.03	0.02	0.02
	变异系数	0.03	0.03	0.03	0.04	0.02	0.02
	集中区间	(0.89,1.00)	(0.93,1.00)	(0.89,1.00)	(0.89,1.00)	(0.93,1.00)	(0.94,1.00)
粗糙度	平均值	1.03	1.03	1.03	1.04	1.03	1.02
	标准差	0.04	0.06	0.03	0.05	0.03	0.03
	变异系数	0.03	0.06	0.03	0.05	0.03	0.03
	集中区间	(1.00,1.08)	(1.00,1.07)	(1.00,1.07)	(1.00,1.08)	(1.00,1.06)	(1.00,1.07)
棱角参数	平均值	1.02	1.03	1.04	1.04	1.02	1.02
	标准差	0.05	0.03	0.06	0.05	0.03	0.03
	变异系数	0.05	0.03	0.06	0.05	0.03	0.03
	集中区间	(1.00,1.07)	(1.00,1.08)	(1.00,1.14)	(1.00,1.11)	(1.00,1.07)	(1.00,1.06)
轴向系数	平均值	1.51	1.35	1.34	1.33	1.38	1.46
	标准差	0.26	0.20	0.22	0.22	0.20	0.28
	变异系数	0.17	0.14	0.16	0.16	0.14	0.20
	集中区间	(1.10,1.95)	(1.05,1.73)	(1.02,1.85)	(1.00,1.80)	(1.06,1.65)	(1.00,2.10)

续表 2.11

参数类型	统计量	S1#	S2#	S3#	S4#	S5#	S6#
圆度	平均值	1.21	1.18	1.21	1.21	1.18	1.19
	标准差	0.10	0.09	0.10	0.10	0.07	0.10
	变异系数	0.08	0.08	0.08	0.08	0.06	0.08
	集中区间	(1.06,1.42)	(1.05,1.35)	(1.07,1.45)	(1.08,1.42)	(1.06,1.30)	(1.06,1.38)

注：集中区间指的是在这一区间内的颗粒数目占据总颗粒数目的95%。

由表 2.11 可见，6 种砂 1.18～2.36 mm 颗粒的形状因子、圆形度、实用球形度、布拉斯谢克形状参数、粗糙度、棱角参数、微观特性的平均值几乎相同，但扁平度、长宽比的平均值之间存在一定差异，表明后两者对颗粒形状较敏感。各形状参数的标准差均较小，离散程度较低。微观特性的变异系数最小，在 0.03 左右，轴向系数的变异系数最大。这表明前者对颗粒形状不敏感，后者对形状敏感。

不同参数的集中区间长度存在较明显差异，扁平度、长宽比、形状因子、圆形度、实用球形度、轴向系数、圆度的集中区间长度较大，粗糙度、棱角参数、布拉斯谢克形状参数及微观特性的集中区间长度较小。颗粒的不同形状参数的集中区间长度差异表明不同参数对于颗粒形状的敏感性不同。因此，扁平度、长宽比、形状因子、圆形度、实用球形度、轴向系数、圆度对颗粒形状较敏感，较能反映颗粒形状之间的差异，粗糙度、棱角参数、布拉斯谢克形状参数、微观特性对形状不敏感，不能有效区分不同颗粒形状。

表 2.12　2.36～4.75 mm 粒级砂颗粒形状参数统计表

参数类型	统计量	S1#	S2#	S4#	S5#	S6#
扁平度	平均值	1.44	1.38	1.42	1.42	1.51
	标准差	0.21	0.22	0.24	0.19	0.28
	变异系数	0.15	0.16	0.17	0.14	0.18
	集中区间	(1.10,1.90)	(1.10,2.00)	(1.10,1.90)	(1.12,1.76)	(1.10,2.13)
长宽比	平均值	1.43	1.38	1.42	1.41	1.47
	标准差	0.22	0.23	0.24	0.21	0.29
	变异系数	0.16	0.16	0.17	0.15	0.19
	集中区间	(1.10,1.85)	(1.10,1.90)	(1.10,1.90)	(1.10,1.82)	(1.02,2.10)
形状因子	平均值	0.89	0.88	0.87	0.86	0.88
	标准差	0.05	0.07	0.06	0.06	0.06
	变异系数	0.05	0.08	0.07	0.07	0.06
	集中区间	(0.79,0.97)	(0.75,0.98)	(0.72,0.98)	(0.76,0.94)	(0.75,0.96)

续表 2.12

参数类型	统计量	S1#	S2#	S4#	S5#	S6#
圆形度	平均值	0.94	0.94	0.93	0.93	0.94
	标准差	0.03	0.04	0.03	0.03	0.03
	变异系数	0.03	0.04	0.04	0.04	0.03
	集中区间	(0.89,0.99)	(0.87,0.99)	(0.86,0.99)	(0.86,0.97)	(0.87,0.98)
实用球形度	平均值	0.84	0.86	0.85	0.85	0.83
	标准差	0.06	0.06	0.07	0.06	0.07
	变异系数	0.07	0.07	0.08	0.07	0.09
	集中区间	(0.70,0.95)	(0.72,0.96)	(0.73,0.95)	(0.74,0.95)	(0.68,0.97)
布拉斯谢克形状参数	平均值	0.23	0.23	0.22	0.22	0.23
	标准差	0.01	0.02	0.02	0.02	0.01
	变异系数	0.05	0.08	0.07	0.07	0.06
	集中区间	(0.20,0.25)	(0.19,0.25)	(0.19,0.25)	(0.19,0.24)	(0.19,0.25)
微观特性	平均值	0.97	0.96	0.96	0.95	0.97
	标准差	0.02	0.03	0.02	0.03	0.02
	变异系数	0.02	0.03	0.03	0.03	0.02
	集中区间	(0.92,1.00)	(0.91,1.00)	(0.91,1.00)	(0.91,0.99)	(0.93,1.00)
粗糙度	平均值	1.03	1.04	1.04	1.05	1.03
	标准差	0.03	0.03	0.03	0.03	0.02
	变异系数	0.02	0.03	0.03	0.03	0.02
	集中区间	(1.00,1.08)	(1.00,1.10)	(1.00,1.09)	(1.00,1.12)	(1.00,1.06)
棱角参数	平均值	1.03	1.05	1.04	1.05	1.03
	标准差	0.03	0.05	0.03	0.05	0.02
	变异系数	0.03	0.05	0.03	0.05	0.02
	集中区间	(1.00,1.09)	(1.00,1.12)	(1.00,1.11)	(1.00,1.11)	(1.00,1.08)
轴向系数	平均值	1.41	1.34	1.39	1.39	1.48
	标准差	0.24	0.23	0.26	0.22	0.30
	变异系数	0.17	0.17	0.19	0.16	0.21
	集中区间	(1.05,1.95)	(1.00,1.75)	(1.00,1.95)	(1.05,1.75)	(1.00,2.05)

续表 2.12

参数类型	统计量	S1#	S2#	S4#	S5#	S6#
圆度	平均值	1.19	1.20	1.16	1.22	1.20
	标准差	0.07	0.11	0.09	0.10	0.08
	变异系数	0.06	0.09	0.08	0.08	0.07
	集中区间	(1.08,1.34)	(1.07,1.39)	(1.02,1.34)	(1.10,1.40)	(1.10,1.40)

2.36～4.75 mm 的颗粒测试结果见表 2.12。S3# 砂颗粒 2.36～4.75 mm 粒级的筛余为 0,因此,没有 S3# 砂颗粒 2.36～4.75 mm 粒级的测定。其他 5 种砂的圆形度、实用球形度、布拉斯谢克形状参数、粗糙度、棱角参数、微观特性的平均值几乎相同,但扁平度、长宽比的平均值之间存在一定差异,表明后两者对颗粒形状较敏感。各形状参数的标准差均较小,其离散程度较低。

相对于其他参数,微观特性、粗糙度的变异系数较小,在 0.03 左右,轴向系数的变异系数最大。这表明前者对颗粒形状敏感性较弱,后者对形状较敏感。

结果与 1.18～2.36 mm 颗粒相似,不同参数的集中区间长度之间存在较明显的差异。其中,扁平度、长宽比、形状因子、圆形度、实用球形度、轴向系数、圆度的集中区间长度较大,粗糙度、棱角参数、布拉斯谢克形状参数、微观特性的集中区间长度较小。颗粒的不同形状参数的集中区间长度之间的差异,表明不同参数对于颗粒形状的敏感性不同。因此,扁平度、长宽比、形状因子、圆形度、实用球形度、轴向系数、圆度对颗粒形状较敏感,粗糙度、棱角参数、布拉斯谢克形状参数、微观特性对颗粒形状的敏感性较弱。

2.4 颗粒粒形与颗粒流动性关系

利用加权平均的方式计算出砂颗粒整体的形状参数值,计算式见式(2-13):

$$F = \frac{\sum(F_x \times a)}{100} \tag{2-13}$$

式中:F——砂颗粒整体的形状参数值;
a——每一粒级砂的筛余百分比(%);
F_x——相应粒级砂的形状参数值。

6 种砂的形状参数如表 2.13 所示。

表 2.13 砂颗粒的形状参数值

参数类型	S1#	S2#	S3#	S4#	S5#	S6#
扁平度	1.09	1.09	1.08	1.11	1.08	1.19
长宽比	1.08	1.08	1.07	1.10	1.08	1.18
形状因子	0.98	0.97	0.98	0.97	0.98	0.96
圆形度	0.99	0.99	0.99	0.98	0.99	0.98
实用球形度	0.97	0.97	0.97	0.96	0.97	0.94
布拉斯谢克形状参数	0.69	0.67	0.69	0.64	0.69	0.70
微观特性	0.995	0.99	0.99	0.99	0.99	0.99
粗糙度	1.01	1.008	1.006	1.01	1.008	1.01
棱角参数	1.005	1.009	1.008	1.01	1.007	1.01
轴向系数	1.09	1.08	1.07	1.10	1.08	1.18
圆度	1.04	1.04	1.04	1.05	1.04	1.08

采用《公路工程集料试验规程》(JTG E42—2005)中细集料棱角性试验"流出时间法"表征细骨料的流动性。"流出时间法"是测试砂颗粒在标准漏斗中流出的时间,根据流出时间的长短来判定颗粒的流动性。测试的砂颗粒的流出时间见表2.14。相应的各形状参数与流出时间之间的关系图见图2.9。

表 2.14 颗粒流出时间 (单位:s)

砂的种类	S1#	S2#	S3#	S4#	S5#	S6#
流出时间	10.61	10.53	8.43	11.05	10.56	11.26

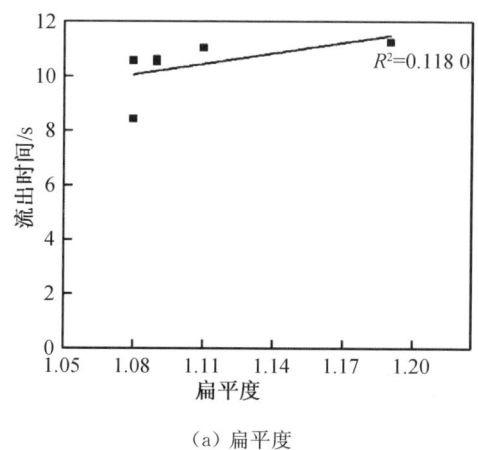

(a) 扁平度

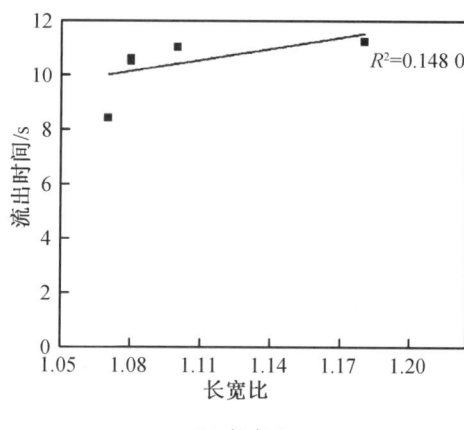

(b) 长宽比

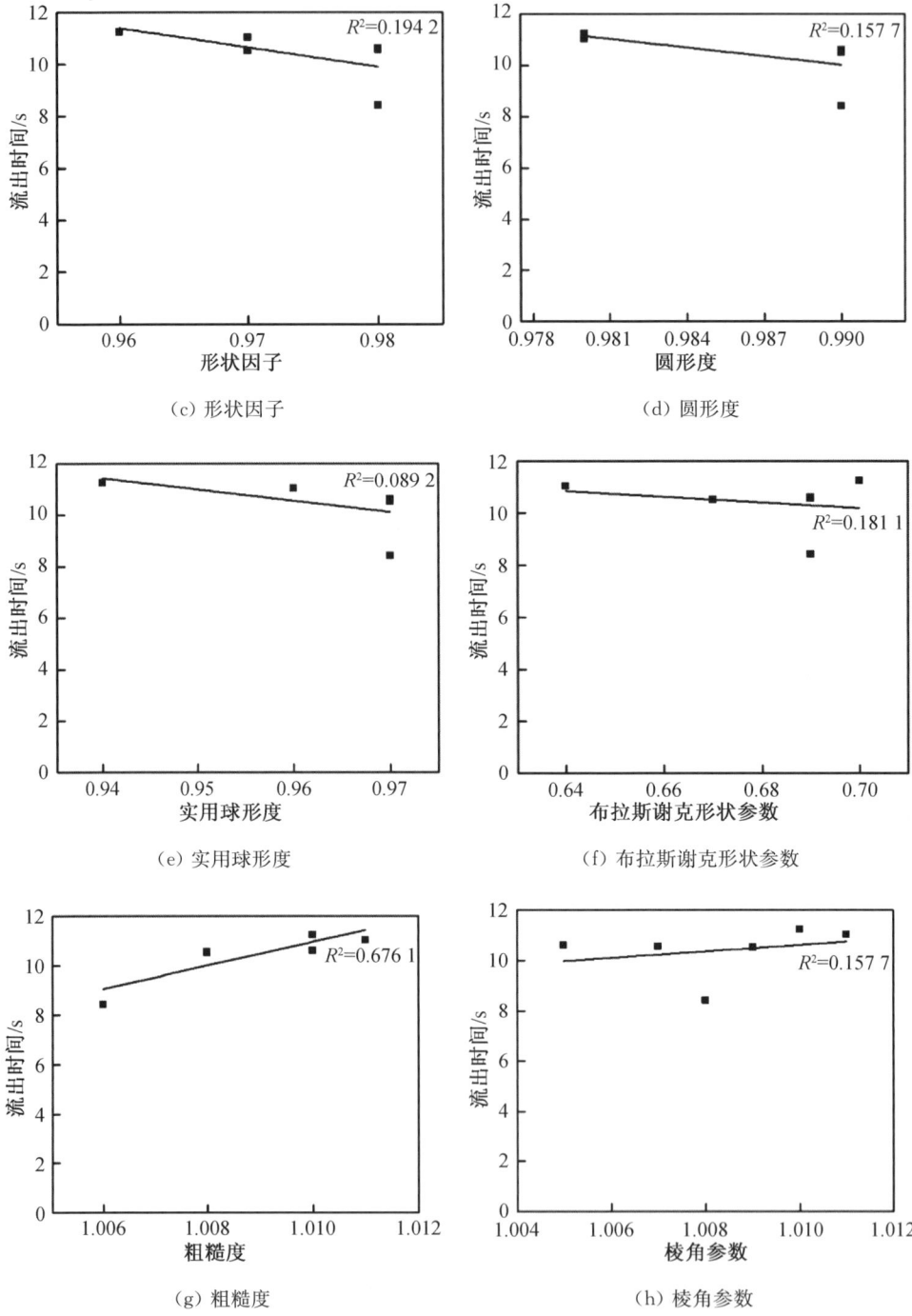

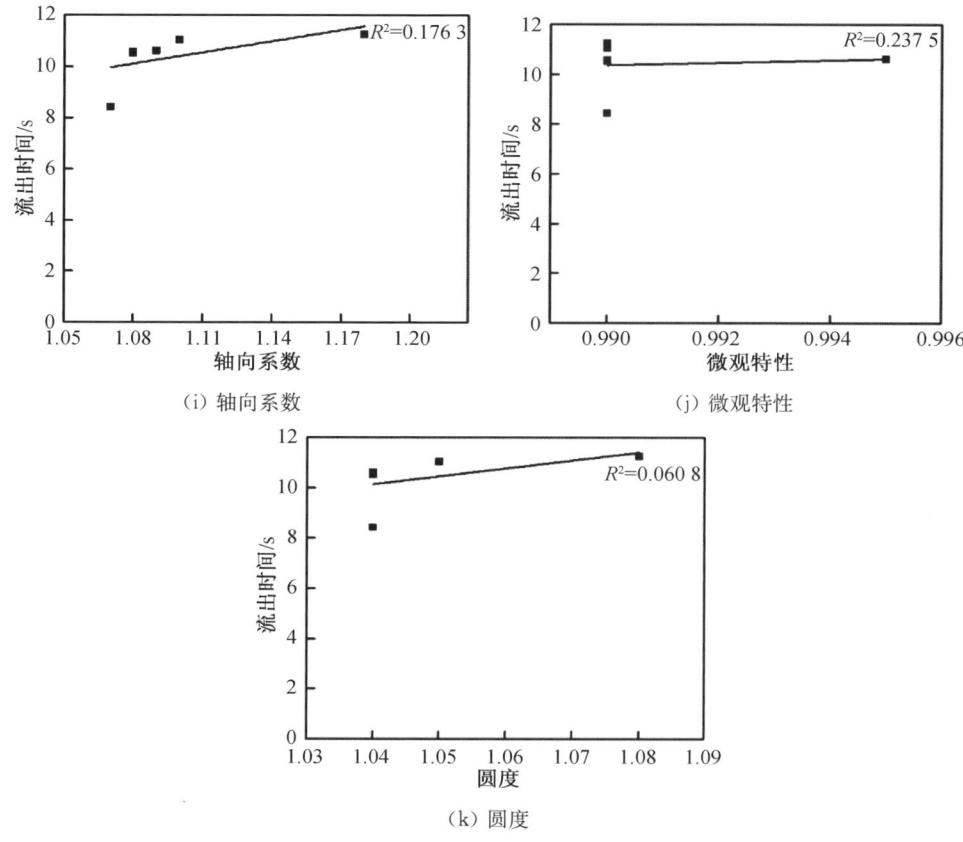

图 2.9 形状参数与流出时间关系图

查相关系数表[56]可知,0.05 显著水平下,相关系数 R 的临界值为 0.811 4,即 $R > 0.811\ 4$,则认为影响显著。由图 2.9 可知,仅有粗糙度与砂的流出时间之间具有显著的相关性,其他参数与流出时间之间的相关性均不显著,原因可能是受到砂级配和粗细程度的影响。

砂颗粒的粗细程度和形状均会影响其流动状态,从而影响其流出时间。根据颗粒流出时间的基本规律可以判断,砂粒径越大,流出时间会越长。同样,对于砂的粒形而言,颗粒越接近于球形,则越容易流动,流出时间会越短。因此,综合考虑砂的粗细程度及其形状,采用 $(M_x)^F$ 方式将砂的细度模数和形状参数结合,对于取值在 0~1 之间的形状参数,F 取该参数的倒数,如形状因子、圆形度、实用球形度、布拉斯谢克形状参数和微观特性,当这些参数增大时,颗粒越接近圆球形,F 则越小,流出时间会越短;对于取值大于 1 的参数,则 F 直接取该参数,如扁平度、长宽比、粗糙度、棱角参数、轴向系数和圆度,但这些参数减小时(靠近 1),颗粒接近圆球形,F 会减小,流出时间会缩短。颗粒流出时间随着细度模数增大而延长、随着

F 的增大而延长，$(M_x)^F$ 与流出时间之间的关系结果如图 2.10 所示。相应的 $(M_x)^F$ 与颗粒流出时间之间的相关系数，见表 2.15。

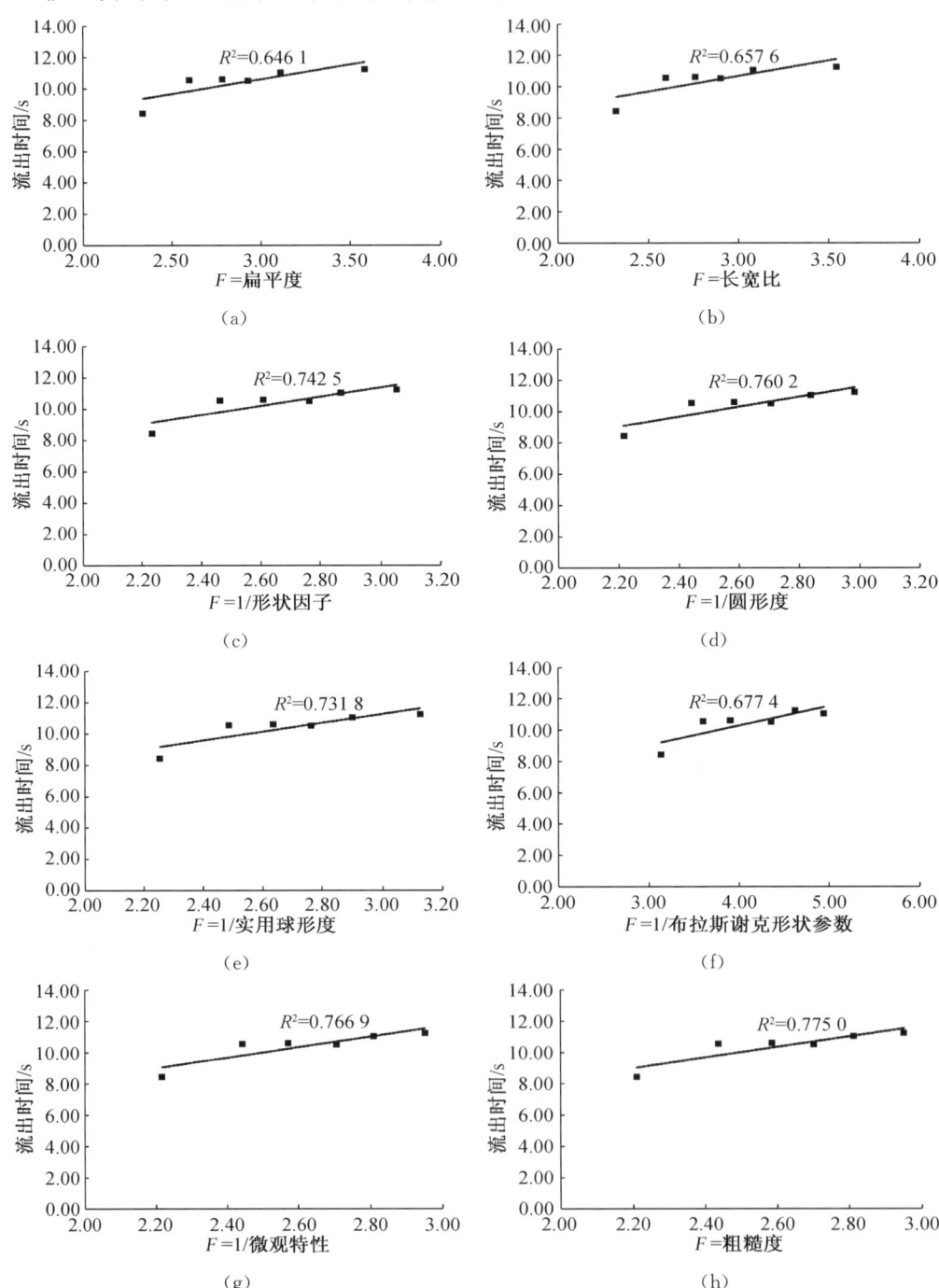

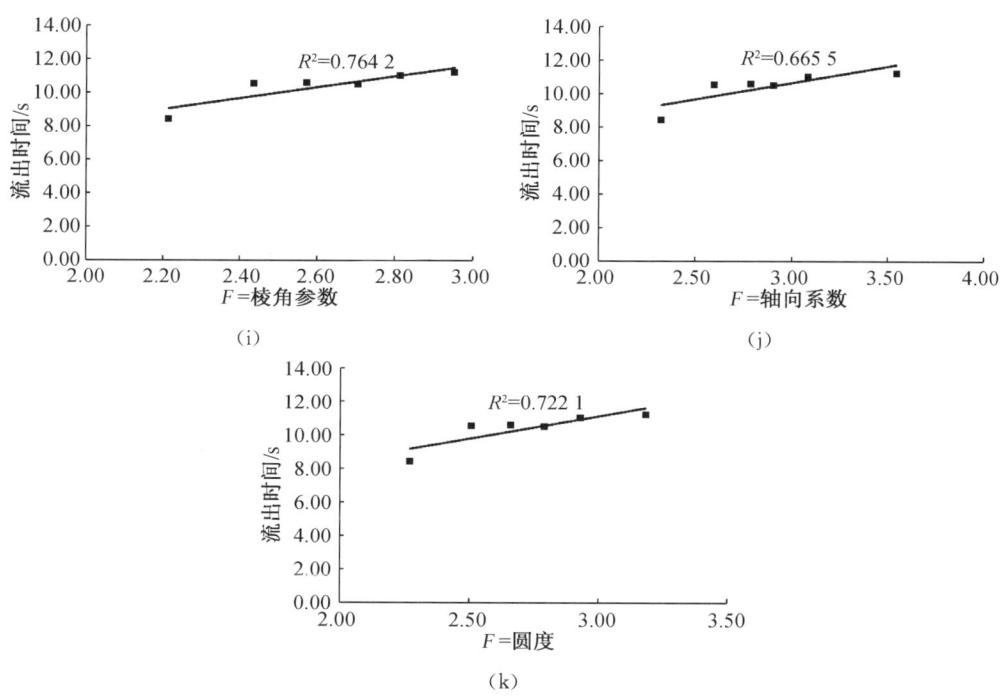

图 2.10 流出时间与 $(M_x)^F$ 关系

表 2.15 $(M_x)^F$ 与流出时间之间的相关系数

F 取值	流出时间	
	相关系数 R	相关系数 R^2
扁平度	0.803 8	0.646 1
长宽比	0.810 9	0.657 6
1/形状因子	0.861 7	0.742 5
1/圆形度	0.871 9	0.760 2
1/实用球形度	0.855 5	0.731 8
1/布拉斯谢克形状参数	0.823 0	0.677 4
1/微观特性	0.875 7	0.766 9
粗糙度	0.880 3	0.775 0
棱角参数	0.874 2	0.764 2
轴向系数	0.815 8	0.665 5
圆度	0.849 8	0.722 1

结合图 2.10 和表 2.15 可知,形状参数为扁平度和长宽比时,$(M_x)^F$ 与流出时间之间相关性不显著,采用其他形状参数时,$(M_x)^F$ 与流出时间之间相关性均显著,其中排名前 5 的依次是粗糙度、微观特性、棱角参数、圆度和形状因子。

第 3 章
粗骨料级配及颗粒形貌表征

本章分别选取了 17 种 5~20 mm 和 17 种 20~40 mm 的粗骨料,利用 Image-ProPlus 软件获得颗粒的形状参数;测试骨料颗粒的坍落扩展度、坍落高度、休止角,分析影响骨料颗粒坍落扩展能力的形状参数。

3.1 粗骨料粒形表征

3.1.1 针片状含量

目前,在进行混凝土配制时,通常会测试针片状颗粒的含量,是因为针片状含量过高会影响混凝土的工作性。针片状是骨料颗粒的一种描述方式,5~20 mm 和 20~40 mm 粒级粗骨料的针片状含量如表 3.1 所示。典型骨料照片见图 3.1。

表 3.1 粗骨料针片状含量

5~20 mm		20~40 mm	
石子种类	针片状含量/%	石子种类	针片状含量/%
G1-1#	1.15	G1-2#	0.40
G2-1#	0.00	G2-2#	0.00
G3-1#	2.28	G3-2#	0.00
G4-1#	0.00	G4-2#	1.28
G5-1#	0.00	G5-2#	0.00
G6-1#	1.33	G6-2#	6.21
G7-1#	0.83	G7-2#	0.00
G8-1#	1.94	G8-2#	0.00
G9-1#	0.00	G9-2#	0.00

续表 3.1

5～20 mm		20～40 mm	
石子种类	针片状含量/%	石子种类	针片状含量/%
G10-1#	0.00	G10-2#	0.00
G11-1#	0.36	G11-2#	0.00
G12-1#	3.58	G12-2#	0.00
G13-1#	0.81	G13-2#	1.08
G14-1#	0.00	G14-2#	1.54
G15-1#	0.00	G15-2#	0.00
G16-1#	0.00	G16-2#	0.00
G17-1#	0.00	G17-2#	0.97

图 3.1 典型骨料照片

由表 3.1 可知，G7-2# 和 G9-2# 骨料的针片状含量相同，均为 0，但根据图 3.1 可知，G7-2# 和 G9-2# 骨料的形状不同。因此，采用针片状含量难以准确评价骨料颗粒的形状。

3.1.2 Image-ProPlus 图像分析颗粒特征

采用 Image-ProPlus 软件分别对 17 种 5～20 mm 和 17 种 20～40 mm 的骨料颗粒的图像进行测量分析，按照 2.3.1 节参数类型给出粗骨料的形状参数，结果见表 3.2 和表 3.3。

表 3.2 5 mm～20 mm 颗粒形状参数统计表

	扁平度	长宽比	形状因子	圆形度	实用球形度	布拉斯谢克形状参数	微观特性	粗糙度	棱角参数	轴向系数	圆度
G1-1#	1.61	1.72	0.73	0.85	0.78	0.19	0.90	1.07	1.17	1.62	1.43
G2-1#	1.53	1.62	0.72	0.85	0.79	0.19	0.89	1.07	1.19	1.52	1.42
G3-1#	1.56	1.66	0.68	0.82	0.79	0.17	0.86	1.08	1.23	1.56	1.5
G4-1#	1.56	1.58	0.82	0.9	0.8	0.21	0.94	1.06	1.06	1.56	1.25
G5-1#	1.44	1.55	0.84	0.92	0.83	0.22	0.95	1.05	1.07	1.44	1.22
G6-1#	1.61	1.69	0.77	0.87	0.78	0.20	0.92	1.05	1.12	1.61	1.34
G7-1#	1.52	1.59	0.78	0.88	0.8	0.20	0.92	1.06	1.11	1.52	1.31
G8-1#	1.57	1.65	0.76	0.87	0.79	0.20	0.92	1.06	1.34	1.57	1.33
G9-1#	1.57	1.65	0.77	0.88	0.79	0.20	0.92	1.06	1.11	1.56	1.32
G10-1#	1.57	1.64	0.78	0.88	0.79	0.20	0.93	1.06	1.11	1.56	1.32
G11-1#	1.54	1.61	0.78	0.88	0.80	0.20	0.92	1.06	1.11	1.53	1.31
G12-1#	1.61	1.68	0.78	0.88	0.79	0.20	0.93	1.05	1.1	1.61	1.32
G13-1#	1.6	1.67	0.77	0.88	0.79	0.20	0.92	1.05	1.11	1.59	1.33
G14-1#	1.52	1.58	0.78	0.88	0.81	0.20	0.92	1.07	1.11	1.52	1.31
G15-1#	1.55	1.62	0.77	0.88	0.80	0.20	0.92	1.06	1.12	1.54	1.33
G16-1#	1.53	1.61	0.79	0.89	0.80	0.20	0.93	1.06	1.11	1.52	1.30
G17-1#	1.52	1.61	0.75	0.86	0.80	0.19	0.90	1.09	1.13	1.52	1.36

表 3.3 20～40 mm 颗粒形状参数统计表

	扁平度	长宽比	形状因子	圆形度	实用球形度	布拉斯谢克形状参数	微观特性	粗糙度	棱角参数	轴向系数	圆度
G1-2#	1.52	1.65	0.73	0.85	0.79	0.19	0.89	1.06	1.20	1.52	1.41
G2-2#	1.40	1.50	0.73	0.85	0.82	0.19	0.88	1.08	1.20	1.38	1.38

续表 3.3

	扁平度	长宽比	形状因子	圆形度	实用球形度	布拉斯谢克形状参数	微观特性	粗糙度	棱角参数	轴向系数	圆度
G3-2#	1.46	1.55	0.69	0.83	0.81	0.18	0.86	1.09	1.25	1.42	1.48
G4-2#	1.90	2.00	0.69	0.83	0.71	0.18	0.90	1.06	1.35	1.92	1.48
G5-2#	1.38	1.46	0.78	0.84	0.83	0.20	0.90	1.06	1.29	1.34	1.30
G6-2#	2.00	2.12	0.68	0.82	0.70	0.18	0.91	1.05	1.26	2.05	1.50
G7-2#	1.32	1.38	0.82	0.90	0.86	0.21	0.92	1.06	1.12	1.26	1.23
G8-2#	1.43	1.47	0.78	0.88	0.83	0.20	0.91	1.08	1.12	1.42	1.30
G9-2#	1.43	1.45	0.85	0.92	0.84	0.22	0.95	1.05	1.07	1.42	1.20
G10-2#	1.33	1.41	0.81	0.90	0.85	0.21	0.92	1.06	1.12	1.29	1.24
G11-2#	1.50	1.59	0.78	0.88	0.81	0.20	0.91	1.06	1.13	1.49	1.32
G12-2#	1.76	1.86	0.72	0.85	0.74	0.19	0.91	1.06	1.14	1.77	1.40
G13-2#	1.51	1.58	0.76	0.87	0.81	0.20	0.91	1.07	1.13	1.49	1.33
G14-2#	1.43	1.50	0.77	0.88	0.83	0.20	0.90	1.02	1.14	1.40	1.32
G15-2#	1.57	1.67	0.74	0.86	0.79	0.19	0.92	1.02	1.15	1.56	1.37
G16-2#	1.47	1.54	0.79	0.89	0.82	0.20	0.90	1.05	1.12	1.44	1.29
G17-2#	1.56	1.67	0.77	0.88	0.79	0.20	0.92	1.05	1.13	1.54	1.32

长宽比、扁平度、形状因子、圆形度、实用球形度、轴向系数、圆度的数值分布区间相对较宽,对颗粒形状较敏感;粗糙度、棱角参数、布拉斯谢克形状参数、微观特性差别很小,对颗粒形状的敏感性较弱。

3.2 颗粒流动性与评定参数的关系

3.2.1 颗粒流动性测试结果

按照 2.1.7 节进行骨料颗粒的流动性试验,建立形状参数与骨料颗粒的扩展度、高度及休止角之间的关系,从而选择出更好的表征颗粒形状的参数。休止角[57]指的是颗粒堆积在水平面上形成静止锥体形态时,颗粒自由斜面和水平面之间的夹角,颗粒的流动性越好,其休止角越小。研究表明[58],颗粒的休止角小于30°时,流动性较好。

17 种 5~20 mm 和 17 种 20~40 mm 骨料颗粒的流动性试验测试结果见表 3.4 和表 3.5。

表 3.4　5～20 mm 骨料颗粒测试结果

编号	坍落扩展度/cm	坍落高度/cm	休止角/°
G1-1#	44.92	10.70	25.64
G2-1#	46.80	10.30	23.75
G3-1#	47.42	10.67	24.23
G4-1#	51.33	8.43	18.26
G5-1#	52.50	7.80	16.70
G6-1#	47.83	9.60	21.80
G7-1#	48.83	10.10	22.29
G8-1#	50.00	9.67	21.31
G9-1#	49.17	9.93	21.80
G10-1#	48.25	9.83	22.29
G11-1#	49.92	9.60	20.81
G12-1#	49.50	9.70	21.31
G13-1#	46.58	9.43	22.29
G14-1#	47.83	9.60	21.80
G15-1#	48.17	9.50	21.31
G16-1#	48.67	9.23	20.81
G17-1#	49.67	9.33	20.81

表 3.5　20～40 mm 骨料颗粒测试结果

编号	坍落扩展度/cm	坍落高度/cm	休止角/°
G1-2#	44.33	11.20	27.02
G2-2#	45.17	10.03	23.75
G3-2#	43.83	10.83	26.10
G4-2#	45.25	10.67	25.17
G5-2#	45.58	10.83	25.64
G6-2#	46.67	11.20	25.64
G7-2#	48.17	9.90	22.29
G8-2#	48.50	9.53	21.31

续表 3.5

编号	坍落扩展度/cm	坍落高度/cm	休止角/°
G9-2#	47.00	9.45	21.80
G10-2#	47.00	9.53	22.29
G11-2#	47.75	9.63	21.80
G12-2#	42.83	11.13	27.47
G13-2#	46.17	10.07	23.75
G14-2#	48.00	9.30	21.31
G15-2#	47.33	10.17	23.27
G16-2#	47.83	9.80	22.29
G17-2#	46.83	9.70	22.29

根据表 3.4 和表 3.5 可知，5～20 mm 和 20～40 mm 骨料颗粒的休止角均小于 30°，则其流动性均良好。其中，5～20 mm 骨料中 G5-1# 骨料的休止角最小，为 16.7°，则其流动性最好；20～40 mm 骨料中 G8-2# 和 G14-2# 骨料的休止角最小，为 21.31°，流动性最好。

3.2.2 颗粒评定参数与流动性之间的关系

通过建立各形状参数与颗粒流动性指标（坍落扩展度、坍落高度、休止角）之间的关系，根据形状参数本身的物理意义，选择较优的形状参数来表征颗粒流动性。图 3.2、图 3.3 及图 3.4 分别展示了各形状参数与 5～20 mm 颗粒的扩展度、高度及休止角之间的关系。

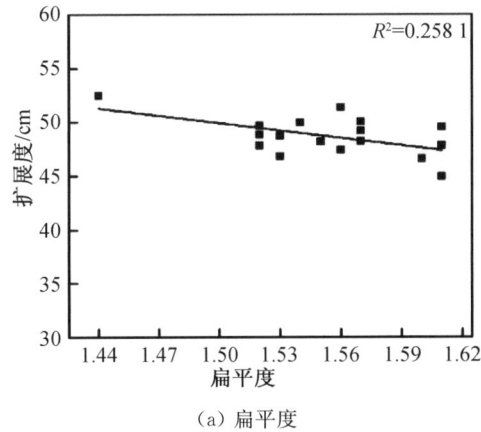
(a) 扁平度

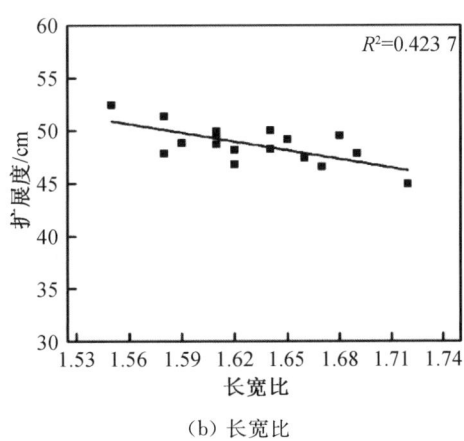
(b) 长宽比

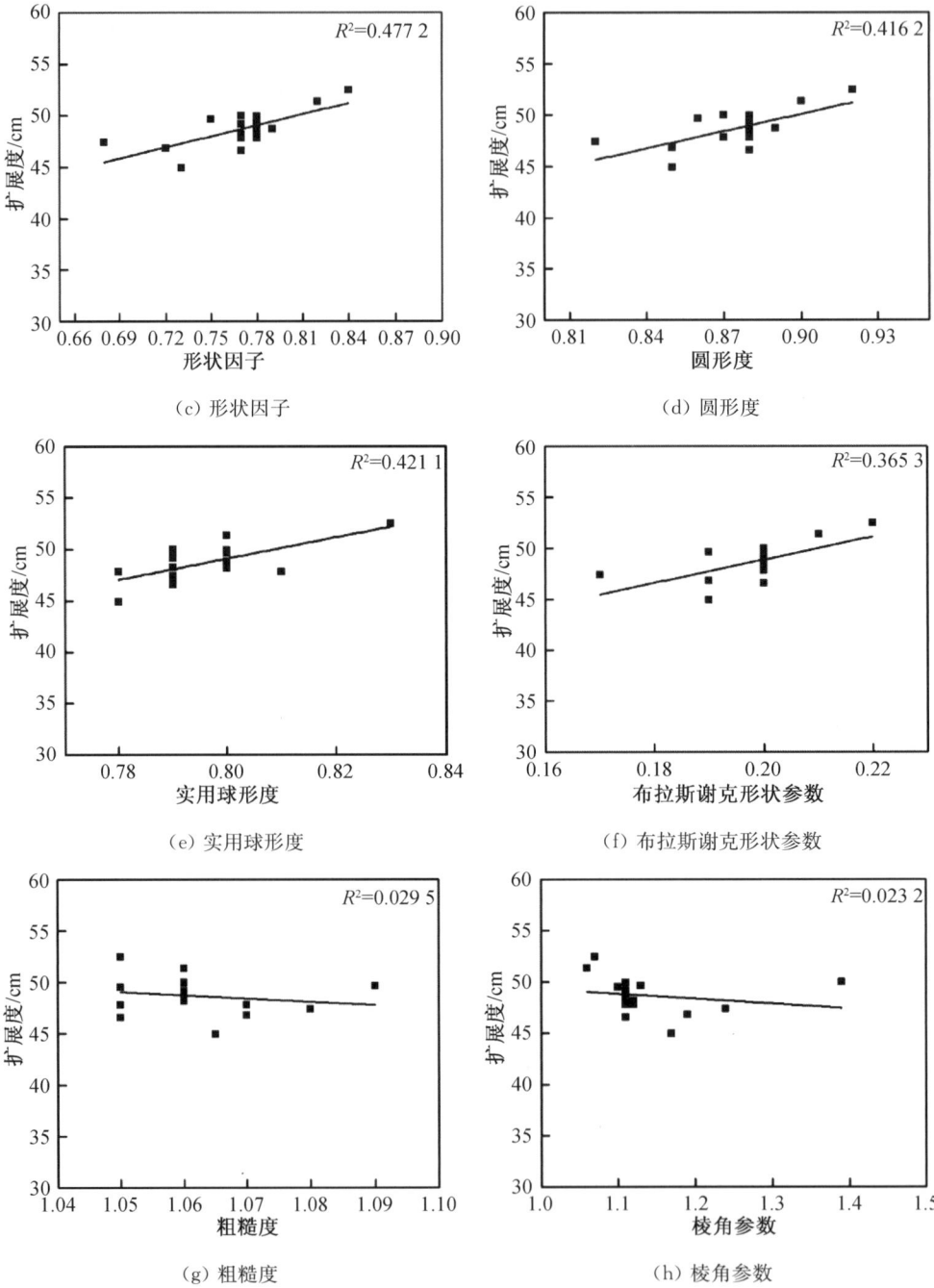

(c) 形状因子

(d) 圆形度

(e) 实用球形度

(f) 布拉斯谢克形状参数

(g) 粗糙度

(h) 棱角参数

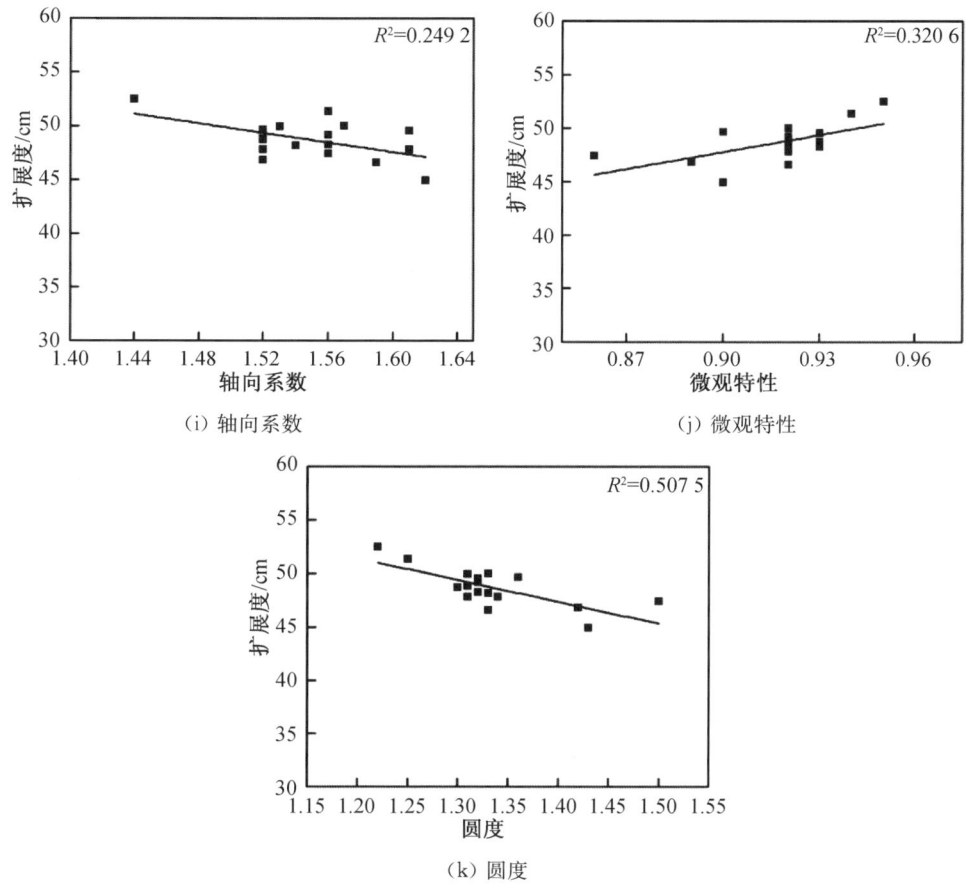

图 3.2 5～20 mm 骨料颗粒形状参数与扩展度关系

颗粒的扁平度、长宽比、粗糙度、棱角参数、轴向系数及圆度的值均是大于等于 1 的,其值越接近 1,则骨料颗粒的形状越好,即随着参数值的增大,其形状越偏离圆形,则颗粒的流动性越差;颗粒的形状因子、圆形度、实用球形度、微观特性的值是小于等于 1 的,参数值越接近于 1,则颗粒形状越接近于圆形,即随着参数值的增大,颗粒的流动性越好;布拉斯谢克形状参数的值介于 $[0,8/\pi^2]$ 之间,参数值越大,颗粒的形状越接近圆形,颗粒的流动性越好。

由图 3.2 可知,随着扁平度、长宽比、粗糙度、棱角参数、轴向系数、圆度的增大,颗粒的扩展度减小,是因为随着扁平度、长宽比、粗糙度、棱角参数、轴向系数、圆度的值的增大,骨料颗粒的形状偏离圆形的程度增大,流动性越差,从而其扩展度越小,其中,圆度与扩展度之间关系的趋势较明显。骨料颗粒的扩展度随着形状因子、圆形度、实用球形度、微观特性、布拉斯谢克形状参数值的增大而增大,是因为随着形状因子、圆形度、实用球形度、微观特性、布拉斯谢克形状参数的增大,骨料颗粒的形状逐渐趋于圆形,流动性较好,从而扩展度增大,其中,形状因子与扩展度之间的相关性最好。

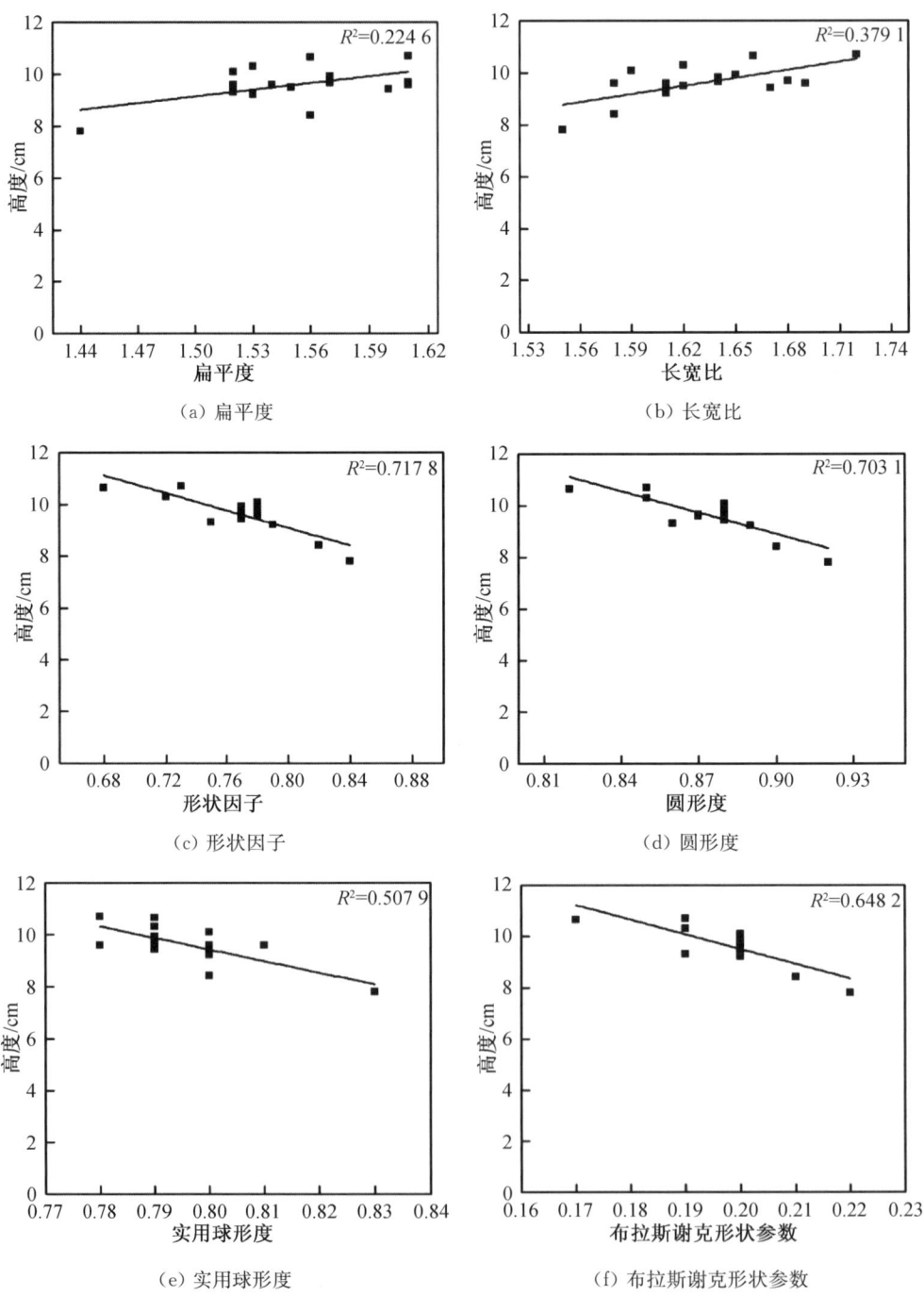

(a) 扁平度

(b) 长宽比

(c) 形状因子

(d) 圆形度

(e) 实用球形度

(f) 布拉斯谢克形状参数

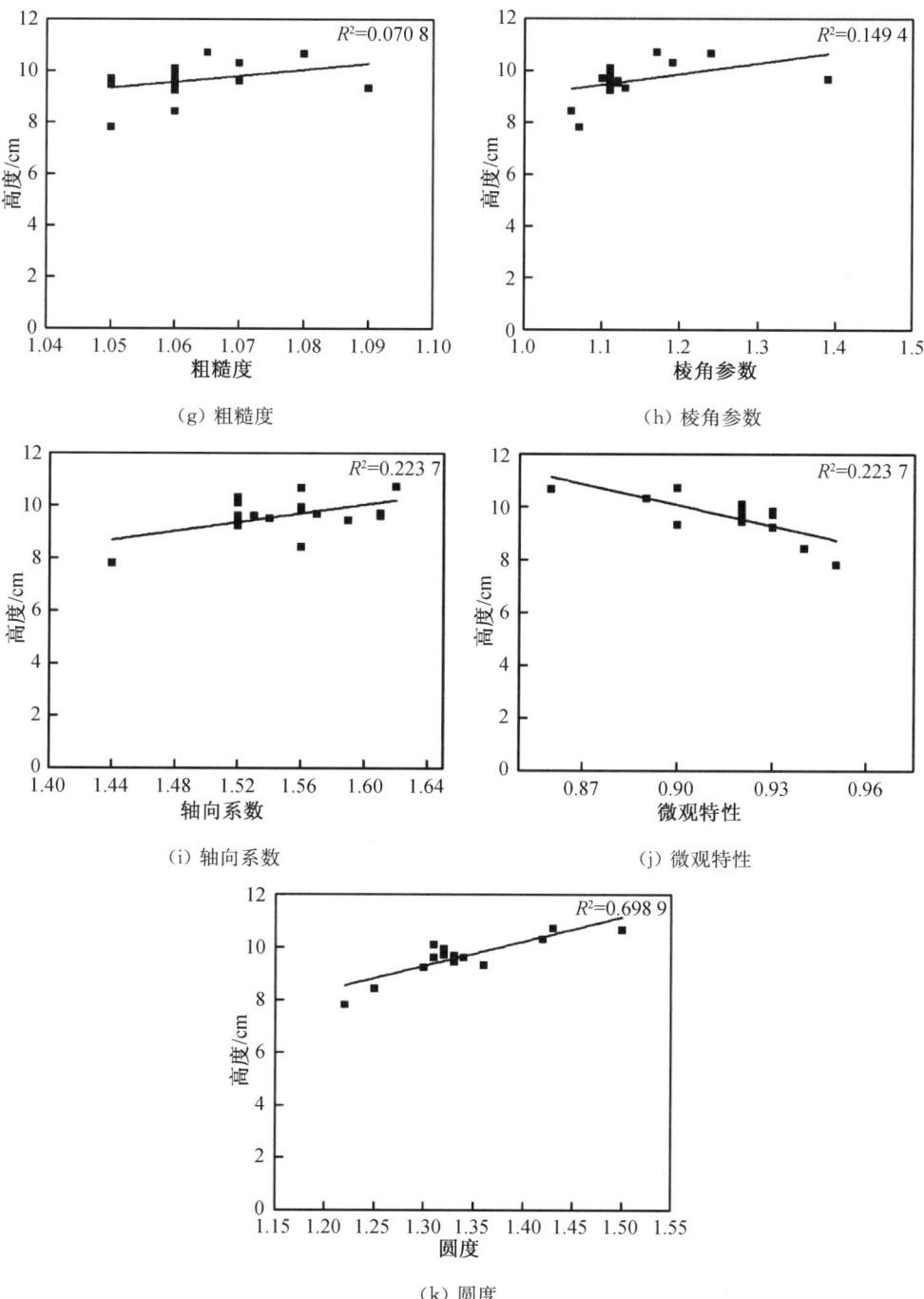

图 3.3　5～20 mm 骨料颗粒形状参数与高度关系

由图 3.3 可知,骨料颗粒的堆积高度随着扁平度、长宽比、粗糙度、棱角参数、轴向系数、圆度的增大而增大,是因为扁平度、长宽比、粗糙度、棱角参数、轴向系数、圆度的值越大,骨料形状更加偏离圆形,流动性越差,从而堆积高度越高,其中,圆度与高度之间的变化趋势最明显;随着形状因子、圆形度、实用球形度、微观特性、布拉斯谢克形状参数值的增大,颗粒的堆积高度减小,是因为随着形状因子、圆形度、实用球形度、微观特性、布拉斯谢克形状参数的值的增大,骨料颗粒的形状更加趋于圆形,其流动性越好,从而其堆积高度越低,其中,形状因子与高度之间的相关性更加显著。

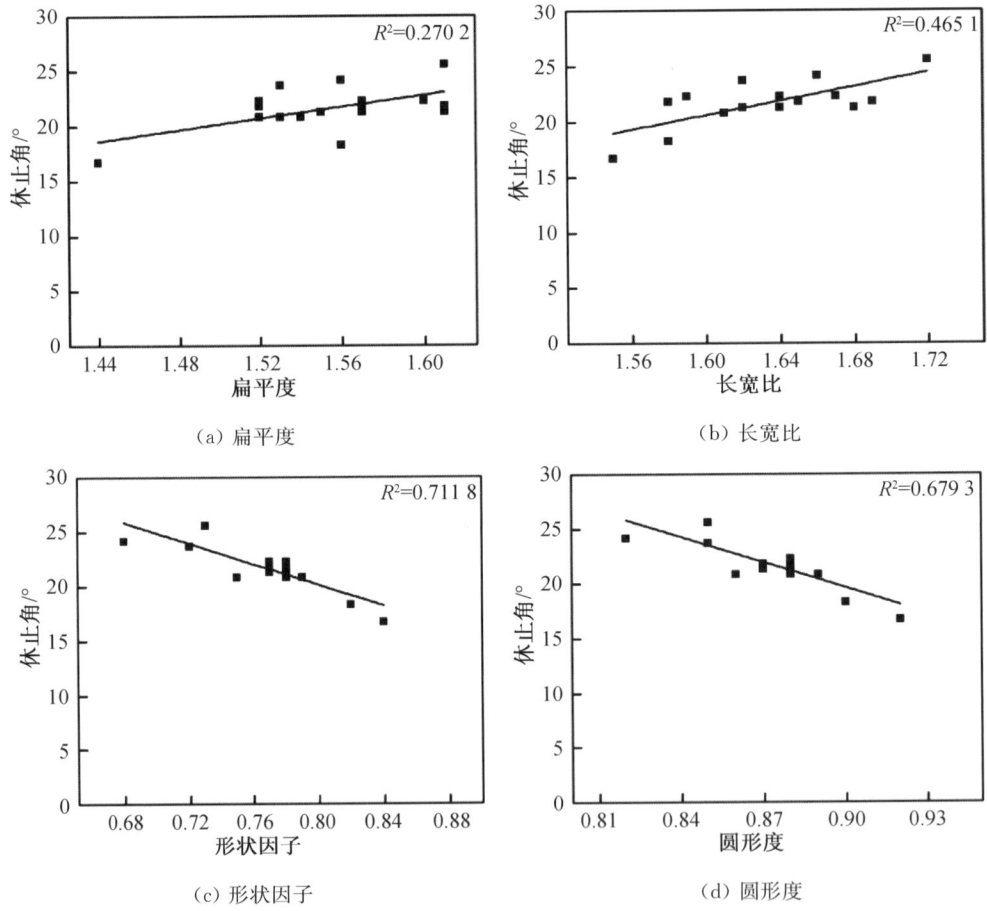

(a) 扁平度

(b) 长宽比

(c) 形状因子

(d) 圆形度

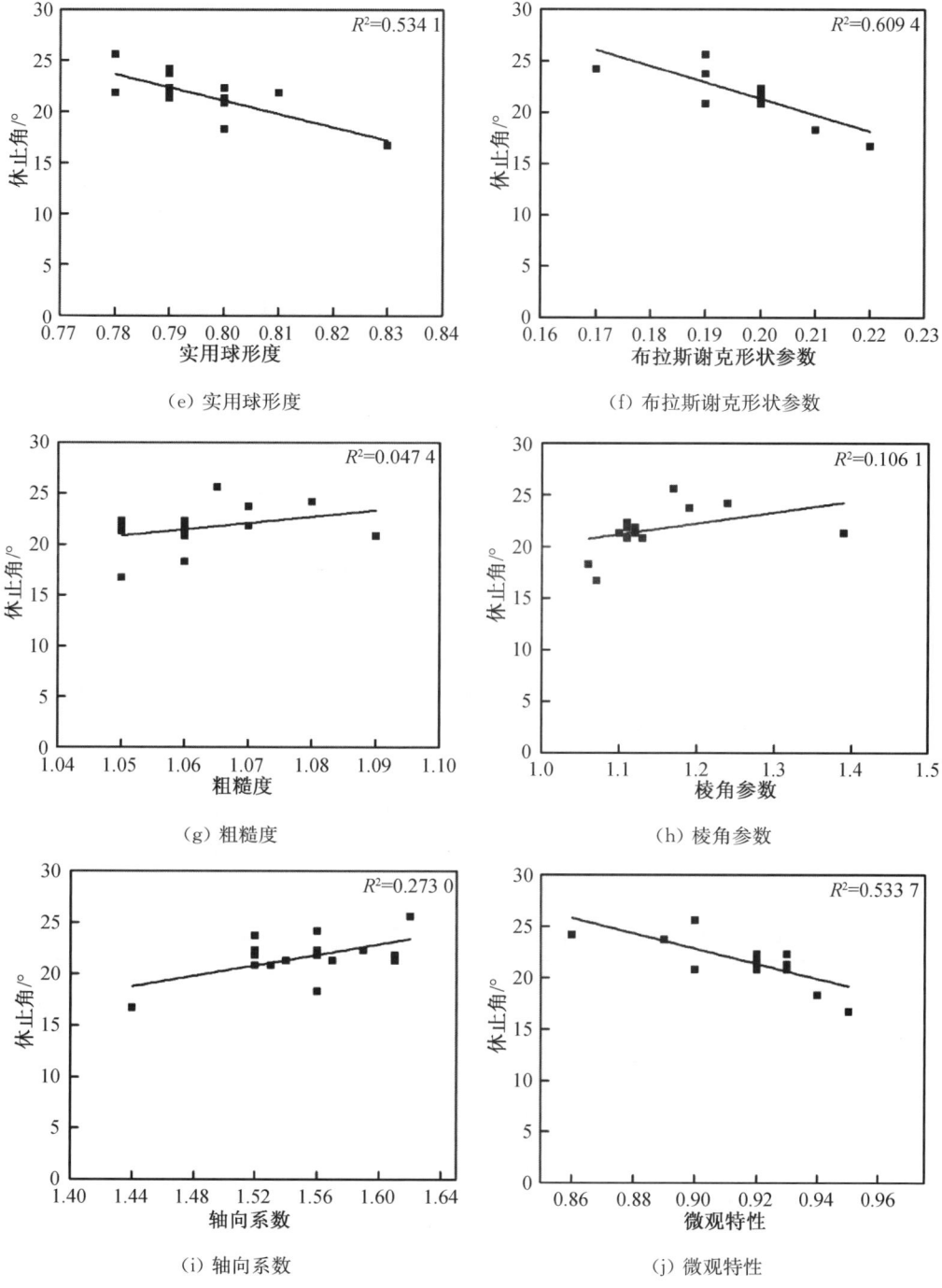

(e) 实用球形度

(f) 布拉斯谢克形状参数

(g) 粗糙度

(h) 棱角参数

(i) 轴向系数

(j) 微观特性

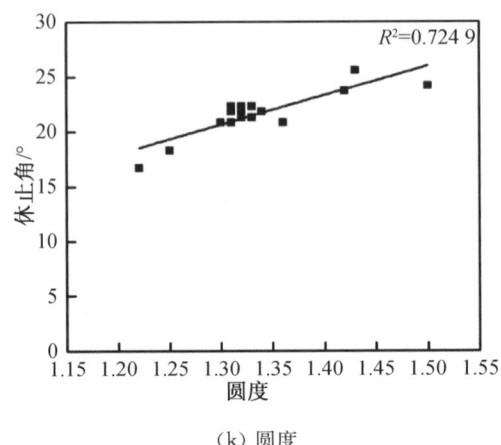

(k) 圆度

图 3.4　5～20 mm 骨料颗粒形状参数与休止角关系

由图 3.4 可知,随着扁平度、长宽比、粗糙度、棱角参数、轴向系数、圆度的增大,休止角逐渐增大,是因为随着扁平度、长宽比、粗糙度、棱角参数、轴向系数、圆度的增大,骨料颗粒的形状偏离圆形的程度增大,流动性越差,从而休止角增大,其中,圆度与休止角之间的关系更加明显;休止角随着形状因子、圆形度、实用球形度、微观特性、布拉斯谢克形状参数值的增大而减小,是因为随着形状因子、圆形度、实用球形度、微观特性、布拉斯谢克形状参数的增大,骨料颗粒的形状更加接近于圆形,流动性越好,从而休止角越小。

相关系数 R 是衡量两个变量之间线性相关程度的指标,取值范围为 -1～1。当 $R<0$ 时,变量之间的相关性呈负相关;$R>0$ 时,变量之间的相关性呈正相关。表 3.6 列出了 5～20 mm 颗粒的各形状参数与扩展度、高度及休止角之间的相关系数。

表 3.6　5～20 mm 骨料颗粒形状参数与流动性指标之间相关系数

参数种类	扩展度	高度	休止角
	相关系数 R	相关系数 R	相关系数 R
扁平度	−0.508 0	0.473 9	0.519 8
长宽比	−0.650 9	0.615 7	0.682 0
形状因子	0.690 8	−0.847 2	−0.843 7
布拉斯谢克形状参数	0.604 4	−0.805 1	−0.780 6
圆形度	0.645 1	−0.838 5	−0.824 2
实用球形度	0.642 0	−0.712 7	−0.730 8

续表 3.6

参数种类	扩展度 相关系数 R	高度 相关系数 R	休止角 相关系数 R
粗糙度	-0.171 8	0.266 1	0.217 7
棱角参数	-0.152 3	0.386 5	0.325 7
微观特性	0.566 2	-0.745 5	-0.730 5
圆度	-0.712 4	0.836 0	0.851 4
轴向系数	-0.499 2	0.473 0	0.522 5

通过查相关系数表[56]可知,在 0.05 显著水平下,相关系数 R 的临界值为 0.482 1。根据表 3.6 可知,长宽比、形状因子、圆形度、布拉斯谢克形状参数、实用球形度、微观特性及圆度与扩展度、高度、休止角之间均具有显著的相关性,其中形状因子、圆形度、圆度与流动性各项指标的相关性均显著。

采用同样的方法,考察了 20~40 mm 骨料颗粒各形状参数与流动性指标之间的相关系数,见表 3.7。

表 3.7 20~40 mm 骨料颗粒形状参数与流动性指标之间相关系数

参数种类	扩展度 相关系数 R	高度 相关系数 R	休止角 相关系数 R
扁平度	-0.067 1	0.391 0	0.391 0
长宽比	-0.192 6	0.473 4	0.387 7
形状因子	0.599 3	-0.731 2	-0.702 5
圆形度	0.620 5	-0.834 1	-0.786 6
布拉斯谢克形状参数	0.554 1	-0.715 3	-0.670 7
实用球形度	0.536 8	-0.639 7	-0.568 9
粗糙度	-0.212 4	0.217 9	0.223 6
棱角参数	-0.415 0	0.680 7	0.610 6
微观特性	0.498 0	-0.446 8	-0.485 2
圆度	-0.244 7	0.279 5	0.245 6
轴向系数	-0.086 0	0.365 2	0.270 0

同样在 0.05 显著水平下,相关系数 R 临界值为 0.482 1。根据表 3.7 可知,形状因子、圆形度、布拉斯谢克形状参数、实用球形度与颗粒流动性各项指标之间均

具有显著相关性。其中,形状因子、圆形度与颗粒流动性指标间的相关性较好。长宽比、圆度与 5～20 mm 颗粒的流动性指标之间具有显著相关性,然而与 20～40 mm 颗粒的流动性指标之间的相关性并不显著,可能与颗粒的粒径大小有关。

综合上述分析,对 5～20 mm、20～40 mm 颗粒的坍落度、高度、休止角均显著相关,同时对砂的流出时间也显著相关的形状参数为形状因子、圆形度。

第4章

考虑粒形影响的混凝土骨料级配设计方法

正如前文所述,在混凝土配合比设计的过程中,骨料的粒形影响没有考虑在内,尤其是在骨料级配曲线设计时,不同粒形的骨料,只要粒径相同,推荐的级配曲线就是一致的,无疑会增大试配的工作量,并且在骨料粒级超过3种以上时,通过"尝试法"找出最佳级配的工作量是巨大的。如果能在骨料级配曲线设计过程中,将骨料粒形充分考虑,通过计算机软件自动推荐初始骨料比例,则试配工作量将大大减轻。

考虑到对粗骨料流动性和细骨料流动性都有显著性的形状表征参数是形状因子,本章在经典Bolomey粒径分布模型中引入形状因子,以期在骨料级配设计过程中充分考虑骨料粒形的影响,建立了改进的粒径分布模型,并用软件实现自动计算。

4.1 Bolomey理想级配曲线模型

Bolomey公式是一种理想的颗粒粒径分布计算理论[4],如式(4-1)所示,这也是一种只针对骨料颗粒的数学模型,当固体材料中同时存在水泥、粉煤灰等胶凝材料时,需要确定胶凝材料在固体材料中的比例,然后将Bolomey等式转换成仅涉及骨料颗粒的Bolomey曲线[5],如式(4-2)所示。

$$P_{sd} = A_B + (100 - A_B) \times \sqrt{\frac{d}{D_{max}}} \qquad (4-1)$$

$$P_d = \frac{P_{sd} - C_B}{100 - C_B} \times 100\% \qquad (4-2)$$

式中:P_{sd}——固体颗粒(水泥和骨料)通过筛孔d的百分比(%);

P_d——骨料颗粒通过筛孔d的百分比(%);

D_{max}——骨料的最大粒径(mm);

A_B——常数,取决于新拌混凝土的和易性和骨料类型,其取值见表1.1;

C_B——固体颗粒中水泥所占百分比(%);

d——某一级筛孔孔径(mm)。

当骨料最大粒径、水泥所占百分比相同,形状不同的骨料利用 Bolomey 曲线公式计算级配时,结果是相同的。Bolomey 曲线公式没有考虑骨料的形状改变对结果产生的影响。

4.2 颗粒特征参数对最优级配曲线模型的影响

根据前面第 2 章及第 3 章中对形状参数与颗粒流动性之间关系的分析,选择形状因子 R 作为表征颗粒形状的参数,将形状因子 R 应用到 Bolomey 等式中,采用了两种方式:方式 a 和方式 b,分别如式(4-3)、式(4-4)和式(4-5)、式(4-6)所示,其中,P_i 表示的是每一粒级颗粒的通过率。

方式 a:当 $i=1$ 时,

$$P_i = R^x \times \frac{A_B + (100 - A_B) \times \sqrt{d_i / D_{\max}} - C_B}{100 - C_B} \times 100\% \qquad (4-3)$$

$i \geqslant 2$ 时,

$$P_i = R^x \times \frac{(100 - A_B) \times (\sqrt{d_i / D_{\max}} - \sqrt{d_{i-1} / D_{\max}})}{100 - C_B} \times 100\% \qquad (4-4)$$

式中:d_i——上一级颗粒粒径(mm);

d_{i-1}——次一级颗粒粒径(mm);

x——常数,取值分别为 1、2、3、4,对应曲线分别为 J1、J2、J3、J4。

J1、J2、J3、J4 曲线与 Bolomey 曲线骨料颗粒的分布如图 4.1 所示,由图 4.1 可知,J1、J2、J3、J4 曲线的细骨料含量高于 Bolomey 曲线,且按照 J1、J2、J3、J4 曲线的顺序,细骨料的含量逐渐增加,粗骨料的含量逐渐降低。

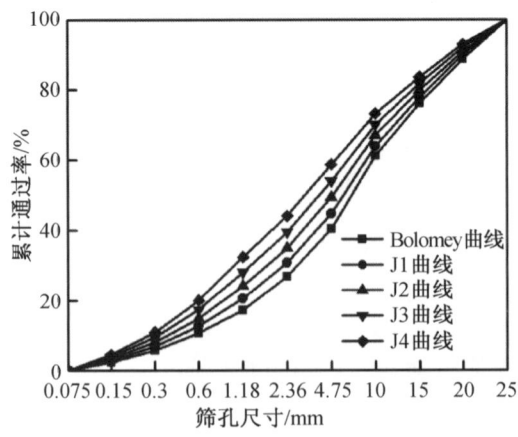

图 4.1 方式 a 形成曲线与 Bolomey 曲线

方式 b:当 $i=1$ 时,

$$P_i = e^{Rx} \times \frac{A_B + (100 - A_B) \times \sqrt{d_i / D_{\max}} - C_B}{100 - C_B} \times 100\% \qquad (4-5)$$

$i \geqslant 2$ 时，

$$P_i = e^{Rx} \times \frac{(100 - A_B) \times (\sqrt{d_i / D_{\max}} - \sqrt{d_{i-1} / D_{\max}})}{100 - C_B} \times 100\% \qquad (4-6)$$

式中：d_i、d_{i-1} 同上；

x——常数，取值 1、3、5、7，对应的曲线为 Z1、Z3、Z5、Z7。

方式 b 各曲线与 Bolomey 曲线的骨料颗粒分布如图 4.2 所示。由图 4.2 可知，Z1、Z3、Z5、Z7 曲线的细骨料含量高于 Bolomey 曲线，同时，随着常数 x 取值的增加，细骨料的含量逐渐增加，粗骨料的含量逐渐降低，总体的变化趋势与图 4.1 相同，只是变化幅度较大。

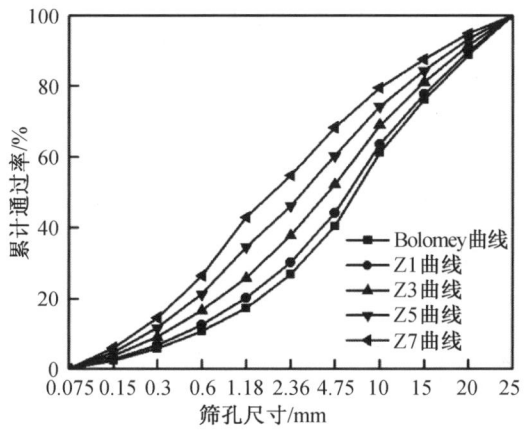

图 4.2　方式 b 形成曲线与 Bolomey 曲线

由上可知，无论以哪种方式将形状因子应用到 Bolomey 等式中，都会对每一粒级骨料的通过率产生影响，从而改变骨料的级配。

4.3　最优级配曲线模型的优化

按照表 4.1 中的配合比配制混凝土，其中，每一粒级骨料的用量根据 Bolomey 曲线、J1、J2、J3、J4、Z1、Z3、Z5、Z7 曲线来确定。骨料颗粒的最大粒径为 25 mm，骨料颗粒的用量如表 4.2 和表 4.3 所示。

表 4.1　混凝土配合比　　　　　　　　（单位：kg·m^{-3}）

强度等级	水灰比	水泥	水	石子	砂	减水剂/%
C50	0.34	506	172	1 048	823	0.30

表 4.2　采用方式 a 混凝土骨料颗粒用量分布

筛孔尺寸/mm	用量/(kg·m^{-3})			
	J1	J2	J3	J4
≤0.075	0.00	0.00	0.00	0.00
0.075~0.15	53.43	62.93	73.32	84.47
0.15~0.30	75.56	88.99	103.69	119.47
0.30~0.60	106.86	125.85	146.64	168.95
0.60~1.18	146.80	172.89	201.45	232.10
1.18~2.36	190.73	202.17	212.01	219.84
2.36~4.75	263.57	270.07	273.76	274.42
4.75~10	361.07	331.69	301.45	270.91
10~15	261.10	239.86	217.99	195.90
15~20	222.94	207.43	190.93	173.79
20~25	188.95	169.13	149.77	131.14

表 4.3　采用方式 b 混凝土骨料颗粒用量分布

筛孔尺寸/mm	用量/(kg·m^{-3})				
	B	Z1	Z3	Z5	Z7
≤0.075	0.00	0.00	0.00	0.00	0.00
0.075~0.15	44.91	52.48	69.99	90.18	112.06
0.15~0.30	63.51	74.22	98.98	127.54	158.48
0.30~0.60	89.82	104.96	139.97	180.36	224.12
0.60~1.18	123.39	144.19	192.30	247.78	307.90
1.18~2.36	178.13	188.35	205.65	216.96	220.73
2.36~4.75	254.64	261.29	268.69	266.95	255.77
4.75~10	389.09	364.89	313.40	260.08	208.14
10~15	281.36	263.86	226.63	188.07	150.51
15~20	237.19	224.68	196.88	166.68	136.09
20~25	208.97	192.10	158.52	126.39	97.19

在试验过程中测试新拌混凝土的坍落度、扩展度,测试方法参照 2.1.6 节。测试结果见表 4.4,相应坍落度、扩展度的柱状图见图 4.3、图 4.4。

表 4.4 混凝土坍落度、扩展度及密度

编号	坍落度/mm	扩展度/mm	密度/(kg·m^{-3})
B	125	325	2 608
J1	154	360	2 586
J2	150	330	2 603
J3	157	320	2 606
J4	115	200	2 612
Z1	157	375	2 584
Z3	184	365	2 578
Z5	87	200	2 558
Z7	0	200	2 533

根据表 4.4 可知，由 9 种不同骨料级配配制的混凝土的坍落度、扩展度及密度之间存在差异，坍落度的变化范围为 0～184 mm，扩展度的变化范围为 200～375 mm，由此可见，由于骨料级配的变化引起了混凝土流动性的变化。

其中，Z7 混凝土的坍落度为 0，扩展度为 200 mm，也就是坍落度筒的底边直径长度，则 Z7 混凝土没有流动性；然而，Z3 混凝土的坍落度达到 184 mm，扩展度达到 365 mm，均较大，其流动性较好。

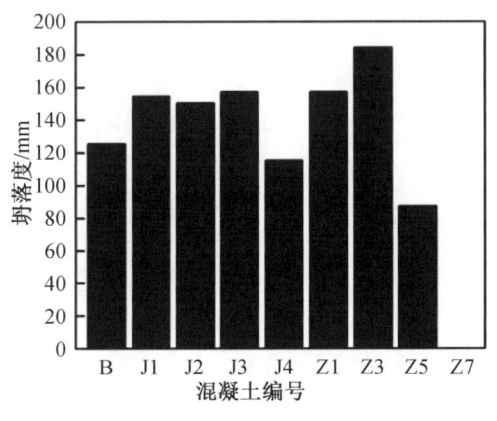

图 4.3 混凝土坍落度

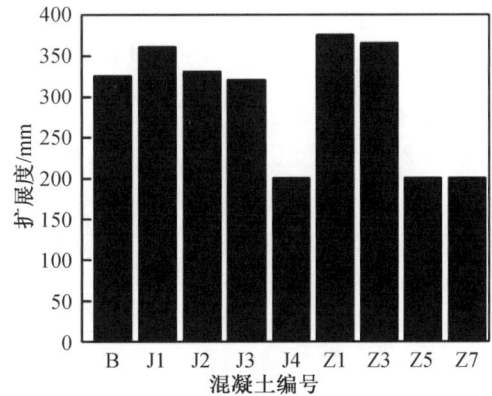

图 4.4 混凝土扩展度

根据图 4.3 可知，Z3 混凝土的坍落度最大，J3 和 Z1 混凝土的坍落度次之。图 4.4 中，Z1 混凝土的扩展度最大，Z3 混凝土的扩展度次之。结合表 4.4 中的坍落度和扩展度，可知 Z3 混凝土的流动性最佳。

实测坍落度的照片见图 4.5 和图 4.6。在试验过程中，通过观察新拌混凝土的

状态,大致可以认为改变骨料的级配能够达到改善混凝土质量的目的。根据 Bolomey 曲线配制的混凝土出现泌水,按照 J3、Z3 曲线配制的混凝土具有较好的流动性且没有泌水的现象。因此,引入颗粒形状参数改变骨料的级配从而改善混凝土的流动性是有效的。由 Z5 曲线配制的混凝土的流动性较差,可能与其细骨料的含量较多有关。因此,通过比较新拌混凝土的坍落度、扩展度及观察其流动状态,可知 Z3 混凝土的工作性是最佳的。

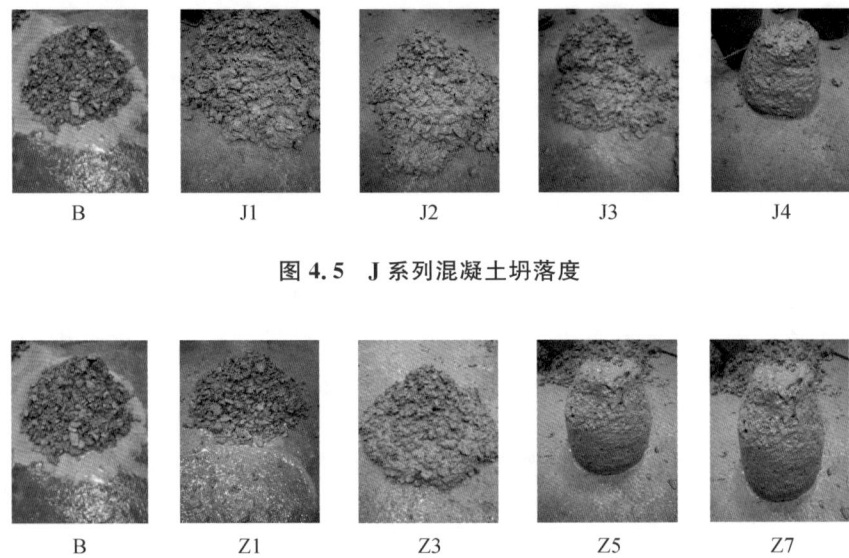

图 4.5　J 系列混凝土坍落度

图 4.6　Z 系列混凝土坍落度

将新拌混凝土装入 100 mm×100 mm×100 mm 的立方体试模,测试其 3 d、7 d 和 28 d 的抗压强度,测试结果见表 4.5。

表 4.5　混凝土抗压强度值　　　　　　　　　　（单位:MPa）

编号	3 d	7 d	28 d
B	51.17	65.65	81.29
J1	53.39	59.85	82.67
J2	51.52	60.36	74.54
J3	51.49	59.31	77.49
J4	44.65	57.86	67.83
Z1	51.21	58.49	67.58
Z3	47.75	59.28	75.49

续表 4.5

编号	3 d	7 d	28 d
Z5	49.50	56.34	58.81
Z7	45.54	59.31	69.08

由表 4.5 可知，B 配合比由于泌水，成型时试模内部骨料堆积，浆体外溢，这种堆积体的强度反而比较高，对于混凝土的 3 d 强度，Z1 混凝土略高于 Z3，然而，Z3 混凝土的 7 d 及 28 d 强度均高于 Z1 混凝土，由于 Z3 混凝土的工作性优于 Z1，因此，Z3 曲线是最佳的。

由上述可知，J3、Z3 曲线模型配制的混凝土工作性较好，同时，结合其相应混凝土的抗压强度，Z3 曲线配制的混凝土性能最好，因此，优化的骨料级配曲线模型为 Z3 曲线模型，即：

对于第 i 级骨料：

当 $i=1$ 时，

$$P_i = e^{3R_i} \times \frac{A_B + (100 - A_B) \times \sqrt{d_i / D_{max}} - C_B}{100 - C_B} \times 100\%$$

$i \geqslant 2$ 时，

$$P_i = e^{3R_i} \times \frac{(100 - A_B) \times (\sqrt{d_i / D_{max}} - \sqrt{d_{i-1} / D_{max}})}{100 - C_B} \times 100\%$$

4.4 骨料级配设计方法的软件实现

4.4.1 形状因子的软件实现

从前文可知，形状因子不仅能够反映细骨料的流动性，还可以反映粗骨料的流动性，因此，用形状因子来表征骨料的形貌是合适的。但是，工程现场缺少先进的设备，也缺少会使用图像处理软件的人员，如何才能得到不同骨料的形状因子呢？为了解决此问题，笔者采用 MATLAB 软件开发了能够得到骨料形状因子的 exe 程序，使用者只要将骨料摆放拍照，然后把照片与 exe 文件放在同一个文件夹下，运行 exe 文件，即可得到该骨料的形状因子。

MATLAB 程序编写如下：

```
clear all;c
I=imread('图片位置');            %%读取图像
I=rgb2gray(I);                   %%把彩色图像转换成灰度图
bwI=im2bw(I,graythresh(I));      %%把图像转换成二值图
```

bwIsl=～bwI;   %%二值图取反,把颗粒变成白色
h=fspecial('average');   %%h 取平均值,用于下一步滤波
bwIfilt=imfilter(bwIsl,h);   %%对图像进行滤波
bwIfiltfh=imfill(bwIfilt,'holes');   %%填充二值图像的孔洞区域
cc=bwconncomp(bwIfiltfh);   %%对填充好的图像进行编号
stats=regionprops(cc,'Area','EquivDiameter','Perimeter');   %%对每一个编号的区域求面积,Area 是像素面积,后面两个参数分别是等面积圆的直径、周长

idx=find([stats.Area]>200);   %%剔除像素面积小于 200 的点
bwIfiltfh2=ismember(labelmatrix(cc),idx); %%只取剔除杂质后的点,作为最后的图片

data=[idx;stats(idx).Area;stats(idx).EquivDiameter;stats(idx).Perimeter];   %%把最终留下来的颗粒的参数,包括序号、像素面积、等面积圆的直径、周长,输入 data 矩阵里

xzyz=(4*3.1415926*data(:,2)./data(:,4))./data(:,4);   %%算出每个颗粒的形状因子

one=ones(size(idx));   %%生成一个全 1 矩阵
shapefactor=(one*xzyz)/length(idx)   %%算出这张照片中所有颗粒的形状因子结果

具体的图像处理步骤:①取有代表性的骨料 1～2 kg,平铺在一张白纸上,尽量避免骨料颗粒相互重叠;②用手机或数码相机拍照;③将照片与所编 MATLAB 程序的 exe 文件放在相同的文件夹中;④运行 exe 文件,便可得到图 4.7 和图 4.8 所示的结果。图 4.7 中,图(a)是灰度图像,图(b)是二值图,图(c)是二值图反相后的图像,图(d)是最终用于分析测量的图像。图 4.8 显示的是图像经过分析测量后得到的形状因子的值。

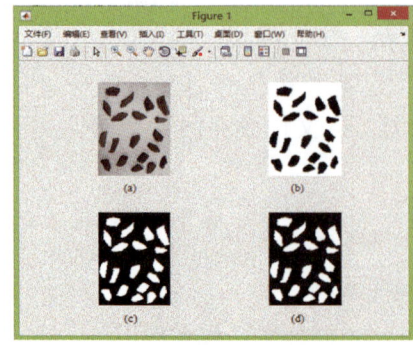

图 4.7　图像处理过程

图 4.8　形状因子值

4.4.2 骨料级配推荐的软件实现

采用 Visual Basic 软件进行考虑粒形影响的骨料级配曲线模型的自动推荐。考虑粒形影响的骨料级配曲线计算软件的具体操作流程见图 4.9。

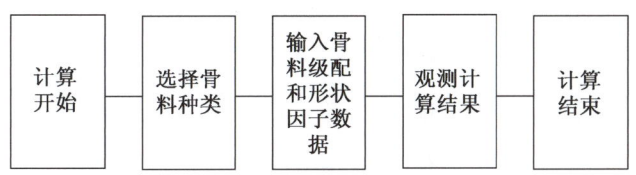

图 4.9 计算软件的操作流程

（1）根据试验的需要选择合适的骨料种类，即 2（砂、小石）、3（砂、小石、中石）、4（砂、小石、中石、大石），如图 4.10 所示。

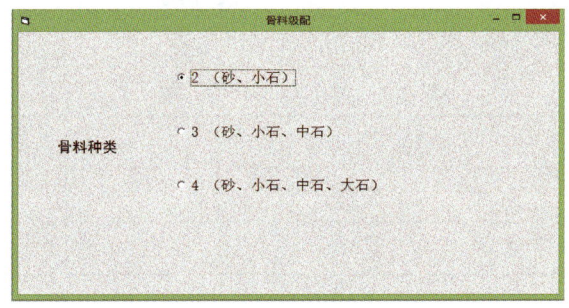

图 4.10 骨料级配初始界面

（2）在弹出界面中，输入水泥和骨料的用量、骨料的最大粒径、与混凝土工作性相关的参数 A（A 的取值见表 1.1，与设计坍落度和骨料类型有关）及预先测试的骨料级配数据和骨料颗粒的形状因子，如图 4.11 和图 4.12 所示。

图 4.11 级配计算界面

图 4.12 数据输入后的计算界面

（3）点击计算页面上的"确定"按钮，进行计算，结果会以列表形式显示，如图4.13所示。

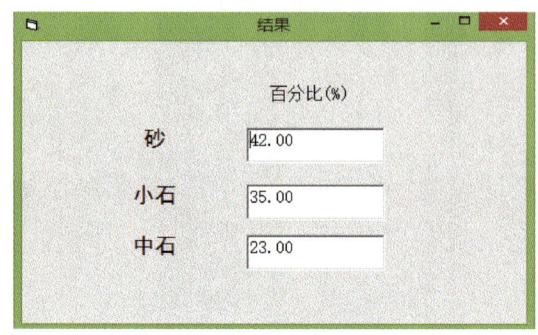

图 4.13 计算结果

以选择3（砂、小石、中石）为例说明计算软件的可行性，砂、小石、中石的级配和形状因子分别见表4.6、表4.7和表4.8。

表 4.6 砂的级配和形状因子

粒径/mm	≤0.075	0.075~0.15	0.15~0.3	0.3~0.6	0.6~1.18	1.18~2.36	2.36~4.75
级配/%	3.06	5.50	8.74	25.0	18.44	16.96	22.20
形状因子	1.00	1.00	1.00	1.00	1.00	0.89	0.84

表 4.7 小石的级配和形状因子

粒径/mm	4.75~9.50	9.50~16.0	16.0~19.0
级配/%	35.21	45.68	19.10
形状因子	1.00	1.00	1.00

表 4.8 中石的级配和形状因子

粒径/mm	19.0~26.5	26.5~31.5	31.5~37.5
级配/%	25.8	53.2	21.0
形状因子	0.83	0.81	0.84

按照表4.6、表4.7、表4.8中的砂、小石、中石进行计算，得到的考虑骨料粒形的最优曲线L的级配，自动推荐的砂、小石、中石的用量分别如图4.14和图4.15所示。

保持粗细骨料的级配不变，改变小石骨料的形状因子，分别为0.80和0.50，与其对应的最优曲线分别为 L1 和 L2,相应的自动推荐结果见图 4.16、图 4.17。

图 4.14　最优曲线 L 级配　　　　　　　图 4.15　L 计算结果

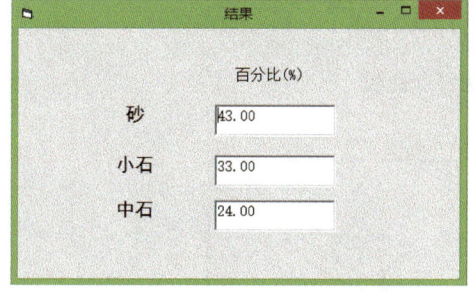 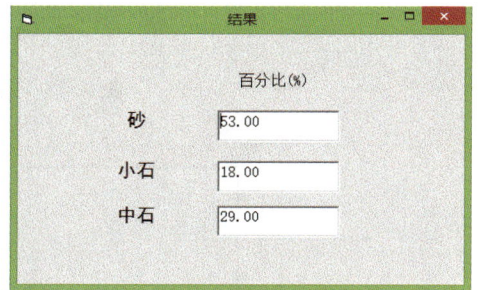

图 4.16　L1 计算结果　　　　　　　图 4.17　L2 计算结果

由图 4.15 可知,形状因子为 1 时,小石的自动推荐用量为 47%。由图 4.16 可知,形状因子为 0.80 时,小石的推荐用量为 33%。由图 4.17 可知,形状因子为 0.50 时,小石的推荐用量为 18%。随着小石形状因子的减小,粒形变差,其推荐用量相应降低,砂和中石的用量相应增加。

考虑粒形影响的最优曲线 L、L1、L2 见图 4.18。由图 4.18 可知,按照曲线 L、L1、L2 的顺序,小石形状因子逐渐减小,细骨料、中石的用量相应增加,小石的用量相应降低。

根据软件自动推荐的骨料用量,绘制的骨料级配如图 4.19 所示。由图 4.19 可知,按照曲线 L、L1、L2 的顺序,小石的形状因子逐渐减小,计算软件自动推荐的细骨料的用量逐渐增加,中石的用量亦相应增加,小石的用量相应减少。粗细骨料用量的变化趋势与图 4.18 中最优级配曲线的变化趋势一致。由于形状因子越小,骨料颗粒的形状更加偏离圆形,则其用量相应减少,这与图 4.18、图 4.19 的变化趋势一致。由于形状因子只是对最佳级配曲线进行校正,所以各粒级骨料的用量还是会在合理范围内,同时兼顾级配的需求。

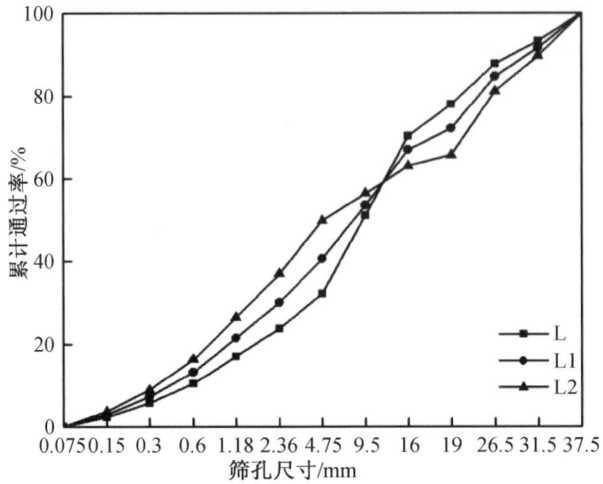

图 4.18　最优级配曲线

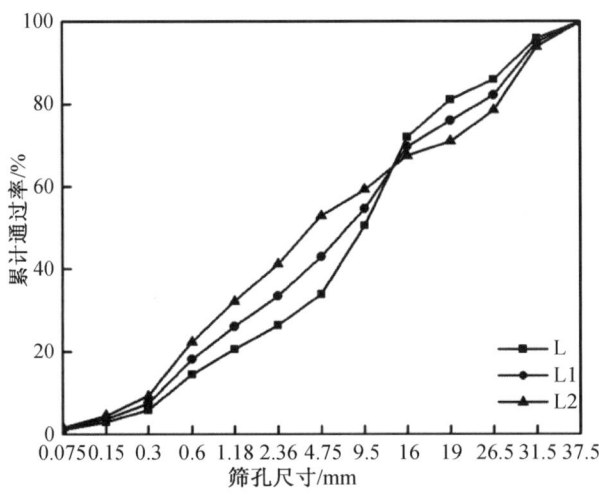

图 4.19　自动推荐级配

4.5　考虑粒形影响的骨料级配设计方法与传统方法效果对比

采用绝对体积法计算配合比,要求控制混凝土的坍落度为 160～200 mm,含气量为 3%～4%,水胶比取 0.37。按照不同的骨料级配选择方法确定最佳骨料级配。

4.5.1 尝试法筛选骨料最佳级配

因破碎的玄武岩小石粒形较差,骨料级配对混凝土工作性影响较大,因此按照混凝土的工作性优选骨料级配。混凝土试配采用昭通 P·MH42.5 中热水泥,玄武岩粗、细骨料,粉煤灰掺量为 30%,硅灰掺量为 5%,砂率为 43%。

骨料级配优选试验结果见表 4.9。表中所给小石与中石比例,为 5~20 mm 粗骨料与 20~40 mm 粗骨料的质量比。由于粗骨料粒形不好,当坍落度增大后,进行坍落度试验时,中石会在坍落过程中架住,用水量调整至 162 kg/m³ 时才能满足 160~200 mm 坍落度的要求。调整小石与中石的比例,当小石与中石的比例为 70∶30 时,坍落度最大,并且和易性良好。继续增大小石与中石的比例,则坍落度减小,因此确定小石与中石的最佳比例为 70∶30。

表 4.9　混凝土玄武岩骨料级配优选试验结果

水胶比	砂率/%	m(小石)∶(中石)	单位用水量/(kg·m⁻³)	减水剂/%	引气剂/(1/万)	坍落度/mm
0.37	43	40∶60	162	1.37	0.9	160
0.37	43	50∶50	162	1.37	0.9	170
0.37	43	55∶45	162	1.37	0.9	175
0.37	43	60∶40	162	1.37	0.9	180
0.37	43	65∶35	162	1.37	0.9	180
0.37	43	70∶30	162	1.37	0.9	190
0.37	43	75∶25	162	1.37	0.9	180
0.37	43	80∶20	162	1.37	0.9	165

在选好粗骨料级配(小石∶中石=70∶30)的情况下,采用 162 kg/m³ 的单位用水量,选择不同砂率进行拌合物工作性试验,结果见表 4.10。由表 4.10 可知,水胶比为 0.37,砂率为 45% 时,粗骨料被砂浆包裹良好,且混凝土的棍度(插捣拌合物的难易程度)良好,坍落度最大,确定为合理砂率。

根据上述过程可知,尝试法通过 14 盘混凝土的试拌,筛选出了工作性良好的骨料最佳级配,试验的工作量偏大,但是最终筛选的结果能够令人满意。

表 4.10　混凝土砂率优选试验结果

水胶比	砂率/%	m(小石)∶(中石)	单位用水量/(kg·m⁻³)	减水剂/%	引气剂/(1/万)	坍落度/mm	状态情况
0.37	39	70∶30	162	1.37	0.9	155	砂偏少,包裹稍差,坍落后中部隆起

续表 4.10

水胶比	砂率/%	m(小石):(中石)	单位用水量/(kg·m⁻³)	减水剂/%	引气剂/(1/万)	坍落度/mm	状态情况
0.37	41	70:30	162	1.37	0.9	180	砂偏少,包裹稍差
0.37	43	70:30	162	1.37	0.9	190	含砂适中,包裹良好
0.37	45	70:30	162	1.37	0.9	195	含砂适中,包裹良好
0.37	47	70:30	162	1.37	0.9	160	含砂偏多,铲时有沙沙声
0.37	49	70:30	162	1.37	0.9	160	含砂偏多,铲时有沙沙声

4.5.2 查表法选择骨料最佳级配

根据《建设用卵石、碎石》(GB/T 14685—2011)的规定,无论碎石、卵石粒形如何,级配均要满足表 4.11 的要求。实际所用玄武岩的级配见图 4.20,采用 5~20 mm 小石与 20~40 mm 中石配制混凝土时,按照连续级配的要求,小石与中石的掺配比例为 45:55~80:20,均能满足要求。工程上选择骨料级配,往往以掺配后的混合料级配靠近要求级配区间正中时作为最佳级配,按照此原则选择的小石与中石的掺配比例为 60:40。按照 4.5.1 节尝试法筛选最佳骨料级配的结果可知,该掺配比例并非最佳。

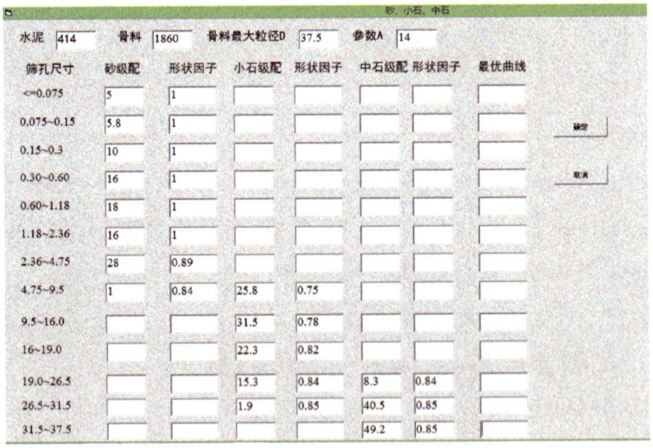

图 4.20 玄武岩级配及形状因子

4.5.3 考虑骨料粒形软件推荐的最佳级配

采用 4.4.2 节编制的考虑骨料粒形影响的骨料级配计算软件,其自动推荐结果见图 4.21。由图 4.21 可知,推荐的最佳砂率为 44%,与人工筛选的砂率结果

表 4.11 《建设用卵石、碎石》(GB/T 14685—2011) 推荐骨料级配

公称粒级/mm		累计筛余/% 方孔筛/mm											
		2.36	4.75	9.50	16.0	19.0	26.5	31.5	37.5	53.0	63.0	75.0	90
连续粒级	5~16	95~100	85~100	30~60	0~10	0	—	—	—	—	—	—	—
	5~20	95~100	90~100	40~80	—	0~10	0	—	—	—	—	—	—
	5~25	95~100	90~100	—	30~70	—	0~5	0	—	—	—	—	—
	5~31.5	95~100	90~100	70~90	—	15~45	—	0~5	0	—	—	—	—
	5~40	—	95~100	70~90	—	30~65	—	—	0~5	0	—	—	—
单粒粒级	5~10	95~100	80~100	0~15	0	—	—	—	—	—	—	—	—
	10~16	—	95~100	80~100	0~15	0	—	—	—	—	—	—	—
	10~20	—	95~100	85~100	—	0~15	0	—	—	—	—	—	—
	16~25	—	—	95~100	55~70	25~40	0~10	0	—	—	—	—	—
	16~31.5	—	95~100	—	85~100	—	—	0~10	0	—	—	—	—
	20~40	—	—	95~100	—	80~100	—	—	0~10	0	—	—	—
	40~80	—	—	—	—	95~100	—	—	70~100	—	30~60	0~10	0

45%非常吻合;推荐的小石与中石最佳掺配比例为68∶32(即图4.21中的38∶18),与尝试法筛选的骨料级配结果70∶30非常接近。

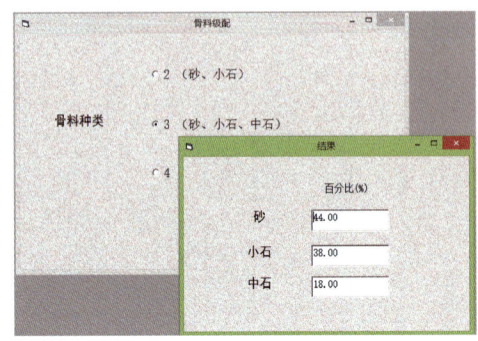

图4.21 软件推荐最佳级配

通过上述比较,可以发现,采用4.4.2节编制的软件推荐的骨料级配,与尝试法筛选的最佳级配基本一致,验证了该方法的可行性。

对于2种石子加1种砂的情况,实际操作时还可以通过人工调整石子比例的方法筛选出最佳级配组合。但是,随着混凝土技术的发展,尤其是高扬程泵送混凝土、自密实混凝土等,对骨料级配要求严苛,最佳级配的实现越来越需要采用多种骨料搭配,粗骨料就有3~4种甚至更多,这种情况下,通过尝试法筛选的工作量巨大,而采用查表法又较难得到满意的级配。采用软件自动推荐可以简化工作量,快速推荐最佳级配,并且由于考虑了骨料粒形对最佳级配的影响,所推荐的级配可以更准确、更客观地反映骨料整体的搭配情况。

4.6 考虑骨料粒形影响的配合比设计方法的应用

选择大山包一级公路上用到的C30、C40、C50三个配合比,采用全级配配合比设计方法重新设计,与工程现场实际使用的、采用传统方法设计出的混凝土进行比较,见表4.12。坍落度控制在(200±10)mm范围内。同强度等级混凝土采用相同的水胶比、相同的坍落度、相同的外加剂掺量,坍落度大小通过单位用水量调整。混凝土的实测性能结果见表4.13,单方混凝土的经济成本见表4.14。

表4.12 不同强度等级混凝土配合比优化

混凝土类型	水泥/(kg·m^{-3})	粉煤灰/(kg·m^{-3})	人工砂/(kg·m^{-3})	1#料/(kg·m^{-3})	2#料/(kg·m^{-3})	3#料/(kg·m^{-3})	水/(kg·m^{-3})	外加剂/(kg·m^{-3})
工地C30	324	36	843	297	593	99	158	4.32
			砂率45%	比例30∶60∶10				

续表 4.12

混凝土类型	水泥/(kg·m⁻³)	粉煤灰/(kg·m⁻³)	人工砂/(kg·m⁻³)	1#料/(kg·m⁻³)	2#料/(kg·m⁻³)	3#料/(kg·m⁻³)	水/(kg·m⁻³)	外加剂/(kg·m⁻³)
优化C30	297	33	768	600	420	180	145	3.15
			砂率39%	比例50∶35∶15				
工地C40	328	82	809	—	875	154	148	4.92
			砂率44%	比例85∶15				
优化C40	308	77	769		854	300	142	3.92
			砂率40%	比例74∶26				
工地C50	445	50	668	—	1 024	114	154	6.19
			砂率37%	比例90∶10				
优化C50	427	47	732		769	329	147	5.76
			砂率40%	比例70∶30				

表 4.13 不同强度等级混凝土实测性能结果

编号	出机坍落度/mm	含气量/%	28 d 抗压强度/MPa
工地C30	200	3.4	38.7
优化C30	200	3.6	42.7
工地C40	200	4.2	46.3
优化C40	200	3.6	48.6
工地C50	200	3.2	58.7
优化C50	200	3.3	58.3

表 4.14 不同强度等级混凝土单方成本计算

材料	单价/(元·kg⁻¹)	工地C30/(kg·m⁻³)	优化C30/(kg·m⁻³)	工地C40/(kg·m⁻³)	优化C40/(kg·m⁻³)	工地C50/(kg·m⁻³)	优化C50/(kg·m⁻³)
水泥	470/570	324	297	328	308	445	427
粉煤灰	250	36	33	82	77	50	47
人工砂	130	843	768	809	769	668	732
1#料	80	297	600	—	—	—	—
2#料	80	593	420	875	854	1 024	769

续表 4.14

材料	项目 单价 (元·kg⁻¹)	工地 C30 /(kg·m⁻³)	优化 C30 /(kg·m⁻³)	工地 C40 /(kg·m⁻³)	优化 C40 /(kg·m⁻³)	工地 C50 /(kg·m⁻³)	优化 C50 /(kg·m⁻³)
3#料	80	99	180	154	300	114	329
水	10	158	145	148	142	154	147
外加剂	3 600	4.32	3.15	4.92	3.92	6.19	5.76
单方成本/(元·m⁻³)		367	356	381	372	468	460

注：C30、C40 混凝土用水泥为 P·O42.5 水泥，单价 470 元，C50 混凝土用水泥为 P·O52.5 水泥，单价 570 元。

从表 4.12 和表 4.13 可以看出，考虑骨料粒形后，按照全级配配合比设计方法重新优化设计的混凝土配合比中，粗细骨料的搭配与传统方法设计出的不同，有较大的调整，并且调整后，在坍落度和含气量几乎相同的前提下，单位用水量和胶凝材料用量都减小。例如，工地实际用 C30 混凝土单位用水量为 158 kg/m³，胶凝材料总量 360 kg/m³，优化后单位用水量为 145 kg/m³，胶凝材料总量 330 kg/m³，单方成本降低 11 元，同时强度基本接近。再如 C50 混凝土，优化后单位用水量由 154 kg/m³ 降低至 147 kg/m³，胶凝材料总量由 495 kg/m³ 降低至 474 kg/m³，单方成本降低 8 元。

第 2 篇

低温弱养护条件下混凝土强度快速增长技术

第 5 章
引言

5.1 低温弱养护条件下混凝土凝结硬化特性

滇东北地区属北温带高原西南季风气候,具有冬季偏冷、会有一定量降雪,夏季无酷暑、雨热同季、干湿分明等特点。这种气候条件下,夏季气温不高,大体积混凝土开裂风险较小,对夏季混凝土工程施工比较有利;但是对冬季施工而言,尽管基本不存在低温霜冻的问题,但存在混凝土强度发展缓慢、影响施工进度等问题。以昭通地区为例,多年气象统计资料表明,11月、12月和1月、2月、3月平均最低气温分别为4℃、−0.39℃、−2℃、−0.01℃和3.55℃,如图5.1所示,有5个月的月平均最低温度低于5℃,且冬季时月平均降水量均低于20 mm。滇东北地区冬季低温和低降水量的特点,使得混凝土的养护条件兼具养护温度低和养护湿度低的双重恶劣条件,严重影响混凝土施工进度。从长期滇东北地区结构混凝土冬季施工的效果来看,采用常规施工工艺进行结构混凝土浇筑,一方面会增加施工成本,另一方面混凝土强度增长缓慢。冬季又是公路施工的黄金季节,为确保按期交工,解决低温环境下结构混凝土施工带来的一系列问题,提高滇东北低温地区结构混凝土质量,显得尤为重要。

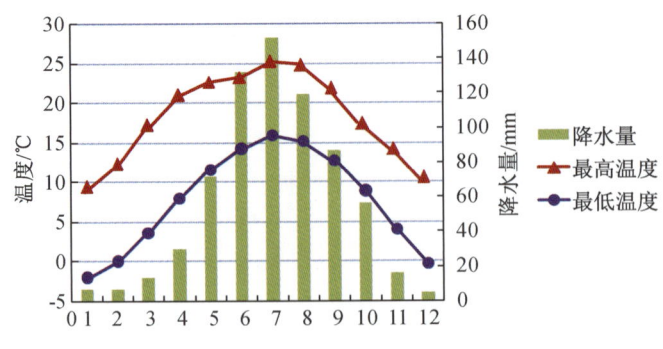

图 5.1 昭通月平均气温统计

混凝土是由胶凝材料、水、骨料及其他外加剂构成的具有一定强度、刚度和耐久性等性能的复合材料。混凝土在建筑材料中占据非常重要的地位,是工程主体的重要构成部分。水泥水化硬化的特性决定了混凝土早期强度较低,在标准养护条件下,通常 1 d 抗压强度仅能达到 28 d 强度的 20%~30%,3 d 达到 40% 左右;而冬季低温条件下,强度发展速率变得更低。因此冬季施工时,桥梁结构的混凝土强度增长较慢,影响预应力施加时间,从而影响工程进度。若混凝土在凝结过程中受到负温侵袭,水泥的水化作用受到阻碍,其中游离水结冰后体积增大 8%~9%,在混凝土内部产生冰晶应力,使强度很低的水泥石结构内部产生微裂纹,同时减弱了水泥、砂石和钢筋之间的黏结力,会对混凝土质量造成更为严重的影响。混凝土初期受冻后再置于常温下养护,其强度虽仍能增长,但已不能恢复到未遭冻害的水平;而且遭冻愈早,后期强度的恢复就愈困难,从而使混凝土强度降低[59]。《建筑工程冬期施工规程》(JGJ/T 104—2011)规定,在受冻以前,普通混凝土受冻临界强度应达到:硅酸盐水泥或普通硅酸盐水泥配制的混凝土应为设计强度标准值的 30%;矿渣硅酸盐水泥配制的混凝土应为设计强度标准值的 40%;C10 及以下的混凝土不得低于 5.0 MPa。常规施工,当气温降至 0℃ 以下时,若混凝土自身还未达到临界抗冻强度,则混凝土发生冻伤,这将严重制约整个工程的质量、进度与成本控制。

5.2 混凝土冬季施工特点与养护现状

5.2.1 冬季混凝土施工特点

《建筑工程冬期施工规程》(JGJ/T 104—2011)中规定,当室外日平均气温连续 5 d 稳定低于 5℃ 时,混凝土结构工程应采取冬季施工措施,使混凝土在正常养护条件下得以凝结硬化,并应及时采取气温突然下降的防冻措施。如果不能采取合理的冬季施工措施,将会导致冻融现象的发生,早期冻害会显著降低混凝土的强度增长幅度,并且对混凝土后期的安全性和耐久性造成巨大的损害,所以冬季施工措施的采取势在必行[60]。混凝土冬季施工有以下几个特点[61]:

① 混凝土强度随着水泥水化程度增大而逐渐提高,影响水泥水化作用的主要因素是水和温度,当环境温度低时,水的活性减弱,水泥的水化速度也会降低。特别是当环境温度下降到零度以下时,混凝土中的水开始逐渐结成冰,水泥的水化作用渐渐停止,最后随着温度继续下降混凝土强度停止增长。因此,如何保证水泥水化作用所需的正常温度环境是混凝土冬季施工的关键。

② 如果混凝土在 5℃ 的情况下养护 28 d,其强度增长仅能达到 28 d 标准养护的 60% 左右。当温度处于 0℃ 以下时,混凝土中的游离水开始结冰,水结冰后其体积膨胀,导致骨料和钢筋表面空隙产生冰凌,这将使水泥浆与骨料和钢筋的黏结力

减弱,从而降低了混凝土的强度。因此,冬季混凝土施工需要解决的问题是较快地增长混凝土强度和避免混凝土在达到临界强度前受到冻害。

③ 在冬季,为了给混凝土营造一个正温的养护环境,通常采用材料预热、保温、养护期间加热等措施,这些措施使得施工技术更加复杂,增加了费用,而且对配套设施和能源供给的要求也较高,使得冬季混凝土施工成本增加30%~50%[62]。

5.2.2　混凝土冬季施工养护现状

在滇东北地区进行混凝土施工,如果使混凝土完全不受冻,将消耗大量的保温材料,同时必须采取各种防护措施保证混凝土不受冻,而且施工工期拖长。试验和研究实践证实,低温对后期各种性能影响不大,混凝土在受冻前只要达到一定强度,就能满足设计强度和使用要求。所以对混凝土冬季施工,提出了允许受冻临界强度概念[63]。

混凝土受冻临界强度是指新浇混凝土在受冻前达到某一个初始强度值,然后遭到冻结,当恢复正温养护后,混凝土强度仍可继续增长,经28 d标准养护后,其后期强度可达设计标准值的95%以上,这一受冻前的初始强度叫作混凝土早期受冻的允许受冻临界强度。不同混凝土临界强度的确定也是学术界的研究热点。

规范中规定混凝土允许受冻临界强度大多数用抗压强度指标来表示,这样较为明确,能够适应各种不同情况,因为在混凝土各项物理、力学指标中,都与抗压强度有相关性。《建筑工程冬期施工规程》(JGJ/T 104—2011)中规定了冬季施工混凝土的允许受冻临界强度。对于掺防冻剂混凝土,当室外最低气温不低于-15℃时不得小于4.0 N/mm^2,当室外最低气温不低于-30℃时不得小于5.0 N/mm^2。

在混凝土冬季施工过程中,国内经常使用下列几种施工方法[64-65]:

(1) 材料预热法

把砂子及拌合水预先加热,再拌合混凝土。骨料加热可以通过蒸汽加热,也可以用铁板加热。但加热水和砂子时温度应有所限制,一般应以混凝土出仓温度15~20℃为准,温度过高时水泥会出现假凝现象。当气温在0℃左右时,可以只加热水,而不加热砂子。

(2) 蓄热法

蓄热法是指采用保温措施,主要依靠覆盖物来保持混凝土的入模温度和保留住原材料加热和水泥水化热的热量,以保证混凝土强度正常增长的施工方法。一般的覆盖材料为岩棉被、塑料膜等。在远离其他建筑物及生活区以外的地方可以考虑用草帘、草袋、锯末、稻壳等,主要是防止引起火灾。冬季混凝土施工中,蓄热法的适应范围是在外界温度为-15℃左右、大体积混凝土工程中。蓄热法的优点是既简单易行又成本低廉,缺点是不适合温度很低的情况且强度增长较慢。在施工中,要加强对混凝土的保温,以保证在温度降到0℃以前使新浇混凝土具有足够的抗冻能力,避免内部与外露表面受冻,且要延长养护龄期。

(3) 外部加热法[66]

外部加热法主要用于气温-10℃以上,且构件并不厚大的工程。通过加热混凝土构件周围的空气,将热量传给混凝土,或直接对混凝土加热,使混凝土处于正温条件下正常硬化。常见的外部加热法主要有以下几种:

① 蒸汽加热。蒸汽法是将被养护的混凝土构件或结构置于有塑料薄膜覆盖的低矮棚架或保温罩内,用小锅炉、管道通入蒸汽,利用蒸汽直接或间接养护新浇筑的混凝土,在混凝土结构周围造成湿热环境,使混凝土在极短时间内(1~3 d)达到预期强度的方法。混凝土采用蒸汽加热养护的效果主要取决于水泥熟料的矿物成分以及所加掺合料的种类。这种方法的优点是加热比较均匀,容易控制,不会引起火灾。它的缺点是需要专门的锅炉设备和场地,费用较高,一般广泛应用于大型预制构件厂,小型的工地施工很难办到。另外,此种方法热量损失很大,工作环境也不理想。

② 火炉加热。火炉加热法是指在冬季施工中使用火炉来提高温度,使混凝土硬化。一般在较小的工地使用,优点是方法简单,缺点是提升温度幅度不高,而且比较干燥,且放出的CO_2会使新浇混凝土表面碳化,影响工程的质量。

③ 暖棚法。在施工现场搭建保温加热暖棚,当浇筑和养护混凝土时,棚内设置热源,以维持棚内的正温环境,使混凝土浇筑、养护在棚内正温下进行,使混凝土在正温下硬化。暖棚法适用于地下结构工程和混凝土量比较集中的结构工程。暖棚法的优点是能够为施工创造较好的环境条件,缺点是费用很高,占用时间较多。实践经验说明,暖棚虽然是临时施工设施,但实际上,在冬季施工中,其花费的劳动力、消耗的材料、使用的设备、占用的时间都是比较大的。

④ 电加热。电加热是指在施工中将电能转化为热能来提高混凝土的温度,从而加强养护的方法。电加热法的优点是方法简单,热损失较小,容易控制,比蒸汽加热法更加方便灵活。它的缺点是电能消耗量大,费用高,而且施工中有一定的危险性。电加热法主要包括电极加热法、电热毯加热法、工频涡流加热法、线圈感应加热法和红外线加热法等。电极加热法是用钢筋作电极,利用电流通过混凝土时所产生的热量来加热养护混凝土。电热毯加热法是混凝土浇筑后,在其表面或模板外覆以柔性电热毯,通电加热对其养护。工频涡流加热法是利用安装在钢模外侧的钢管,内穿导线线圈,通以交流电后产生涡流电加热钢模板,从而对混凝土进行加热养护。线圈电磁感应加热法是利用缠绕在构件模板外侧的绝缘导线线圈,通以交流电后,在钢模板和混凝土内的钢筋中产生电磁感应,对混凝土进行加热养护。红外线加热是利用新拌制混凝土有较好的吸收红外线能力,以高温电加热器或气体红外线发生器对混凝土进行密封辐射加热,使混凝土不断获得热量实施养护。

(4) 调整配合比法

在冬季混凝土施工中,调整配合比法适用于施工温度为 0℃ 的环境。在施工过程中,主要做到以下几点:

① 选择适当品种的水泥。选择适当品种的水泥是提高混凝土抗冻能力的重要手段。试验结果表明,在气温 0℃ 左右时施工,应选用普通硅酸盐水泥,其硅酸三钙含量不低于 50%,细度(筛余量)<15%。这种水泥水化热出现早,使早期强度提高快,一般 3 d 强度大约等于普通硅酸盐水泥 7 d 的强度,效果较明显。

② 合理降低水灰比。合理地降低水灰比,就是要减少游离水,适量增加水泥用量,增加幅度在 50 kg/m³ 左右较合适,从而增加水化热量,以缩短达到龄期强度的时间。

③ 掺入引气剂。引气剂是掺入混凝土中经搅拌能引入大量分布均匀的微小气泡以改善混凝土拌合物的工作性,并在硬化后仍能保留微小气泡以改善混凝土抗冻融耐久性的外加剂。在冬季混凝土施工中,保持混凝土的配合比不变,同时加入引气剂,能够生成小气泡,这样就能够增加水泥浆的体积,同时能够提高拌合物的流动性,改善其粘聚性及保水性,缓冲混凝土内水结冰所产生的冻胀压力,提高混凝土的抗冻性。

④ 掺入早强剂。混凝土早强剂是指可加速混凝土早期强度发展的外加剂,其主要作用是能够加速水泥水化速度,缩短混凝土的凝结时间,促进混凝土早期强度的发展。应用较为普遍的有硫酸钠(掺水泥用量的 2% 左右)和复合早强减水剂(掺水泥用量的 5% 左右)。

⑤ 选择颗粒硬度高和缝隙少的骨料,使其热膨胀系数和周围砂浆膨胀系数相近。

(5) 防冻法

目前生产的防冻剂可应用在 −10℃ 及其以下气温的施工工程。它通过降低冰点,使混凝土中的水在负温下仍处于液相状态,使水化作用能继续进行,从而改善孔结构,达到强度增长不受影响的目的。防冻法分为早强、负温防冻和结构法等,常用防冻剂是亚硝酸钠,它不但可以降低冰点,而且是极好的阻锈剂,费用低,大小工地皆可使用。

(6) 综合法

同时采用任意的两种及以上保温和防冻措施进行施工。应根据结构类型等特点、施工队伍素质和当地能源状况来确定方案,有以蓄热为主辅以早期防冻,有以加热为主辅以防冻,也有以防冻为主辅以蓄热等[67]。

为了提高低温或负温养护下混凝土的早期强度,人们采用多种技术措施来尽可能提高混凝土早期强度[68],各种措施均有一定的不足之处,适用范围均受一定环境条件的制约,因此要根据具体情况合理选择才能显著提高冬季混凝土养护效果,才能更好地提高冬季混凝土施工质量,取得好的技术经济效果。在混凝土冬季施工的诸多方法中,掺早强剂是比较简单而经济的方法,近年来已在冬季施工中被广泛采用,相比电热法、蒸汽法、暖棚法、远红外线法等加热措施,设备投资、能源消耗、设备维修都可省去,也可以节约冬季施工费用。

通常掺早强剂的混凝土在常温(20±3)℃下1 d可达到28 d强度的50%,3 d强度达到100%。掺加早强剂的混凝土在用模板施工时,10 h即可达到拆模强度。但传统无机盐类早强剂会严重影响混凝土后期强度的发展,且其多含有硫酸根或氯离子,碱含量高,不利于混凝土的耐久性。醇胺类有机早强剂虽然对混凝土的后期性能影响不大且无氯离子,但其掺量难以控制,容易造成混凝土严重缓凝和混凝土强度下降,且价格高昂。当前,传统早强组分已不能满足绿色、高性能混凝土的要求,加之关于早强剂的研究几乎均集中在混凝土常温下的早强性能,对其在低温(0~5℃)环境下的研究少之又少,早强剂低温下的早期性能、后期强度和作用机理尚不明确。因此,在不额外增加施工工艺或施工辅助养护措施的情况下,研究低温弱养护条件下混凝土强度快速增长技术(新型混凝土低温早强剂),对加快低温环境下公路、桥隧等工程施工进度、提高混凝土质量、降低工程成本等均具有积极的意义。

5.3 早强剂研究现状

混凝土早强剂是一种能够加快混凝土早期强度发展的外加剂,对于加快工程施工进度、提高混凝土质量等有重要作用,掺量一般不超过水泥质量的5%[69]。《混凝土外加剂应用技术规范》(GB 50119—2013)中说明:蒸养条件下,混凝土掺入早强剂可缩短蒸养时间,降低蒸养温度;常温和低温条件下,掺入早强剂能显著提高混凝土的早期强度。目前早强剂的种类大致可分为无机早强剂、有机早强剂和复合早强剂三大类[69],以下在分类总结各常见早强组分性能特点、存在问题及作用机理的基础上,介绍了低温条件下早强剂的研究、应用现状,为后续低温早强剂的研制指明方向。

5.3.1 常见早强组分

(1) 无机盐类

① 氯盐类

常见的氯盐类早强剂有$CaCl_2$、$NaCl$、$AlCl_3$等,其中$CaCl_2$是效果最好、应用最早的早强剂,在寒冷季节混凝土施工中应用广泛。研究表明,氯盐($CaCl_2$、$NaCl$)可以显著提高混凝土早期强度[70],氯化钙掺量一般控制在0.5%~2%范围内,其早强作用随掺量增大而增大,可使水泥浆体3 d强度提高30%~50%,7 d强度提高15%~25%,28 d强度提高约10%[71]。但氯盐对水泥的凝结过程有较大影响,

$CaCl_2$ 掺量在 4%～5%时会引起水泥的速凝[71]，还会引入 Cl^-，易造成钢筋锈蚀，常需复掺一定比例亚硝酸盐[70]。

② 硫酸盐类

硫酸盐类早强剂主要有 Na_2SO_4、$CaSO_4$、$Al_2(SO_4)_3$ 等，其中 Na_2SO_4 应用较为广泛。研究表明，Na_2SO_4 对大多数水泥有较好的早强作用，且在较低温度条件下及早期强度发展较为缓慢的水泥体系中作用更为明显[72]。Na_2SO_4 的适宜掺量为 1%～2%。随掺量的增加，试件早期强度显著提高，可使水泥浆体 1 d、3 d 强度分别提高 398% 和 53%，C50 混凝土 1 d、3 d 抗压强度分别提高 67%、21%[73]。但 Na_2SO_4 早强作用只体现于掺活性混合材料的硅酸盐水泥中，对纯熟料硅酸盐水泥是无效的，水泥适应性较差。此外，掺量过大会造成混凝土的工作性降低，易引起混凝土的泛霜、碱-骨料反应以及硫酸盐侵蚀等，还会使混凝土后期强度降低[74]。

③ 硝酸盐、亚硝酸盐类

硝酸盐和亚硝酸盐均具有早强作用，能促进水化硅酸钙(C-S-H)生成、水泥水化，且可改善水化产物孔结构，使砂浆结构趋于密实[75]，也具有一定防冻作用，且亚硝酸盐还有良好的阻锈作用。此类早强剂常见的有硝酸钙、亚硝酸钙、硝酸钠等。研究表明，掺硝酸钙的混凝土早强效果明显，每 100 kg 水泥掺 1 500 mL 硝酸钙时，1 d、7 d、28 d 强度可分别提高 66%、29% 和 7.6%，且 $Ca(NO_3)_2$ 的掺入并不引起混凝土内部温度的明显提高[76]。同样，亚硝酸钙具有一定早强效果，可使混凝土 3 d、7 d 强度显著提高，后期 28 d 强度也有一定增强作用，且掺量越大强度提高幅度越大[77]。但 Ann 等[78]认为混凝土强度的提高与亚硝酸钙的掺入量无关，仅取决于亚硝酸钙是否掺入。

④ 锂盐类

Li^+ 具有半径小、极化作用强及水化半径大等特性，可使水化诱导期缩短，提高水泥中 C_3S、C_2S 水化能力，并可促进钙矾石 AFt 晶体形成，显著提高凝结速度和早期强度[69]。研究发现，掺少量锂盐可显著提高水泥的早期强度，有时低温下也能加速水泥水化、提高早期强度[79-80]。国内外研究中，锂盐类早强剂多用于铝酸盐水泥体系中[81-82]，其中 Li_2CO_3 应用较为广泛，其掺量一般不大于 0.1%，常温下掺量为 0.1% 时，可使砂浆小时强度(1 h、3 h)明显提高，3 h 抗压强度可达 34.2 MPa[83]。但掺入 Li_2CO_3，水化早期生成致密水化产物包裹矿物，使后期水化进程被延缓，且形成的钙矾石晶体粗大、分布不均匀，会导致水泥后期强度降低[83]。此外，还会使水泥凝结时间大大缩短，显著提高早期水泥水化速率和水化放热量[84]，因此锂盐作早强剂时需复掺缓凝组分(如硼酸等)。

⑤ 晶胚与纳米材料

A. 晶胚：水泥中掺入晶胚物质，能降低水化产物析出的能量障碍，使过饱和溶液迅速析出晶体，导致液相中水化产物的浓度降低，因而加速水化，相应地加快水泥的硬化速度。一般以已水化一定龄期的水泥石磨细后作晶胚物质,其内部含有氢氧化钙、钙矾石、水化铝酸钙晶体及C-S-H凝胶[85]。晶胚的早强作用显著,随其掺量的增加,混凝土早期强度逐渐增加[85]。一般来说,混凝土中掺2%磨细水泥石,早期强度提高10%~15%,后期强度无不良影响,其中掺同种水泥制得的晶胚效果最好[86]。研究表明,掺2.5%晶种,可使混凝土1 d强度提高47%,3 d强度提高28%,28 d抗压强度提高7%[85]。

B. 纳米材料:纳米材料因其特有效应,可一定程度上改善混凝土材料微观结构,提升混凝土力学性能,其中纳米SiO_2应用较为广泛。纳米SiO_2颗粒表面存在高活性的不饱和键≡Si—O—和≡Si—,水化初期与$Ca(OH)_2$迅速反应生成小粒径的C-S-H凝胶,可作为水化反应成核活化点,使水化产物直接在纳米颗粒表面持续生长,促进水泥的水化,使早期强度显著提高[87];水化后期其火山灰效应又进一步提高水泥的水化程度,使后期强度也有较大提高[88],其最佳掺量约为3%[89]。研究表明,纳米SiO_2的火山灰活性远大于硅灰,掺3%纳米SiO_2可使混凝土1 d、3 d、7 d、28 d强度提高20%~30%,早强性能优于掺10%的硅灰,而两者对混凝土28 d强度提高的幅度相差不大[89]。但纳米SiO_2掺量不宜过大,否则过量纳米SiO_2在水泥中不能完全分散,易发生团聚,不能完全发生火山灰反应,此时纳米SiO_2颗粒存在于水泥石中形成较多缺陷,从而会导致水泥石强度降低[88],此外还会使浆体流动性变小、凝结时间缩短[90]。而已有研究发现,分散均匀的纳米材料更能发挥其活性,试验中常先将纳米材料混在水和外加剂溶液中,用超声波进行分散[90],还有的则对粉料提前进行干拌或加入减阻剂[91]。

纳米$CaCO_3$在水泥基材料结构中起晶核作用,可促进C_3S的水化,使早期水化放热速率增大、放热峰出现时间提前[92],其表面效应与小尺寸作用明显,C-S-H凝胶在其表面形成键合,改变其结构形式,提高掺合料粒子在水泥石体系内的黏结,使混凝土内部结构更为密实,从而提高强度[93]。研究表明,掺2%纳米$CaCO_3$可使水泥浆体1 d、3 d强度分别提高34%和15%,且纳米$CaCO_3$能增加界面中C-S-H含量,使界面水化结构趋向于非定向排列[94]。纳米$CaCO_3$的掺入对混凝土和易性无显著影响,但对后期强度提高幅度较小,甚至会产生不利影响[90],且黄政宇等[92]研究发现,掺2%纳米$CaCO_3$使混凝土的收缩率增大了30%。

⑥ 其他无机早强组分

无机钙盐早强剂的作用机理主要是无机钙盐能使$Ca(OH)_2$快速达到饱和而结晶,使液相中Ca^{2+}含量急剧下降,降低C_3S-H_2O系统的pH,加速C_3S的水化,从而加快水泥的水化及硬化。具有这一作用效果且不含有氯离子的钙盐有硝酸钙等。

Al^{3+}、Fe^{3+}等高价阳离子对C-S-H胶体粒子的扩散双电层有压缩作用,可加速C-S-H胶体粒子的凝聚,降低其在液相中的浓度,加速C_3S及C_2S的水化反应,从而加速水泥硬化进程[95],其中 Al^{3+} 会缩短水泥凝结时间,不利于施工,需复合缓凝组分。

无机类早强组分适用范围广、早强效果好,对于缩短混凝土凝结时间、提高早期强度有显著作用,有的在低温条件下还可有效防止混凝土冻害,同时价格便宜、来源广泛的特点也使其深受青睐。但氯盐、硫酸盐类等组分由于自身的劣势,其应用存在较大局限性,而锂盐类、纳米材料、晶胚类等组分不仅早强效果显著,且对混凝土后期强度及耐久性能影响较小,应是今后研究及应用发展的方向。

(2) 有机类

① 三乙醇胺等醇胺

三乙醇胺被认为是有机类早强剂中应用最广泛的,其掺量一般为 $0.02\%\sim0.06\%$。适量三乙醇胺在诱导期后可促进 C_3S 的水化,不仅可达到早强的目的,还可使后期水化产物充分生长、密实,使后期强度亦有所增长[96]。研究表明,三乙醇胺的掺入可使混凝土 1 d 强度提高 $5\sim9$ MPa[97]。但实际应用中,三乙醇胺掺量很小,最佳掺量难以准确掌握,如控制不好,会引起混凝土严重的缓凝,强度也受到严重影响。

② 甲酸钙

甲酸钙被认为是替代氯化钙的最佳物质,其可改变混凝土系统中 C_3S 的浓度,降低体系的 pH,加速 C_3S 的水化;同时可提高液相中 Ca^{2+} 的浓度,加快硅酸钙结晶速度,从而提高早期强度[98]。此外,还可缩短混凝土凝结时间,特别是冬季施工中,能避免低温下凝结速度过慢[99]。研究表明,甲酸钙掺量一般不超过 2.5%,其早强效果随掺量增加而显著提高,但掺量过高会因凝结过快而导致试件开裂[99]。王娟等[100]发现,掺 $0.5\%\sim1.2\%$ 甲酸钙,常温下可使砂浆 7 d 抗压强度从 27.8 MPa 提高至 36.9 MPa,28 d 强度则从 46.7 MPa 提高至 59.1 MPa。甲酸钙虽在早期促进 C_3S 水化方面不如氯化钙,但会产生更多钙矾石类产物,且生成水化硅酸凝胶的量也更大[101]。但甲酸钙为固体粉末,溶解度低,不适于制成液体复合外加剂,且其价格目前也相对较高。

③ 其他有机早强组分

尿素作为表面活性物质,对混凝土拌合物起塑化作用,可与钙盐生成可溶性复盐以调节难溶物结晶速度,从而加速水泥水化;同时也可降低液相物的冰点,达到抗冻效果[102]。尿素作早强剂的适用范围比较广,特别是在较严寒的地区,它对混凝土的早强防冻作用得到最大的发挥,还能提高混凝土的防渗效果等。

Son 等[103]发现,甲基丙烯酸中含有不饱和键,在水泥浆体中发生断裂,相互连接搭桥,可缩短硬化时间,提高混凝土早期强度。掺 $5\%\sim15\%$ 甲基丙烯酸,混凝土在 -20℃条件下养护 12 h 抗压强度可达到标准养护 7 d 强度($68\sim92$ MPa)的 $78\%\sim92\%$。

有机类早强组分自身不会对混凝土造成损害,应用范围广,但其反应机理比较复杂,早强作用的规律性和掺量较难把握,因而在实际应用中很少单独使用,常与无机早强剂或早强减水剂复合使用。

(3) 早强机理

由于早强组分种类繁多,加之各早强剂配比及使用条件各不相同,因而不同早强剂的早强作用机理也各不相同,尤其是有机类早强剂的反应机理更为复杂。目前,早强剂的早强机理归纳起来主要有以下观点:①与水泥矿物 C_3A、C_4AF 反应,生成能促凝的复杂化合物,为 C_3S、C_2S 的水化、结晶提供晶核;②与水化产物 $Ca(OH)_2$ 形成络合物,显著加速反应;③加速 C_3A 的水化及水化物与石膏反应生成钙矾石的过程;④形成石膏的过饱和溶液,阻止 C_3A 水化初期产生疏松结构的趋势;⑤生成 C_4AH_{13} 六方片状晶体,抑制向 C_3AH_6 等轴晶体的转化趋势;⑥提高液相 pH,促进硅酸盐水泥的水化;⑦在 C_3S 水化物表面上吸附形成的络合物,促进水化反应;⑧加速水泥组分的溶解,使反应加速;⑨激发水泥中矿物掺合料的活性,早期发生二次水化反应[70]。

以上早强机理分析均基于常温(20±3)℃下的研究进行的,早强剂在低温(5℃)环境下的机理研究还相对较少,还需进一步深入研究。

5.3.2 低温条件下早强剂效果

冬季施工时,由于环境气温低,自然养护混凝土早期强度低,模板及场地周转周期长,工程施工进度缓慢。一般来说,环境温度为6℃时,混凝土达设计强度70%需15 d左右,而夏季时仅需5~8 d。若遇寒流入侵,昼夜温差大,新浇筑的混凝土还易受早期冻害。混凝土冬季施工技术的要点是根据气温及混凝土性能要求,选择合适早强型外加剂及其掺量,利用超塑化剂的流化功能及时效,细化毛细管,改善孔结构,利用早强剂加速水泥水化,使混凝土在低塑性的用水量下,既有大流动性,又具有早强及抗冻害能力[104]。目前关于早强剂的研究几乎集中在常温下的早强性能,而在低温下的研究少之又少,且早强剂低温下的早强性能和作用机理还不明确,还需进一步深入研究。

(1) 无减水剂类

为提高低温下混凝土的早期强度,最早开发了以硫酸钠或三乙醇胺为主要组分的低温早强剂,研究发现[75],在5~8℃低温环境下,单掺 Na_2SO_4 或三乙醇胺均不能明显缩短混凝土终凝时间,也不能有效提高混凝土早期强度;而1.5% Na_2SO_4 和0.03%三乙醇胺复掺时,混凝土1 d抗压强度从8.8 MPa提高至20.6 MPa,7 d强度也提高了41%,低温下早强效果明显。研究者认为由于三乙醇胺的催化作用,Na_2SO_4 在低温下能较快参与水化反应。李献民等[105]则以三乙醇胺为主要组分,复合 NaCl、$NaNO_2$、$CaSO_4 \cdot 2H_2O$ 制备低温早强剂,其具有一定的低温早强效果,但会使混凝土徐变增大,还发现三乙醇胺没有防冻效果,只对水泥水化起催化作用。

随着早强剂的发展,人们发现其他早强组分也适宜配制低温早强剂。李习章等[106]发现,单掺超过1%的硫代硫酸钠会导致混凝土后期28 d强度下降,而当1%硫代硫酸钠与0.04%三乙醇胺复掺时,具有较好的低温早强效果,5℃养护下,混凝土3 d、7 d、28 d强度分别提高36.9%、24.1%和9.6%,强度发展与不掺早强剂20℃养护时相当。许凤桐等[99]发现,掺0.5%甲酸钙砂浆分别经低温10℃、−10℃养护,温度越低,砂浆早期强度提高越明显,甲酸钙不仅具有低温早强效果,还兼有减水作用。

锂离子在低温下能加速水泥的水化,可较大幅度提高混凝土早期强度。詹镇峰等[79]以Li_2SO_4与硫氰酸钠复配作早强剂,早强性能较掺1% Na_2SO_4、3% $Ca(NO_3)_2$时混凝土10 h强度提高了57%、72%。陈子川[80]则发明了以Li_2CO_3、LiBr为早强组分的混凝土低温早强剂,在4℃低温下水泥浆体12 h强度可达13.5 MPa。此外混凝土中掺晶种或纳米材料,一定程度上也可加快其低温条件下的强度发展[107-108]。要秉文等[108]以2.0%晶种、0.5%高价阳离子硫酸盐和0.01%羟基羧酸为组分制备新型早强剂,低温(10℃和1℃)下能显著提高混凝土早期强度,早强效果相当于提高硬化温度近10℃,且使混凝土内部水的冰点下降达2.6℃,抗冻融性能明显提高。Xu等[109]研究表明,0.5%纳米$CaCO_3$对亚硝酸钙早强效果有抑制作用,而1%或2%纳米$CaCO_3$与亚硝酸钙复掺时,在21℃养护下,混凝土3 d强度可提高13%、18%,低温6.5℃养护时,3 d强度则分别提高17%、14%。

(2)普通减水剂复合类

随着减水剂的迅速发展,低温早强剂研制过程中,也常将各早强组分与减水剂进行复配,早期多使用萘系减水剂。谢友均等[110]采用萘系高效减水剂、三乙醇胺和亚硝酸钙、引气剂和矿物掺合料复配低温早强剂,低温[(−2±2)℃]养护下,混凝土早期强度发展快,且后期强度也有较大幅度提高,混凝土耐久性也显著改善。宫长义等[111]以35%~55%亚硝酸钠、硫酸钠和5%~10%尿素作早强组分,并复合萘磺酸系减水剂、促凝剂和缓凝剂组分,发明了一种混凝土超早强剂。冬季低温环境下,掺3%超早强剂可使混凝土较快凝结硬化,早期强度大幅度提高,同时又保证后期强度,混凝土1 d强度可达标准养护28 d强度的40%,3 d达标准养护28 d强度的75%,28 d强度则提高了17%。

(3)聚羧酸减水剂复合类

聚羧酸减水剂具有低掺量、高减水率、高保坍性、低收缩等特点,且可添加不同功能基团进行改性[112]。普通聚羧酸减水剂有一定缓凝作用,早期强度发展缓慢,混凝土1 d仅达设计强度的20%~30%[113],在低温或使用大掺量矿物掺合料条件下,早期强度更低。而具有早强功能的聚羧酸减水剂不仅具有较好的减水分散作用,还能促进水泥水化,使水化放热峰明显提前、诱导期发生明显变化,从而加快混凝土强度发展速度,提高早期强度,且对后期强度无显著影响。目前提高聚羧酸减水剂早强性能的主要方法是将早强组分与普通聚羧酸减水剂复配构成早强型减水剂,发挥早强组分与减水组分的叠加效果[114],该方法操作简便,见效快,适宜在工程施工中应用。

李萍等[115]发现,低温5℃下,Na_2SO_4 与聚羧酸减水剂(PC)复配,可有效提高低温下混凝土的早期(3 d、7 d)强度,而三乙醇胺与 PC 复配,能提高低温下混凝土各个龄期的强度,且一定掺量的 Na_2SO_4 或三乙醇胺对 PC 的减水、保坍效果影响不大。PC 掺量为 1.8% 时,Na_2SO_4 适宜掺量为 0.5%～0.7%,三乙醇胺适宜掺量为 0.04%～0.06%。卞葆芝[116]等以 Na_2SO_4 作早强组分,高效减水剂作分散剂,三乙醇胺作早强催化剂及硅灰、粉煤灰等活性掺合料作载体复配早强减水剂,低温下可缩短混凝土凝结时间 3～5 h。掺量为 2% 时,−5℃ 养护下,混凝土 3 d 达标准养护 28 d 强度的 40%,28 d 达 68%;0℃ 左右时,7 d 可达设计标号 80% 以上;20℃ 时,2～4 d 即可达设计标号的 70%。但各组分低温下的作用机理尚不明确。张云升等[117]则以三异丙醇胺(或三乙醇胺)、甲酸钙及硝酸钙作早强组分、硫酸铝作速凝组分,并复合 PC,发明了一种无氯、无碱混凝土超早强剂,冬季低温环境下,掺 2% 超早强剂,可使混凝土 16 h 抗压强度达 20 MPa 以上,初始坍落度达 75 mm 以上,满足道路快速修补的要求。

硫氰酸钠(NaSCN)具有优异的促凝增强作用[118],可提高减水剂的放热速率和放热量,因此也常用于与 PC 复合配制低温早强剂。王子明等[119]将成型胶砂 4 h 后置于 (−15±1)℃ 下冷冻 7 d 测其强度发现,NaSCN 可有效降低试件中水的冰点,使水泥水化在低温下得以正常进行,改善砂浆抗冻性。掺 1%～2.5% NaSCN 时,低温[(−15±1)℃]下砂浆 7 d 强度显著提高,掺量过大则强度提高不明显,且会出现盐析现象。程平阶等[120]发现,PC 复配 0.3% NaSCN,低温 5℃ 养护下,砂浆 1 d、3 d、7 d、28 d 强度较单掺 PC 时分别提高 139%、48%、51%、17%,混凝土 1 d、3 d、7 d、28 d 强度则分别提高 182%、35%、35%、31%,反而在 20℃ 养护其早强效果不显著,说明 NaSCN 具有早强作用且低温下效果更佳。PC 复配 NaSCN 后,增加了水泥早期水化放热速率与放热量,提高了水泥水化程度,浆体中水化产物数量增多,孔径减小,孔隙率降低,且低温 5℃ 下作用更为显著。詹镇峰等[79]以 NaSCN 和 Li_2SO_4 为早强组分,复合 0.5% PC 及 0.1% 引气剂,发明了一种混凝土复合超早强剂,低温 15℃ 养护下,可使混凝土 10 h 抗压强度超过 20 MPa。

目前关于早强减水剂的研究已有一定进展,但低温早强性能还有待提高,且除促使 C_3A、C_3S 等矿物快速水化的理论支撑外,早强减水剂的作用机理还有待完善,尤其是低温下的作用机理需深入研究;掺早强组分或早强减水剂,常会使混凝土凝结时间缩短、坍落度损失加快,无法满足泵送施工的要求;早强减水剂对混凝土长龄期(如 1 年等)强度影响的研究还较少。随着工程建设的进一步发展,开发既满足低温早强要求又不影响新拌混凝土工作性的低温早强减水剂将是今后研究的一个重要方向。

(4) 聚羧酸系减水剂分子改性

提高聚羧酸系减水剂早强性能的另一方法是:通过分子结构设计或共聚具有早强功能的官能团合成本身具有早强功能的聚羧酸系减水剂[121],以提高减水剂对水泥颗粒的吸附性、分散性,提高减水率降低水灰比并促进混凝土早期的水化作用,进而达到早强的目的[122-123]。Degussa、Sika、Grace 等跨国公司已研发出 Rheobuild 3000FC、Visco Crete、ADVA®152 等早强性能优异的产品[124],但低温早强效果优异的产品还相对较少。

Cerull[125]利用高相对分子质量的甲氧基聚乙二醇与甲基丙烯酸和甲基丙烯酸酯聚合,生成了重均相对分子质量约 6 000 Daltons 的聚羧酸盐高效减水剂,掺该减水剂的混凝土在 13℃养护 14 h,抗压强度可达 30 MPa。Clemente 等[126]利用甲基丙烯酸、交联剂和聚羧酸大单体甲氧基聚乙二醇甲基丙烯酸酯(MPEGMAA)在水溶液中聚合得到一种早强聚羧酸减水剂,其适用于低温环境,水灰比 0.43 条件下,掺量为 0.25% 时,混凝土初始坍落度约为 220 mm,低温 5℃养护下混凝土 1 d 强度随 MPEGMAA 的 EO 数增加而增大,当 EO 数为 100 时,混凝土 1 d 抗压强度可达 6.9 MPa。唐修生等[127]以改性聚氧化烯基醚、丙烯酸、不饱和双键的磺酸盐、丙烯酰胺制备得到 40% 浓度的早强型聚羧酸系减水剂(HLC-PCE),结果表明,常温下掺 HLC-PCE 后混凝土初、终凝时间缩短,混凝土 1 d 强度较掺普通聚羧酸减水剂时提高 20% 以上,且较低养护温度(10℃)下增强效果更为明显。马存前等则[113]通过优化梳形共聚物分子结构开发出一种超早强型聚羧酸盐超塑化剂 PCA-V,研究表明,环境温度越低,其早强效果越明显,4℃低温环境下,掺 PCA-V 的混凝土 1 d 抗压强度相当于掺普通聚羧酸减水剂的 500% 以上。

此方法得到的聚羧酸减水剂能有效提高混凝土的强度,但在此方面的研究还存在不足,多数还处于理论研究阶段,与实际应用还有一定距离,诸如制得的早强型产品的分散性、减水性有所下降,生产工艺比较复杂,以及反应原料的选取和原料间比例等问题,还有待进一步的研究。

(5) 早强剂在油井水泥中的应用效果

深水固井工程中面临的最大难题是低温,最低可至 −2℃,使油井水泥的水化速度低、候凝时间长、强度发展缓慢[128],因而低温早强剂常用于油井水泥中,以加快水泥浆在深水低温条件下的强度发展。

朱江林等[129]以 50%～80%Na_2SO_4 和 20%～50%硅酸钠配制低温早强剂,低温 10℃下,可使固井水泥 14 h 形成支撑套管的 3.5 MPa 强度,24 h 达 6.5 MPa。

齐志刚[130]优选 0.03%三乙醇胺＋1.5% Na_2SO_4 ＋1%CaO 作固井水泥激活剂,可较好激发矿渣和粉煤灰活性,20℃养护下掺30%粉煤灰的 G 级水泥浆体 24 h 抗压强度可提高 266%,而掺 30%矿粉的 G 级水泥浆体 24 h 强度,21℃养护时提高 243%,14℃养护时则提高 108%。温盛魁[128]以 0.6%三异丙醇胺、1%草酸钠和 1%NaOH 复配了新型固体低温早强剂,10℃条件下,G 级水泥浆体水养 24 h 强度达 10 MPa,较对比样提高了 100%;而 8℃养护 24 h 强度为 4.8 MPa,提高了 30%。王成文等[131]还发现,4℃、10℃条件下锂盐早强剂能明显缩短油井水泥的稠化时间,提高净浆抗压强度,且养护温度越低,12 h,24 h 强度增加越明显,表现出优异的低温早强功效,此外锂盐早强剂对水泥水化产物类型无影响,却使产物微观结构更加致密。

高活性的 SiO_2 也常用于配制油井水泥低温早强剂。李作臣[132]以活性硅、固体醇胺和阴离子型聚合物复配低温早强剂,水灰比 0.44、15℃条件下,掺 8%～12%低温早强剂可使油井水泥 12 h 抗压强度达 4.13 MPa(对比样为 1.23 MPa),24 h 强度达 12.8 MPa(对比样为 3.52 MPa),且水泥浆稠化时间缩短 40%～50%。该早强剂能改善水泥浆体的电动电位,促进铝酸三钙的反应和钙矾石的生成,使水泥石结构密实、强度提高。而刘庆旺等[133]以 7%活性硅＋0.4%固体醇胺＋0.05%阴离子型聚合物配制了 QZ-1 型油井水泥低温早强剂,15℃条件下,掺 6%早强剂水泥石 12 h 强度达 4.6 MPa;20℃条件下,掺 2%早强剂水泥石 12 h 强度达 3.6 MPa,而空白原浆 23℃养护 12 h 强度仅为 1.6 MPa,早强剂低温早强效果显著,且大大缩短了水泥浆体凝结时间。步玉环[134]以胶体 SiO_2、硫酸盐和醇胺物质复配了早强剂 AA,掺量为 4%时,15℃条件下,G 级水泥浆体 24 h、48 h 抗压强度分别提高 100%、120%,而 30℃条件下则提高 104%、49%。胶体 SiO_2 可与 $Ca(OH)_2$ 发生火山灰反应生成 C-S-H 凝胶,填充水泥颗粒间孔隙,使水泥石早期强度显著提高[135]。侯献海等[91]还发现纳米 SiO_2 对油井水泥具有显著低温早强效果,水灰比 0.44、15℃条件下,掺 0.8%纳米 SiO_2 可使水泥石 8 h、24 h 抗压强度分别提高 216%、180%;在此基础上复配了 0.8%纳米 SiO_2＋2%硫酸钠＋0.05%三乙醇胺＋0.2%铝酸钠的复合早强剂,4℃、15℃下可使水泥石 24 h 抗压强度分别提高 8 倍和 3.7 倍。

上述早强剂虽均具有较好的低温早强效果,适用于低温条件下的深水固井工程,但对于冬季低温环境下施工的公路、桥梁等工程,其低温早强效果及作用机理还不得而知。此外,油井水泥早强剂常具有较强的促凝作用,因此工程应用中还需复配缓凝剂等。

5.3.3 存在的问题

目前,低温早强剂的研究及应用相对较少,尤其是 5℃及以下低温条件下的研究更少,且低温下早强效果有限;各早强组分或早强剂在低温下的作用机理及其对混凝土工作性、耐久性影响的研究比较缺乏,因此还需进一步深入研究。

传统早强组分还存在以下等问题:①使混凝土后期强度损失较大;②大多会引入氯离子(会加快混凝土中钢筋的锈蚀)或硫酸根(增加硫酸盐侵蚀破坏风险),提高 K^+、Na^+ 碱含量(出现盐析现象,增加碱-骨料反应的风险)等;③有机醇胺中含大量羟基(—OH),掺量很少,难以控制,易造成混凝土严重缓凝和混凝土强度下降。复合型早强剂能较好地协调发挥单一组分的早强性能,发挥出"1+1>2"的作用,从而获得更高的增强效果,但这仍然没有改变和避免传统早强剂不利的一面,因此选择合适的无机、有机早强组分进行复合至关重要。总体来说,传统早强组分已不能满足绿色、高性能混凝土的要求。

当前,早强剂主要有以下几个研究方向:①在聚羧酸高效减水剂的基础上,采用有机-无机复合技术,研制无氯、低碱、低温超早强、低掺量的复合型低温早强剂;全面考虑各早强组分之间及其与减水组分的相互补充作用,以此来改善混凝土材料多种性能;②深入研究各早强组分的性能、作用机理,在此基础上深入分析各早强组分或低温早强剂在低温(5℃)下的作用机理;③根据混凝土原材料、技术要求、配合比等情况,增加低温早强剂与水泥、掺合料、外加剂等的微观相容性、宏观匹配性及混凝土耐久性等内容的研究,不断优化改进低温早强剂配比;④无机类早强组分种类的选择有待进一步开发与改进。

第6章
低温早强剂的设计及性能

目前低温早强剂的研究及应用还相对较少,尤其是0~5℃低温条件的研究更少,且低温早强效果有限。不同早强组分最佳掺量各不相同,其作用机理(尤其是在低温下)及对混凝土耐久性影响也不尽相同。本章在查阅文献及前期试验基础上,结合水泥早强水化过程及早强剂作用机理,设计了4种早强组分。研究在5℃低温养护下,外掺不等量早强组分对砂浆1 d、3 d、7 d、28 d抗压强度的影响规律,明确各早强组分的作用时间及适宜的掺量范围,并与同类(分为无机盐类、有机类、晶核类)其他早强组分进行性能对比。分别对4种早强组分选定3个掺量水平,采用正交设计法($L_9 3^4$)进行复配试验,明确低温早强剂的最优配比及其关键组分,并对早强剂性能进行研究。

6.1 试验原材料

(1)水泥

采用马鞍山海螺牌P·O 42.5普通硅酸盐水泥(HL),化学组成分析和XRD图谱分别如表6.1和图6.1所示。该水泥的主要化学组分为CaO和SiO_2,此外还含有少量MgO、Al_2O_3、Fe_2O_3和SO_3;矿物组成为C_3S、C_2S、C_3A和少量的C_4AF。

表6.1 海螺水泥化学组成分析 (单位:%)

成分	SiO_2	CaO	MgO	Fe_2O_3	Al_2O_3	K_2O	Na_2O	SO_3	烧失量	总量
海螺水泥(HL)	22.83	59.03	1.54	3.29	6.54	0.68	0.18	2.01	3.63	99.73
《通用硅酸盐水泥》(GB 175—2007)			≤5.0					≤3.5	≤5.0	

采用EyeTech激光粒度仪测试水泥的颗粒粒度分布,见图6.2,海螺水泥颗粒D_{50}(中值粒径,即粒径小于、大于它的颗粒各占50%)为24.70 μm。水泥的物理性能和力学性能分别如表6.2和表6.3所示,所检指标均满足《通用硅酸盐水泥》(GB 175—2007)的相关规定,其中标准稠度用水量略大,为27.2%,3 d、28 d抗压

强度分别为 27.1 MPa 和 48.1 MPa。

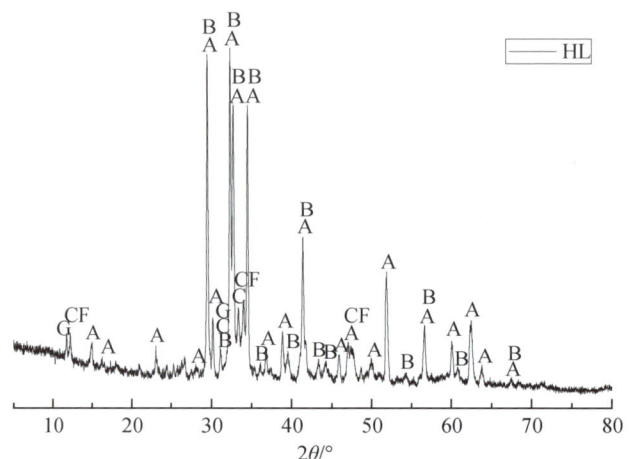

($A:C_3S$　$B:C_2S$　$C:C_3A$　$CF:C_4AF$)

图 6.1　海螺水泥的 XRD 图谱

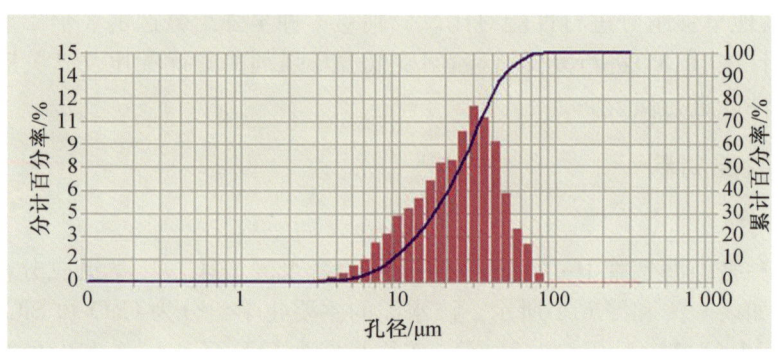

(平均：26.48 μm　D_{10}：8.95 μm　D_{50}：24.70 μm　D_{90}：45.96 μm)

图 6.2　海螺水泥颗粒粒径分布

表 6.2　海螺水泥的物理性能

物理参数	密度 /(g·cm^{-3})	80μm筛 筛余/%	比表面积 /(m^2·kg^{-1})	标准稠度 用水量/%	安定性	初凝时间/min	终凝时间/min
海螺水泥	3.01	6.4	307	27.2	合格	179	234
《通用硅酸盐水泥》(GB 175—2007)	—	≤30	≥300	—	合格	≥45	≤600

表 6.3 海螺水泥的力学性能

物理参数	抗折强度/MPa			抗压强度/MPa		
	3 d	7 d	28 d	3 d	7 d	28 d
海螺水泥	6.3	7.5	9.2	27.1	36.8	48.1
《通用硅酸盐水泥》(GB 175—2007)	≥3.5	—	≥6.5	≥17.0	—	≥42.5

(2) 早强组分

在查阅文献及前期试验基础上,筛选出以下几种早强组分,并分为晶核、有机和无机盐三类,各早强组分性状、厂家及其推荐掺量如表 6.4 所示。

表 6.4 早强组分种类

类型	组分	性状	厂家	推荐掺量/%
无机盐类	CB	分析纯,白色粉末	—	0.1~2
	LB	分析纯,白色粉末	—	0.1~1.5
	硝酸锂($LiNO_3$)	分析纯	北京津同乐泰化工有限公司	0.1~1.5
	碳酸锂(Li_2CO_3)	分析纯	北京津同乐泰化工有限公司	0.1~1.5
	氯化钠(NaCl)	分析纯	上海久亿化学试剂有限公司	0.1~2
	氯化钙($CaCl_2$)	分析纯	上海久亿化学试剂有限公司	0.1~2
	硫氰酸钠(NaSCN)	分析纯	上海久亿化学试剂有限公司	0.5~3
	亚硝酸钙[$Ca(NO_2)_2$]	工业级,粉末	上海汇田实业有限公司	0.2~2
	硫酸铁[$Fe_2(SO_4)_3$]	分析纯	上海久亿化学试剂有限公司	0.1~2
	硫酸钠(Na_2SO_4)	分析纯	上海久亿化学试剂有限公司	0.1~2
有机类	SY	工业级,白色粉末	—	0.03~0.1
	甲酸钙[$Ca(HCOO)_2$]	工业级,粉末	上海影佳实业发展有限公司	0.5~1.5
	乙酸钙[$Ca(CH_3COO)_2$]	分析纯,粉末	阿拉丁试剂有限公司	0.5~1.5
	尿素[$CO(NH_2)_2$]	分析纯,白色粉末	上海久亿化学试剂有限公司	0.1~2
晶核类	纳米 SiO_2	工业级,白色粉末,平均粒径 20 nm 左右	杭州万景新材料有限公司	0.5~2

续表 6.4

类型	组分	性状	厂家	推荐掺量/%
晶核类	纳米 CaCO$_3$	工业级,白色粉末,平均粒径 100 nm 左右	浙江舟山明日纳米材料公司	0.5～2
	硅灰	工业级,灰色粉末	埃肯公司	0.5～2

6.2 低温对水泥水化热和强度的影响

养护温度的降低会减慢水泥水化速率,使水泥强度显著降低。图 6.3 为水泥分别在 20 ℃和低温 7 ℃下的水化放热曲线,图 6.4 为水泥砂浆分别在 20 ℃和 5 ℃养护下的强度发展曲线。

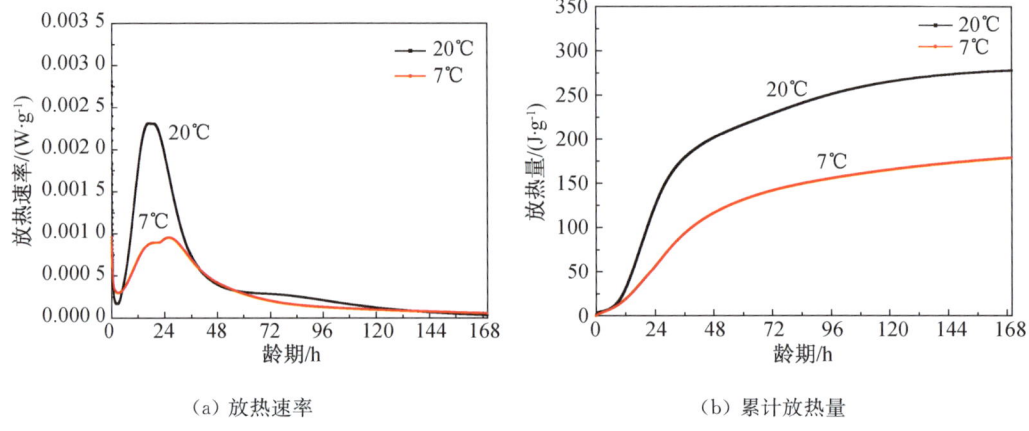

(a) 放热速率　　　　　　　　　(b) 累计放热量

图 6.3　水泥水化放热曲线

分析结果可知,温度从 20 ℃降至 7 ℃时,水泥水化诱导期延长了 2.1 h;水化放热峰变得"矮而宽",最大放热速率仅有 0.000 95 W/g,较 20 ℃时下降 59%,最大放热速率出现时间从 17.2 h 延后至 26.7 h;相同龄期下,水泥水化累计放热量均明显减小,7 d 累计放热量为 178.4 J/g,较 20 ℃时减小了 36%。从砂浆强度来说,养护温度从 20 ℃降至 5 ℃,砂浆试件各龄期强度均有明显降低,7 d 前强度下降尤为显著,其中 1 d 抗压强度为 1.8 MPa,较 20 ℃养护时下降 83%,7 d 强度下降也达 34%;5 ℃低温养护下,水泥砂浆强度发展远落后于 20 ℃养护下的强度发展。

相关研究也表明,温度从 20 ℃降至 5 ℃,水泥早期水化速度减慢,早期水化程度大幅度减小,但低温未改变水泥的水化过程,也未改变水化产物的种类,但对其数量产生影响[136];生成的 C-S-H 凝胶密度降低[137],24 h 内钙矾石晶体越难成核

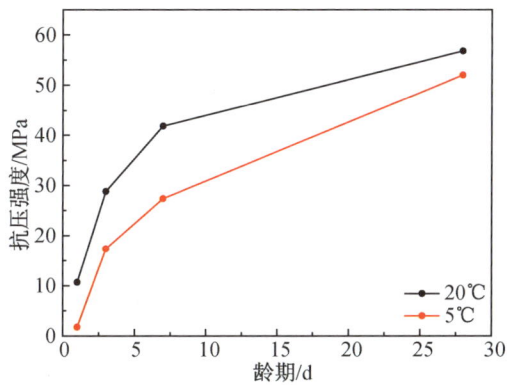

图 6.4 水泥砂浆抗压强度

和生长,从而对强度发展有明显抑制作用[138]。早期强度的发展主要受制于水泥的水化速率和水化程度,后期强度发展则更多取决于主要水化产物的量变和微观结构的发展[136]。

由此可知,养护温度低至 5℃时,水泥早期(7 d 前)水化反应速率明显降低,水化程度大幅度减小,水化产物(钙矾石、C-S-H 凝胶等)生成量明显减少,微观结构疏松,多孔隙,因而早期强度发展缓慢,强度远低于 20℃养护下的强度。

6.3 水泥早期水化过程

众所周知,水泥熟料矿物相主要包括硅酸三钙(C_3S)、硅酸二钙(C_2S)、铝酸三钙(C_3A)与铁铝酸四钙(C_4AF),其中 C_3S 为主要矿物相,占水泥总质量的 50%～80%。此外,为了调节水泥凝结时间,水泥中通常会复配约 5%的硫酸盐,如二水石膏、半水石膏等。水泥与水拌合后,水泥熟料矿物即被水化生成水化硅酸钙、氢氧化钙、水化硫铝酸钙等水化产物。随时间的推延,初始形成的浆状体经过凝结硬化,由可塑体逐渐转变为坚固的石状体。关于水泥水化硬化的实质,历史上曾出现过"结晶理论""胶体理论"和"三阶段硬化理论"三种不同理论[139]。但水泥的水化过程可以简单概括为水泥中各个矿物相的溶解与水化产物的沉淀过程,即溶解-沉淀过程[140]。随着各个矿物相的溶解,水溶液中各种离子的浓度不断累积,当液相中离子浓度超过水化产物溶解度并达到一定过饱和度后,水化产物开始沉淀生成。

水泥水化可以简化为硅相和铝相的反应。硅相反应主要包括 C_3S 和 C_2S 水化生成 C-S-H 凝胶、氢氧化钙(CH)。由于 C_2S 的水化活性很低,其水化开始时间较长(约 10 d),因而通常对早期水泥水化过程中的硅相反应的研究简化为 C_3S 水化过程,包括 C_3S 的溶解、C-S-H 和 CH 相的沉淀,如式(6-1)～式(6-3)所示;铝相反应通常包括硫酸盐的溶解、C_3A 的溶解以及 AFt 的沉淀过程,如式(6-4)～式

(6-7)所示。C_4AF 的活性远弱于 C_3A，早期水化缓慢，因此在早期水泥水化中通常不考虑。

对于硅相反应，其溶解与沉淀过程的具体反应如下[141]：

C_3S 的溶解过程：

$$C_3S + 5H_2O \longrightarrow 3Ca^{2+} + 6OH^- + H_4SiO_4 \qquad (6-1)$$

$C_x\text{-}S\text{-}H_y$ 的沉淀过程：

$$xCa^{2+} + 2xOH^- + H_4SiO_4 \longrightarrow x(CaO)-(SiO_2)-b(H_2O) + (2+x-b)H_2O \qquad (6-2)$$

CH 的沉淀过程：

$$yCa^{2+} + 2yOH^- \longrightarrow yCa(OH)_2 \qquad (6-3)$$

对于铝相反应，其溶解与沉淀过程的具体反应如下[142]：

C_3A 溶解过程：

$$C_3A + 6H_2O \longrightarrow 2Al(OH)_4^- + 1.5Ca^{2+} + 1.5CaOH^+ + 2.5OH^- \qquad (6-4)$$

无水石膏溶解过程：

$$3CaSO_4 + 1.5OH^- \longrightarrow 1.5Ca^{2+} + 1.5CaOH^+ + 3SO_4^{2-} \qquad (6-5)$$

石膏溶解过程：

$$3CaSO_4 \cdot 2H_2O + 1.5OH^- \longrightarrow 1.5Ca^{2+} + 1.5CaOH^+ + 3SO_4^{2-} + 6H_2O \qquad (6-6)$$

钙矾石沉淀过程：

$$3Ca^{2+} + 3CaOH^+ + 2Al(OH)_4^- + 3SO_4^{2-} + 2.5OH^- + 26H_2O \longrightarrow$$
$$\text{钙矾石} + 1.5OH^- \qquad (6-7)$$

6.4 设计早强组分

6.4.1 设计思路

结合 6.2 节与 6.3 节内容，我们不难推测，要想提升低温 5℃ 养护下水泥早期的强度发展，所采取措施主要是：

① 促进低温下水泥矿物的溶解，加速溶解过程；

② 促进钙矾石、C-S-H 凝胶、$Ca(OH)_2$ 等水化产物沉淀反应进行(6.3 节中反应不断向右进行)，提高水化程度，增加产物生成量；

③ 改善早期产物结构，提高结构密实度。

由文献可知,目前传统早强组分存在的主要问题是:①引起混凝土后期强度倒缩;②不利于混凝土耐久性。因此本研究设计的早强组分应不含 Na^+、Cl^-、SO_4^{2-}等有害离子,且能在一定程度上促进混凝土后期强度发展。

基于上述问题及措施,本项目关于低温早强剂的设计思路是采用有机-无机复合技术,协调发挥各单一组分的早强性能,并兼顾长期力学性能与耐久性能。一般来说,无机盐早强组分对试件早期强度提高的幅度要大于有机类早强组分,因此设计 2 种无机盐早强组分 CB 和 LB 来促进水泥矿物的溶解与沉淀反应,提高早期水泥的水化速率和水化程度,进而加快早期强度发展。同时,选用了有机早强组分 SY 和纳米 SiO_2 两种组分来促进水泥后期的水化,改善后期产物微观结构,提高水泥后期强度。然后,在明确各早强组分合适掺量范围的基础上,采用正交设计法进行不同组分的复配试验,以明确低温早强剂的最优配比及其关键组分。

6.4.2　无机盐早强组分 CB、LB

无机盐类早强组分最常用,适用范围最广,其中氯盐早强组分效果最好,应用最早,常用的有 $CaCl_2$、NaCl 等,且由文献及早期试验可知氯盐早强组分具有较好的低温早强效果,但其会引入大量 Cl^-,因而不适于作低温早强剂的早强组分。氯盐类早强组分的作用机理中有表述:①能降低液相中 $Ca(OH)_2$ 的浓度,加速 C_3S 的水化;②氯化物为易溶性盐,其盐效应可增大水泥矿物的溶解度。由此可推断,无机盐早强组分若要能促进水泥熟料矿物的溶解和水化,前提要求是其在低温条件下易溶于水。

由无机化合物的溶解度数据可知,1.01×10^5 Pa 条件下,0℃ 和 10℃ 温度下,NaCl 溶解度分别为 35.7 g/100 cm^3 和 35.8 g/100 cm^3,$CaCl_2$ 溶解度分别为 59.2 g/100 cm^3 和 64.7 g/100 cm^3。而相同温度(尤其是低温下)条件下,化合物 CB、LB 的溶解度均大于 $CaCl_2$ 或 NaCl 的溶解度,均极易溶于水,因而选择无机盐 CB 或 LB 作低温早强剂的早强组分。

(1) CB、LB 组分早强性能

参照《水泥胶砂强度检验方法(ISO 法)》(GB/T 17671—1999),选用标准砂(厦门艾思欧标准砂有限公司生产)和海螺牌 P·O 42.5 水泥,外掺各早强组分,成型 40 mm×40 mm×160 mm 砂浆试件,固定水胶比为 0.45,胶砂比为 1:3(跳桌流动度约为 210 mm)。试验过程中早强组分均采用外掺的方式,并按照胶凝材料的质量百分比来确定具体用量(后同),由于无机盐类早强组分大多为晶体,因此实验过程中将其先溶于水,再加入胶凝材料中进行拌合。成型后立即用保鲜膜覆盖,并连同试模放入(5±0.5)℃的低温养护箱或(20±1)℃标准养护室中养护,24 h 脱模后将试件继续放入养护箱中养护至 1 d、3 d、7 d 和 28 d 时,取出试件测试其抗折、抗压强度。抗折每组 3 个试件,抗压每组 5 个试件(其中一个试件立刻终止水化,留样备用),然后取平均值。脱模后试件养护时,需定期给试件表面喷水,以保证养护箱内湿度。

低温养护箱为上海喆钛机械制造有限公司生产的DW-25型混凝土低温养护箱,如图6.5所示,其温控范围为-25℃至室温,控温精度1℃,用于本试验中试件的低温养护。

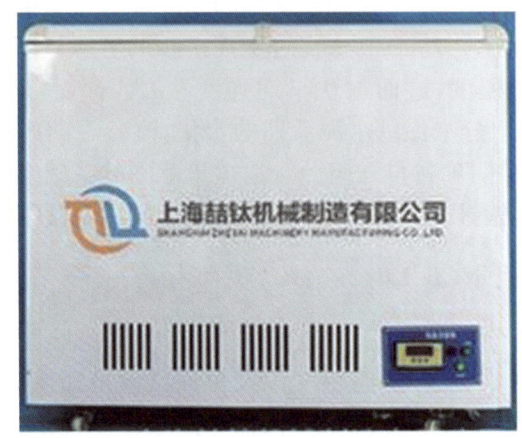

图6.5 混凝土低温养护箱

5℃养护下,掺不同量CB、LB的砂浆各龄期抗压强度如表6.5所示。20℃和5℃养护下,不掺早强组分的对比试件记为"对比样-20℃"和"对比样-5℃"。为了更好地比较早强组分对砂浆强度提高幅度的差异,以"对比样-5℃"各龄期强度为基准,计算可得对应龄期下掺早强组分砂浆的抗压强度比,如图6.6所示。

表6.5 5℃养护砂浆抗压强度(掺LB或CB早强组分)

早强组分	掺量/%	抗压强度/MPa			
		1 d	3 d	7 d	28 d
对比样-20℃	—	10.7	28.8	41.8	56.8
对比样-5℃	—	1.8	17.4	27.4	52.0
LB	0.1	7.5	21.9	31.3	53.0
	0.3	6.2	28.9	36.9	56.0
	0.5	8.7	26.9	38.7	57.7
	1	6.8	28.1	38.6	55.8
	1.5	6.9	28.5	39.3	53.7

续表 6.5

早强组分	掺量/%	抗压强度/MPa			
		1 d	3 d	7 d	28 d
CB	0.2	7.2	27.7	35.9	54.5
	0.5	9.5	28.8	36.7	57.6
	1	10.3	31.8	40.9	58.9
	1.5	8.5	30.0	37.2	56.9

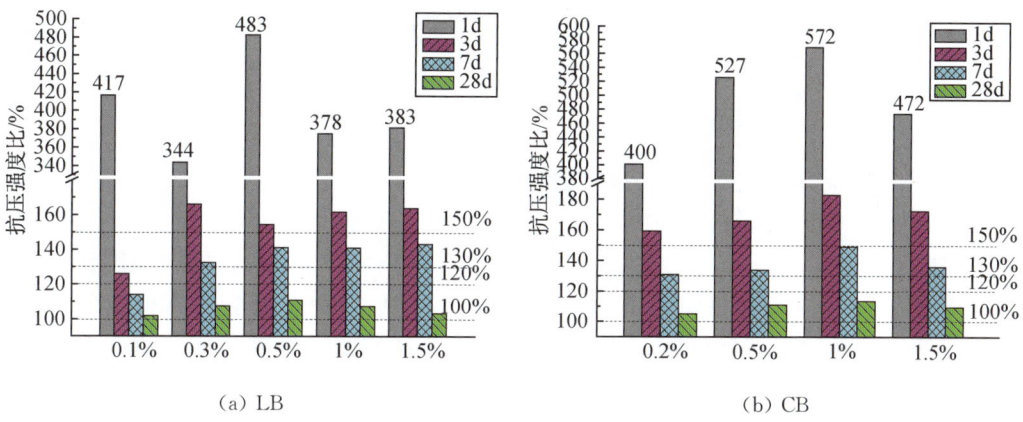

图 6.6 掺 LB 或 CB 早强组分砂浆试件抗压强度比

结果表明,5 ℃养护下,掺 LB、CB 砂浆各龄期强度均有明显提高,其中 1 d 强度提高尤为显著,抗压强度比均超过 340%,3 d 抗压强度比均超过 150%,低温早强效果优异,同时砂浆 28 d 强度也有 2%~13%的提高。LB、CB 早强组分对不同龄期强度的提高,其掺量均存在一最优值,且不尽相同,当掺 1%CB 时,1 d、3 d、7 d 和 28 d 抗压强度比分别为 572%、183%、149%和 113%;掺 0.5%LB 时,1 d、3 d、7 d 和 28 d 抗压强度比分别为 483%、155%、141%和 111%,两者早强效果显著且 28 d 强度均不倒缩。除掺 0.1%LB 以外,CB、LB 可使砂浆抗压强度比均远高于 180%(1 d)、150%(3 d)、130%(7 d)和 100%(28 d)的指标。进一步由图 6.7 可知,5 ℃养护下,掺适量 LB、CB 早强组分的砂浆强度发展已接近甚至超过对比样 20 ℃下的强度发展,其中掺 1%CB 时效果最佳。

综上可知,5 ℃低温养护下,掺 CB、LB 砂浆各龄期强度均有显著提高,低温早强性能优异,且 28 d 强度仍有较大幅度提高,二者的适宜掺量范围分别为 0.2%~1.5%、0.1%~1.5%。

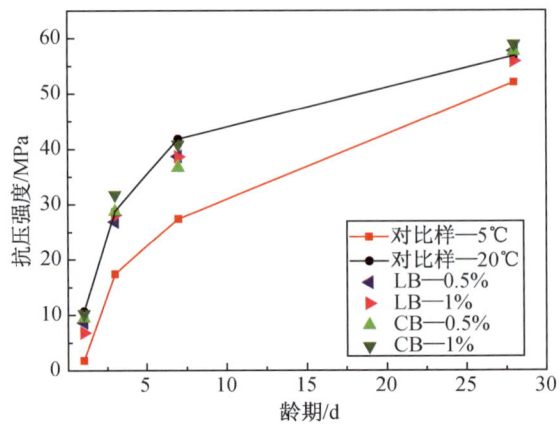

图 6.7 掺无机盐早强组分砂浆试件抗压强度

(2) 与常见无机盐早强组分性能比较

5 ℃低温养护下,掺不同量常见无机盐早强组分砂浆 1 d、3 d、7 d 和 28 d 抗压强度如表 6.6 所示,早强组分种类及掺量如表 6.6 所示,对应砂浆抗压强度比如图 6.8 所示。5 ℃养护下,不同无机盐早强组分,各龄期下砂浆强度提高程度各不相同,有的强度相比于对比砂浆甚至出现了倒缩,且砂浆强度发展大多滞后于对比样 20 ℃养护下的强度发展。

表 6.6 5 ℃养护砂浆抗压强度(掺无机盐早强组分)

早强组分	掺量/%	抗压强度/MPa			
		1 d	3 d	7 d	28 d
对比样-20 ℃	—	10.7	28.8	41.8	56.8
对比样-5 ℃	—	1.8	17.4	27.4	52.0
Li_2CO_3	0.05	3.1	23.4	35.6	61.9
	0.1	3.2	23.7	37.6	51.0
	0.5	1.6	19.0	33.3	47.6
	1	1.1	23.2	33.5	47.0
$LiNO_3$	0.03	3.3	25.8	34.5	56.5
	0.05	2.3	24.7	36.8	59.0
	0.1	3.0	24.8	37.1	47.4
	0.5	2.8	23.5	36.0	57.5
	1	3.5	22.3	35.5	50.2

续表 6.6

早强组分	掺量/%	抗压强度/MPa			
		1 d	3 d	7 d	28 d
$Ca(NO_3)_2$	1	3.5	24.0	38.4	54.7
	2	3.1	20.6	35.0	57.2
	4	3.1	24.4	36.1	54.0
$CaCl_2$	0.5	3.1	26.4	38.2	54.0
	1	4.9	27.9	43.8	57.1
	1.5	9.9	29.3	41.6	58.8
	2.5	7.9	25.9	35.9	52.0
NaSCN	0.1	2.9	25.1	34.7	53.5
	0.2	5.0	26.7	39.2	52.6
	0.3	2.7	21.8	38.5	54.0
	0.5	2.4	20.8	34.4	49.7
	1	2.6	19.8	35.4	46.3
Na_2SO_4	2.5	4.6	20.0	27.4	43.4
	4	3.5	16.2	35.3	51.0
$Na_2S_2O_3$	3	4.8	22.8	27.5	41.8

综合来看,Li_2CO_3、$LiNO_3$、$Ca(NO_3)_2$、$CaCl_2$、NaSCN、Na_2SO_4 和 $Na_2S_2O_3$ 无机盐早强组分中,$Ca(NO_3)_2$、$CaCl_2$、NaSCN 有一定的低温早强效果,其中 $CaCl_2$ 效果最佳。掺 1.5% $CaCl_2$ 时,砂浆 1 d、3 d、7 d 和 28 d 抗压强度比分别达到 550%、168%、152% 和 113%,早强效果显著且 28 d 强度仍有较大幅度提高,此时砂浆强度发展已接近对比样 20 ℃下的强度发展。锂盐 Li_2CO_3 和 $LiNO_3$ 对砂浆早期 1 d、3 d、7 d 强度提高较为明显,尤其在低掺量下(如 0.03% ~ 0.1%)效果更佳,但对 28 d 强度提高作用不大,甚至会导致强度倒缩。Na_2SO_4、$Na_2S_2O_3$ 可使砂浆 1 d 强度显著提高,而 7 d 后效果不明显,28 d 强度则出现大幅度倒缩,与此同时 Na_2SO_4 和 $Na_2S_2O_3$ 用量往往较大,试验中试件表面出现了明显的"泛碱"现象。

上述常见无机盐早强组分中,仅有掺 1% ~ 1.5% $CaCl_2$ 和 0.2% NaSCN 时,才能满足砂浆 1 d、3 d、7 d 和 28 d 抗压强度比分别达到 180%、150%、130% 和 100% 的指标要求,但各龄期下强度提高幅度仍远低于掺 CB、LB 时的提高幅度。虽 $CaCl_2$ 低温早强效果较好,但其会引入 Cl^-,易引起混凝土内钢筋的锈蚀,很多高性能混凝土已明确禁止使用含 Cl^- 外加剂。由此可见,CB、LB 性能明显优于常见的无机盐早强组分,CB、LB 早强组分的低温早强效果更显著,且 28 d 强度不会倒缩,对混凝土耐久性也无不利影响。

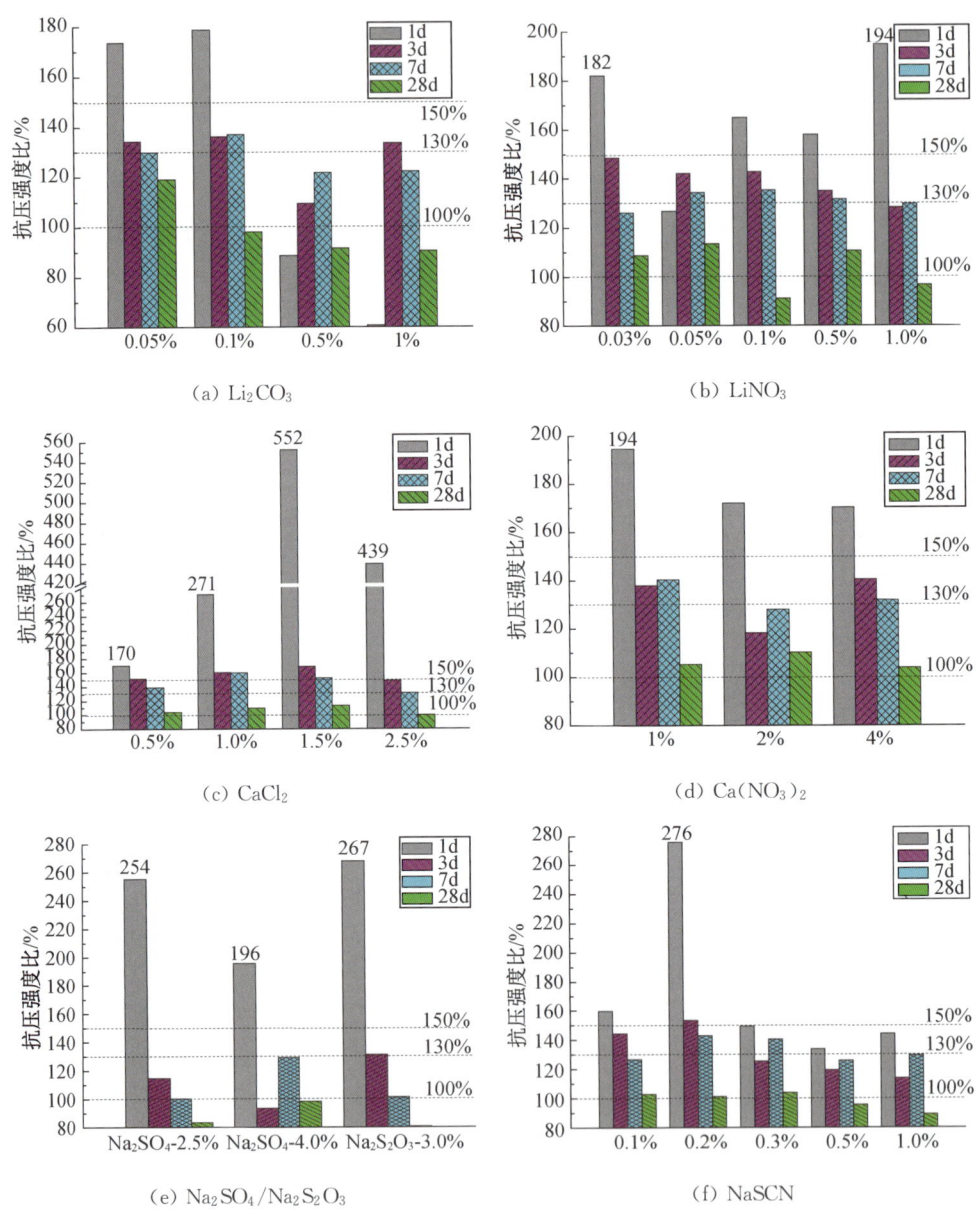

图 6.8 掺无机盐早强组分砂浆试件抗压强度比

6.4.3 有机早强组分 SY

一般来说,有机类早强组分本身不会对混凝土造成损害,具有一定的早强效果,但对混凝土后期强度提高作用较小甚至有不利影响。有机早强组分 SY 的选择,主要考虑其可提高水泥后期强度,改善产物孔结构,提高密实度。

(1) SY 组分早强性能

5℃低温养护下,掺不同量有机早强组分 SY 砂浆 1 d、3 d、7 d 和 28 d 强度及抗压强度比如图 6.9 所示。不同掺量下,SY 早强组分使砂浆各龄期强度均有提高,其中 3 d 后强度提高较为明显。在 0.03%~1%掺量范围内,砂浆 3 d、7 d、28 d 强度提高幅度均随 SY 掺量的增加先减小后增大,若以砂浆 3 d、7 d、28 d 抗压强度比分别达到 150%、130% 和 100% 为指标,只有掺量为 0.5%、1% 时满足要求,此时砂浆 3 d 后强度发展已经接近甚至超过对比样 20℃下的强度发展。掺 1%SY 时,砂浆各龄期强度均较高,1 d、3 d、7 d 和 28 d 抗压强度比分别达 197%、179%、160% 和 108%,28 d 强度仍有较大幅度提高。适宜掺量下,SY 对 5℃养护下砂浆 3 d 后强度的提高幅度接近甚至超过无机盐 CB、LB,这验证了设计思路的可行性。

由此可知,5℃低温养护下,有机早强组分 SY 对试件 3 d 后强度提高作用显著,但强度发展较为缓慢、1 d 强度提高不显著。考虑到掺量为 0.03% 时,砂浆 3 d 抗压强度比为 146%,接近 150% 的指标,7 d、28 d 抗压强度比也分别超过了 130% 和 100%,因此 SY 的适宜掺量确定为低掺量 0.03% 及较高掺量范围 0.5%~1%。

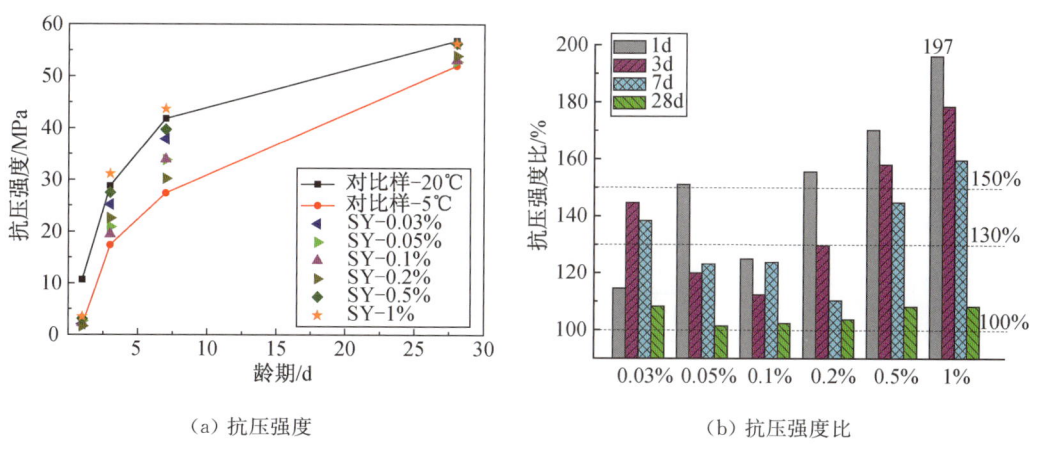

(a) 抗压强度　　　　　　　　(b) 抗压强度比

图 6.9　掺有机早强 SY 砂浆强度

(2) 与常见有机类早强组分性能比较

掺不等量常见有机类早强组分砂浆 1 d、3 d、7 d 和 28 d 抗压强度如表 6.7 所示,早强组分种类及掺量如表中所示,对应砂浆抗压强度比如图 6.10 所示。

综合来看，5℃低温养护下，常见的三乙醇胺（TEA）、三乙醇胺盐酸盐（TEA·HCl）、尿素、甲酸钙、乙酸钙和EDTA二钠有机类早强组分，对砂浆各龄期下强度提高均有限，强度提高作用时间主要在3 d前，但1 d强度发展仍较为缓慢，3 d、7 d、28 d抗压强度比也均未达到150%、130%和100%的指标，有的28 d强度出现了明显倒缩，且砂浆各龄期强度均远低于对比样20℃养护下的强度。

TEA、TEA·HCl和EDTA二钠对砂浆强度提高的作用效果类似，作用时间主要在3 d前，有且仅当掺量较低时才表现出早强效果，7 d后强度提高即已不明显；掺量过大时1 d和28 d强度甚至会出现明显倒缩。甲酸钙和乙酸钙强度提高作用时间主要在1 d之前，抗压强度比可达200%以上，后期强度提高作用较小，尤其是掺甲酸钙时28 d强度会出现明显下降、倒缩。尿素在低温下的早强效果较差，砂浆1 d强度不升反降，3 d后强度提高也不明显，抗压强度比均不超过130%。

表6.7　5℃养护砂浆抗压强度（掺有机类早强组分）

早强组分	掺量/%	抗压强度/MPa			
		1 d	3 d	7 d	28 d
对比样-20℃	—	10.7	28.8	41.8	56.8
对比样-5℃	—	1.8	17.4	27.4	52.0
TEA	0.03	2.3	20.5	26.9	47.0
	0.1	1.3	17.0	24.8	43.4
TEA·HCl	0.06	4.6	22.5	31.7	53.8
	0.1	3.1	23.6	32.5	52.0
	0.2	1.5	23.1	29.4	46.5
	0.5	1.1	18.7	26.0	42.7
尿素	0.5	1.3	19.9	35.0	
	1	1.0	20.1	31.8	
	2	1.0	20.9	30.7	51.6
甲酸钙	0.2	2.0	25.0	34.5	
	0.5	1.8	24.6	36.0	
	1	3.9	20.2	30.1	41.7
	2	3.7	18.7	28.5	38.2

续表 6.7

早强组分	掺量/%	抗压强度/MPa			
		1 d	3 d	7 d	28 d
乙酸钙	0.2	4.4	18.0	33.4	54.0
	0.5	4.3	16.9	31.3	49.9
	1	4.3	18.4	33.3	53.9
	1.5	5.1	18.5	35.3	55.4
EDTA 二钠	0.03	6.4	21.8	28.5	52.4
	0.1	6.2	23.9	30.2	53.5
	0.3	2.9	20.8	30.9	53.0
	0.5	1.5	23.3	32.7	54.2
	1	1.2	21.8	28.6	52.6

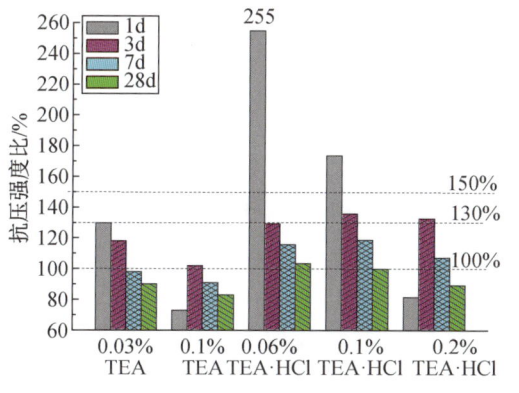

(a) TEA/ TEA·HCl

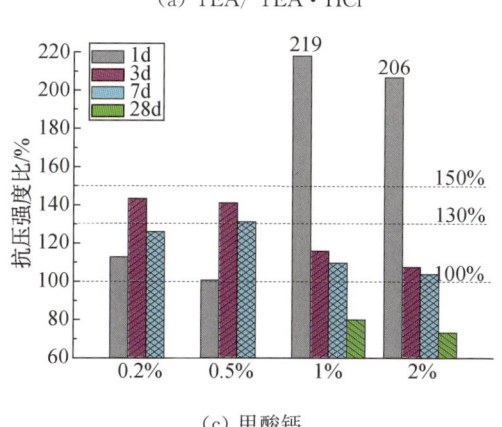

(c) 甲酸钙

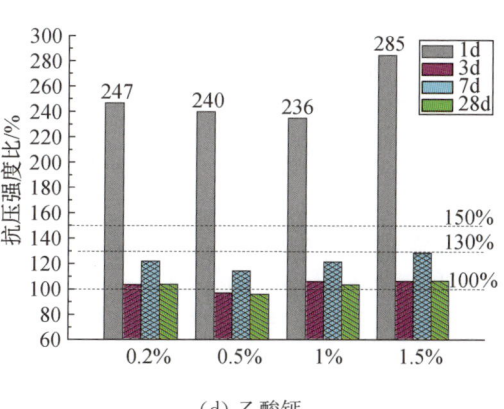

(d) 乙酸钙

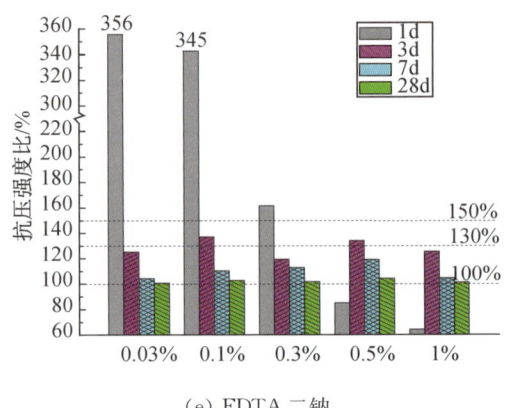

(e) EDTA 二钠

图 6.10　掺有机类早强组分砂浆试件抗压强度比

综上可知,5℃低温条件下,常见有机类早强组分强度提高作用时间主要在 3 d 前,且强度提高幅度有限;SY 的作用时间则主要在 3 d 后,且 28 d 强度仍有较大幅度提高,砂浆 3 d、7 d、28 d 抗压强度比分别超过 150%、130% 和 100%,3 d 后各龄期强度已经接近甚至超过对比样 20℃ 下的强度,SY 组分性能明显优于常见的有机类早强组分。

6.4.4　纳米 SiO_2

与 SY 一样,纳米 SiO_2 组分的选择,也是考虑其可提高水泥后期强度,提高产物结构密实度。

（1）纳米 SiO_2 组分早强性能

由于纳米材料颗粒细小、比表面积大,往往会导致拌合物需水量增加,试验过程中发现,当掺量过大时,纳米材料易团聚、很难分散均匀,拌合物流动性变差,因此试验中纳米 SiO_2 所选掺量不宜过大。

5℃ 养护下,掺不同量纳米 SiO_2 砂浆 1 d、3 d、7 d 和 28 d 强度及抗压强度比如图 6.11 所示。纳米 SiO_2 使砂浆各龄期强度均有提高,其中 7 d 后强度提高显著,28 d 抗压强度比有时可接近 120%,但 1 d 强度提高幅度有限。对砂浆各龄期下强度,纳米 SiO_2 掺量存在最优值,掺量为 0.5% 时,砂浆 1 d、3 d、7 d 和 28 d 抗压强度比分别达 149%、144%、133% 和 119%,其中 28 d 强度(61.8 MPa)已超过对比砂浆 20℃ 养护下的强度(56.8 MPa),说明纳米 SiO_2 可显著促进低温下水泥后期强度发展。若以 5℃ 养护下砂浆 7 d、28 d 抗压强度比分别达到 130% 和 100% 为指标,可确定纳米 SiO_2 适宜的掺量范围为 0.2%~0.5%。

（2）与常见晶核类早强组分性能比较

除纳米 SiO_2 外,常见的晶核类早强组分还有纳米 $CaCO_3$、硅灰等,5℃ 低温养护下,掺不同量晶核类早强组分砂浆 1 d、3 d、7 d 和 28 d 抗压强度如表 6.8 所示,对应砂浆抗压强度比如图 6.12 所示。

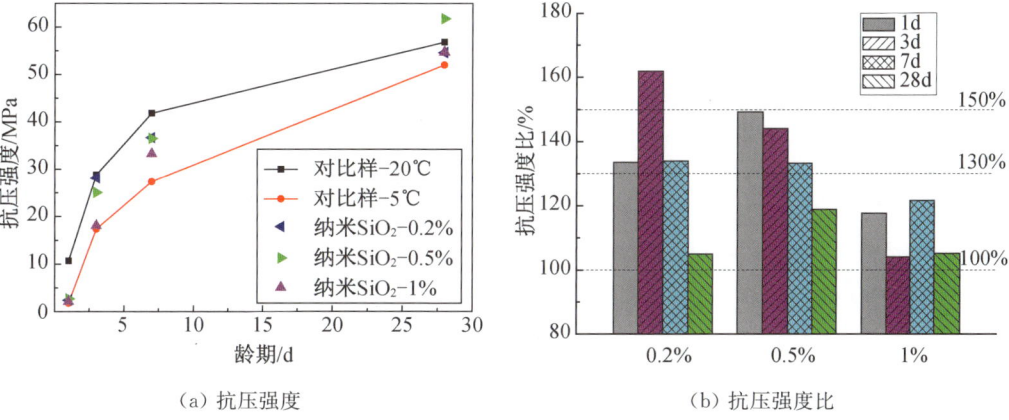

图 6.11 掺纳米 SiO_2 砂浆强度

表 6.8 5℃养护砂浆抗压强度(掺晶核类早强组分)

早强组分	掺量	抗压强度/MPa			
		1 d	3 d	7 d	28 d
对比样-20℃	—	10.7	28.8	41.8	56.8
对比样-5℃	—	1.8	17.4	27.4	52.0
纳米 $CaCO_3$	1%	2.5	18.9	28.7	46.7
	2%	2.7	26.3	36.4	56.9
硅灰	2%	2.9	25.7	38.0	59.0
	5%	2.6	23.9	36.9	58.7

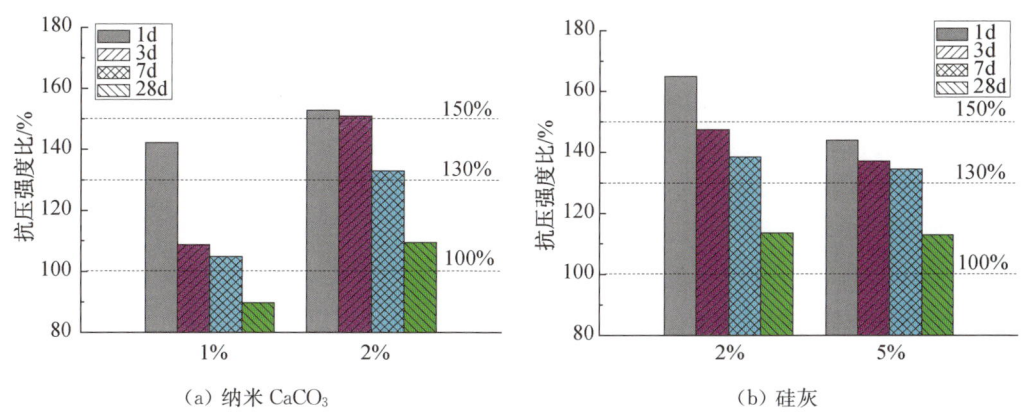

图 6.12 掺晶核类早强组分砂浆抗压强度比

结果可知,5 ℃养护下,纳米 $CaCO_3$、硅灰也可显著提高砂浆 7 d 后强度。同纳米 SiO_2 一样,硅灰也具有火山灰效应,可促进水泥后期水化及微观结构致密化,硅灰作早强组分时,其强度提高作用效果与纳米 SiO_2 相近,只是所需硅灰掺量较大,但硅灰价格优势明显。纳米 $CaCO_3$ 在 1% 掺量时,强度提高作用效果不明显,甚至出现强度倒缩;掺 2% 纳米 $CaCO_3$ 砂浆时,7 d、28 d 抗压强度比分别超了 130%、100%,作用效果接近纳米 SiO_2,但此时其掺量远高于纳米 SiO_2 的掺量。

综合考量强度提高作用效果、掺量范围,认为纳米 SiO_2 较纳米 $CaCO_3$、硅灰等常见晶核类早强组分具有一定优势,不仅掺量低,而且 7 d 后强度提高作用显著,28 d 抗压强度提高接近 20%;而考虑经济成本时,可用硅灰替代纳米 SiO_2。

6.5 低温早强剂的配制

结合水泥水化过程及早强剂作用机理的基本认知,针对提升低温 5 ℃养护下水泥早期强度发展的 3 个措施,本研究分别设计了能促进水泥矿物溶解、沉淀反应的早强组分,以及能促进水泥后期水化、改善产物微观结构的早强组分,来配制具有明显低温早强效果的低温早强剂,4 种早强组分及其掺量范围为 LB(0.1%～1.5%)、CB(0.2%～1.5%)、SY(0.03%、0.5%、1%)以及纳米 SiO_2(0.2%～0.5%)。

以上述 4 种早强组分进行复配试验,因早强组分种类较多,加之各早强组分的掺量范围跨度较大,若是根据一般单因素实验法进行试验,会存在较多缺陷:①考虑的影响因素限制在局部的水平,考察不全面,不易发现问题的主要矛盾;②需要进行大量试验,否则难以发现试验中的误差,试验精度无法保证。因此,本研究采用正交试验来进行不同早强组分的复配,以确定早强组分的最优配比及影响不同龄期下试件强度的主要因素。

6.5.1 正交设计试验

正交试验设计指的是依据正交性的原理在全面的试验中选择具有代表性的试验方案来进行相关的试验,所选择的这些试验方案的特点是"均匀分散、整齐可比",用部分试验来代替全面试验,通过对部分试验结果的分析,了解全面试验的情况。正交试验设计在分析因素设计中比较常用,它具有效率高、速度快及经济性好的特点[143]。

以优选的 4 种早强组分,分别在其掺量范围中选定 3 个掺量水平,因素水平表如表 6.9 所示,采用正交表($L_9 3^4$)进行早强组分的复配试验。早强组分配比方案及对应砂浆试件在 5 ℃养护下各龄期的抗压强度如表 6.10 所示。

表 6.9　因素水平表

水平	因素			
	CB	SY	纳米 SiO$_2$	LB
1	0.5%	0.03%	0%	0.1%
2	1%	0.5%	0.2%	0.3%
3	1.5%	1%	0.5%	0.5%

表 6.10　5℃养护砂浆抗压强度

编号	掺量/%				1 d		3 d		7 d		28 d	
	CB	SY	纳米 SiO$_2$	LB	强度/MPa	强度比/%	强度/MPa	强度比/%	强度/MPa	强度比/%	强度/MPa	强度比/%
对比样 -20℃	—	—	—	—	10.7	—	28.8	—	41.8	—	56.8	—
对比样 -5℃	—	—	—	—	1.8	100	17.4	100	27.4	100	52.0	100
Z1	0.5	0.03	0	0.1	10.0	554	26.1	150	41.7	152	55.5	107
Z2	0.5	0.5	0.2	0.3	10.8	597	28.0	161	42.5	155	57.7	111
Z3	0.5	1	0.5	0.5	10.1	559	29.0	167	44.4	162	56.2	108
Z4	1	0.03	0.2	0.5	8.9	493	25.4	146	38.2	140	52.7	101
Z5	1	0.5	0.5	0.1	7.5	417	24.1	139	33.8	124	52.5	101
Z6	1	1	0	0.3	8.0	443	29.3	168	41.0	150	58.6	113
Z7	1.5	0.03	0.5	0.3	8.4	465	29.0	167	42.0	153	60.6	117
Z8	1.5	0.5	0	0.5	7.6	420	26.9	154	40.5	148	59.6	115
Z9	1.5	1	0.2	0.1	5.3	292	24.0	138	35.5	129	53.5	103

(1) 直观分析

由表 6.10 可知,1 d 强度较高的为 Z1~Z3 组,5℃养护下砂浆 1 d 抗压强度超过了 10 MPa,低温早强效果显著,其中 Z2 组强度最高,达到了 10.8 MPa,较对比样提高近 5 倍,已达对比砂浆 20℃养护下的强度(10.7 MPa)。Z2 组的早强组分配比为 0.5%CB+0.5%SY+0.2%纳米 SiO$_2$+0.3%LB。

3 d 强度较高的为 Z3、Z6、Z7 组,5℃养护下砂浆 3 d 抗压强度超过了 29 MPa,均已超过对比砂浆 20℃下的强度值 28.8 MPa,其中 Z6 组强度最高,达 29.3 MPa,对应的早强组分配比为 1%CB+1%SY+0.3%LB。

除 Z4、Z5、Z9 组外，5℃养护砂浆 7 d 强度均超过了 40 MPa，其中 Z3 组强度最高，为 44.4 MPa，抗压强度比高达 162%，对应的早强组分配比为 0.5%CB+1%SY+0.5%纳米 SiO_2+0.5%LB。

正交试验组砂浆 28 d 强度较对比样均未出现倒缩，由此可判断选取的 4 种早强组分的任意组合均能满足 28 d 抗压强度比超过 100% 的指标。其中 Z7、Z8 组砂浆 28 d 强度较高，28 d 抗压强度比超过 115%，且均已超过对比砂浆 20℃养护下的强度值。Z7 组强度最高，其早强组分配比为 1.5%CB+0.03%SY+0.5%纳米 SiO_2+0.3%LB。由此，总结各龄期下早强组分配比的直观分析结果如表 6.11 所示。

表 6.11 早强组分配比的直观分析结果

龄期	最佳掺量/%			
	CB	SY	纳米 SiO_2	LB
1 d	0.5	0.5	0.2	0.3
3 d	1	1	0	0.3
7 d	0.5	1	0.5	0.5
28 d	1.5	0.03	0.5	0.3

(2) 水平分析、极差分析

对表 6.10 进行水平分析，分别计算 1 d、3 d、7 d 和 28 d 时各早强组分同一掺量水平对应三次试验所得砂浆抗压强度的和，即一水平试验结果总和、二水平试验结果总和、三水平试验结果总和（简称为一水平总和、二水平总和、三水平总和）及其平均值。并用 3 个平均值中的较大值减去较小值，得到各早强组分因素的极差值，以比较各早强组分因素对砂浆抗压强度影响的程度大小，寻找影响不同龄期砂浆抗压强度的主要因素。例如，对因素 CB 的砂浆 1 d 抗压强度进行计算：

一水平总和（掺量水平 0.5%）=10.0+10.8+10.1=30.9(MPa)；
二水平总和（掺量水平 1%）=8.9+7.5+8.0=24.4(MPa)；
三水平总和（掺量水平 1.5%）=8.4+7.6+5.3=21.3(MPa)；
一水平总和/3（简称为一/3）=30.9/3=10.30(MPa)；
二水平总和/3（简称为二/3）=24.4/3=8.13(MPa)；
三水平总和/3（简称为三/3）=21.3/3=7.10(MPa)；
极差=10.30−7.10=3.20。

同理，各龄期下各因素的水平分析、极差分析结果如表 6.12～表 6.15 所示。

表 6.12　砂浆 1 d 抗压强度结果分析

	抗压强度/MPa			
	CB	SY	纳米 SiO$_2$	LB
一水平总和	30.9	27.2	25.5	22.7
二水平总和	24.4	25.8	24.9	27.1
三水平总和	21.3	23.3	25.9	26.5
一/3	10.30	9.07	8.50	7.57
二/3	8.13	8.60	8.29	9.03
三/3	7.10	7.76	8.65	8.83
极差	3.20	1.31	0.35	1.46

表 6.13　砂浆 3 d 抗压强度结果分析

	抗压强度/MPa			
	CB	SY	纳米 SiO$_2$	LB
一水平总和	83.2	80.4	82.2	74.2
二水平总和	78.8	79.0	77.4	86.3
三水平总和	79.8	82.3	82.1	81.3
一/3	27.73	26.82	27.41	24.72
二/3	26.26	26.34	25.79	28.77
三/3	26.60	27.43	27.38	27.09
极差	1.47	1.09	1.62	4.05

表 6.14　砂浆 7 d 抗压强度结果分析

	抗压强度/MPa			
	CB	SY	纳米 SiO$_2$	LB
一水平总和	128.5	121.9	123.2	111.0
二水平总和	113.0	116.9	116.2	125.5
三水平总和	118.0	120.8	120.3	123.1
一/3	42.84	40.63	41.06	36.99
二/3	37.68	38.96	38.72	41.84
三/3	39.34	40.28	40.08	41.03
极差	5.17	1.67	2.34	4.85

表 6.15 砂浆 28 d 抗压强度结果分析

	抗压强度/MPa			
	CB	SY	纳米 SiO_2	LB
一水平总和	169.4	168.9	173.7	161.4
二水平总和	163.8	169.8	163.9	177.0
三水平总和	173.7	168.3	169.3	168.5
一/3	56.47	56.29	57.91	53.81
二/3	54.60	56.59	54.63	58.99
三/3	57.89	56.09	56.42	56.17
极差	3.29	0.49	3.28	5.18

分析结果可得,对 5℃ 养护下砂浆各龄期抗压强度起最大促进作用的早强组分最佳配比方案如表 6.16 所示。

对 1 d 强度而言,0.5%CB+0.03%SY+0.5%纳米 SiO_2+0.3%LB 为最佳配比,其中 CB 掺量变化对 1 d 强度影响最大,纳米 SiO_2 掺量变化对其影响最小。

对 3 d 强度而言,最佳配比为 0.5%CB+1%SY+0.3%LB,其中 CB 组分掺量的变化对 3 d 强度影响显著,其余组分对其影响均较小且相差不大。

对 7 d 强度而言,最佳配比为 0.5%CB+0.03%SY+0.3%LB,其中 CB 和 LB 为影响 7 d 强度的主要组分,SY 和纳米 SiO_2 为次要组分。

对 28 d 强度而言,最佳配比为 1.5%CB+0.5%SY+0.3%LB,其中 LB 组分掺量变化的影响作用最大,CB 和纳米 SiO_2 次之,而 SY 掺量变化的影响最小。

表 6.16 早强组分配比的水平分析结果

龄期	最佳掺量/%			
	CB	SY	纳米 SiO_2	LB
1 d	0.5	0.03	0.5	0.3
3 d	0.5	1	0	0.3
7 d	0.5	0.03	0	0.3
28 d	1.5	0.5	0	0.3

(3) 趋势分析

以各早强组分同一掺量水平对应三次试验所得砂浆抗压强度的平均值对应三个掺量水平作图,如图 6.13 所示,分析砂浆各龄期抗压强度与各早强组分因素的关系趋势可知:

在选定的早强组分种类及相应掺量范围内,5℃养护下,砂浆 1 d 强度随 CB、SY 掺量的增大逐渐降低,其中 CB 试验组强度下降更为显著;随 LB 掺量的增大,1 d 强度先增加后略有降低;随纳米 SiO_2 掺量的增大,1 d 强度先降低后增加,且总体变化不明显。

砂浆 3 d、7 d 强度变化趋势基本一致,随 CB、SY、纳米 SiO_2 掺量的增大,3 d、7 d 强度均先降低后增加;随 LB 掺量的增大,3 d、7 d 强度均先增加后降低。

砂浆 28 d 强度随 CB、纳米 SiO_2 掺量的增大,均先降低后增加,且变化较为明显;随 LB 掺量的增大,28 d 强度先增加后又降低,同样变化较为明显;但 28 d 强度随 SY 掺量的增大变化不明显。这说明在选定的早强组分种类及其掺量范围内,砂浆 28 d 强度受 CB、LB、纳米 SiO_2 掺量变化的影响较为显著,而受 SY 掺量变化的影响较小。

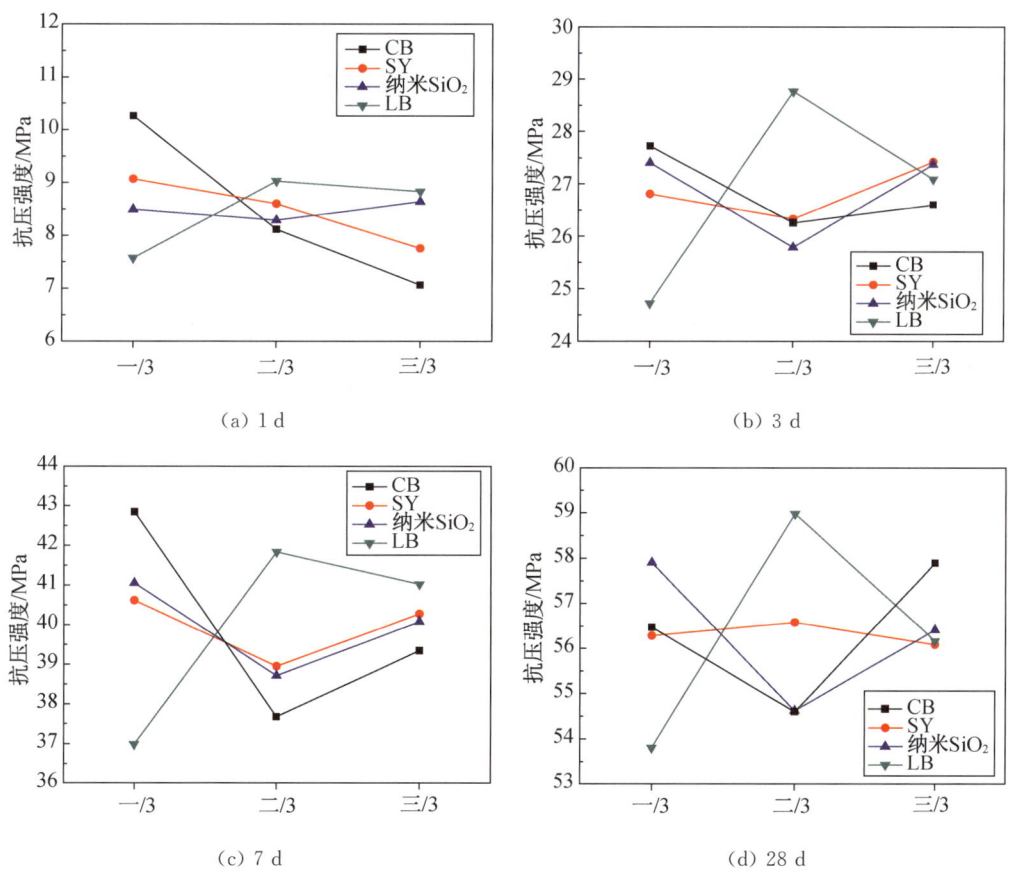

图 6.13 砂浆抗压强度与各因素的关系趋势

综上分析,在选定的早强组分种类及相应掺量范围内,CB 和 LB 两种早强组分对 5℃养护下砂浆各龄期强度的提高均起了重要作用,为关键组分,且两者掺量的组合相对明确,为 0.5%CB+0.3%LB。纳米 SiO_2 掺量的变化对砂浆各龄期强度影响均不明显,尤其对 7 d 前强度作用甚微,且多数最佳配比方案中纳米 SiO_2 的掺量为 0,加之其价格昂贵,因而可考虑选用低掺量甚至不掺。SY 在低掺量(0.03%)条件下对 1 d 强度有利,其掺量变化对砂浆 3 d 后强度影响较小,但考虑到 5℃低温下,单掺 SY 砂浆 1 d 强度发展缓慢,3 d 后强度提高显著的特性,因此早强剂配比中 SY 考虑选用 1%的掺量。

由此,早强组分的最优配比为 0.5%CB+1%SY+0.2%纳米 SiO_2+0.3%LB,记为 4#,其中 CB 和 LB 为关键组分,对 5℃低温养护下砂浆各龄期强度的提高均起了重要作用。

6.5.2 重复验证

为了更好地验证由正交试验得出的低温早强剂最优配比方案(4#)的可靠性,试验中测试了 5℃养护掺 4#早强剂砂浆的力学性能。同时考虑经济性因素,试验又设计了配比方案为 0.5%CB+1%SY+0.3%LB 的早强剂,记为 5#;为了验证用硅灰替代纳米 SiO_2 的可能性,在正交试验组 Z5 配比基础上设计了配比方案 Z10:1%CB+0.5%SY+2%硅灰+0.1%LB。各配比方案及砂浆各龄期抗压强度如表 6.17 所示。

表 6.17 5℃低温养护砂浆抗压强度(验证)

编号	早强组分掺量/%				1 d		3 d		7 d		28 d	
	CB	SY	纳米SiO_2	LB	强度/MPa	强度比/%	强度/MPa	强度比/%	强度/MPa	强度比/%	强度/MPa	强度比/%
对比样 -20℃	—	—	—	—	10.7	—	28.8	—	41.8	—	56.8	—
对比样 -5℃	—	—	—	—	1.8	100	17.4	100	27.4	100	52.0	100
Z2	0.5	0.5	0.2	0.3	10.8	597	28.0	161	42.5	155	57.7	111
Z3	0.5	1	0.5	0.5	10.1	559	29.0	167	44.4	162	56.2	108
4#	0.5	1	0.2	0.3	8.6	476	34.3	198	44.6	172	59.7	118
5#	0.5	1	—	0.3	7.6	424	32.0	185	43.2	167	59.0	117
Z5	1	0.5	0.5	0.1	7.5	417	24.1	139	33.8	124	52.5	101
Z10	1	0.5	2%硅灰	0.1	6.6	366	25.2	145	39.2	143	57.8	111

由表可知，5℃养护下，掺 4#、5# 早强剂砂浆各龄期强度较对比样均有显著提高，且两者对砂浆强度提高的作用效果相近，其中 4# 早强剂效果更佳，砂浆 1 d、3 d、7 d 和 28 d 抗压强度较对比样分别提高 376%、98%、72% 和 18%。掺 5# 早强剂砂浆各龄期强度虽均低于掺 4# 早强剂时强度，但相差不大，这验证了低温早强剂组分中不复配纳米 SiO_2 的可行性。

与正交试验组 Z2、Z3 相比，掺 4#、5# 早强剂砂浆 1 d 强度提高幅度均略有减小，而后期强度提高幅度更大，这是因为 4# 早强剂组分配比中相对提高了 SY 用量或相对降低了纳米 SiO_2 的用量，两种情况均会使 1 d 强度提高幅度减小，这与正交试验得出的结论相符合。5℃低温养护下，掺 4#、5# 早强剂砂浆强度发展情况如图 6.14 所示，除 1 d 强度略低外，砂浆 3 d 后各龄期强度均已超过了对比样 20℃ 养护下强度，低温早强效果显著，且 28 d 强度仍有大幅度提高，这验证了最优配比 4# 作用效果的可靠性。

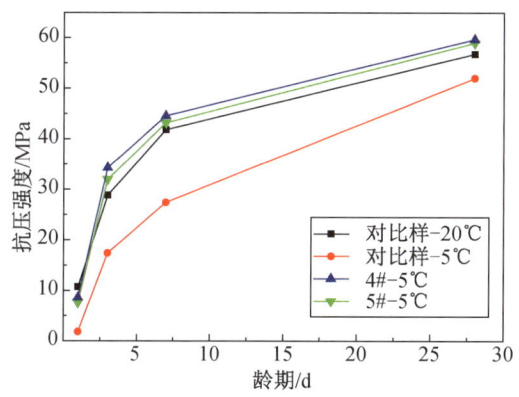

图 6.14　掺低温早强剂砂浆试件抗压强度

对比 Z5 与 Z10 试验组发现，采用 2% 硅灰替代 0.5% 纳米 SiO_2 时，砂浆 1 d 强度略有降低而后期强度提升明显，说明用硅灰替代纳米 SiO_2 作低温早强剂的早强组分是可行的，为后续在低温早强剂组分配比中复配硅灰来改善早强剂对混凝土耐久性的不利影响打下了基础。

6.6　低温早强剂性能

以最优配比 4#（0.5%CB＋1%SY＋0.2%纳米 SiO_2＋0.3%LB）和 5#（0.5%CB＋1%SY＋0.3%LB）作为低温早强剂的配比方案，当两者早强效果相差不大时，可优先选择经济性更佳的 5# 配比方案。为了进一步考察低温早强剂的适应性，本节研究了早强剂在不同水泥种类、养护温度条件下的早强效果，并比较低温早强剂与市售早强剂产品的性能差异。

6.6.1 适应性

(1) 水泥种类

选用马鞍山海螺牌P·O 42.5水泥(HL)、昆仑山牌P·O 42.5水泥(KL)、混凝土外加剂检测用基准水泥(JZ)、江南-小野田水泥有限公司生产的P·Ⅱ 52.5水泥(PII)以及中国水泥厂生产的水泥熟料(SL)共5种不同水泥,参照6.3节中方法成型、养护砂浆试件,经5℃养护后测试其抗压强度,砂浆强度结果如表6.18和图6.15所示,试验中还测试了5种水泥20℃养护下的强度。

表6.18 5℃养护砂浆抗压强度(水泥适应性)

编号	1 d		3 d		7 d		28 d	
	强度/MPa	强度比/%	强度/MPa	强度比/%	强度/MPa	强度比/%	强度/MPa	强度比/%
HL-对比样-20℃	10.7	—	28.8	—	41.8	—	56.8	—
HL-对比样-5℃	1.8	100	17.4	100	27.4	100	52.0	100
HL-4#	8.6	476	34.3	197	44.6	163	59.7	115
HL-5#	7.6	424	32.0	184	43.2	158	59.0	113
KL-对比样-20℃	10.1	—	26.6	—	36.0	—	49.0	—
KL-对比样	1.9	100	17.6	100	27.1	100	45.8	100
KL-4#	7.2	377	27.9	159	34.6	128	51.0	111
KL-5#	6.8	357	26.1	148	33.1	122	49.2	107
JZ-对比样-20℃	6.3	—	23.5	—	33.8	—	47.9	—
JZ-对比样-5℃	1.2	100	14.8	100	23.2	100	42.1	100
JZ-4#	4.5	375	25.1	170	36.6	158	56.9	135
JZ-5#	4.1	344	23.5	159	34.1	147	55.3	131
PII-对比样-20℃	10.6	—	31.3	—	41.6	—	58.6	—
PII-对比样-5℃	2.4	100	18.2	100	25.1	100	48.8	100
PII-4#	5.1	211	29.4	161	38.6	154	62.6	128
PII-5#	4.8	198	27.5	151	37.1	148	59.9	123
SL-对比样-5℃	2.0	100	9.7	100	20.6	100	—	—
SL-4#	7.1	353	15.4	159	29.8	144	—	—

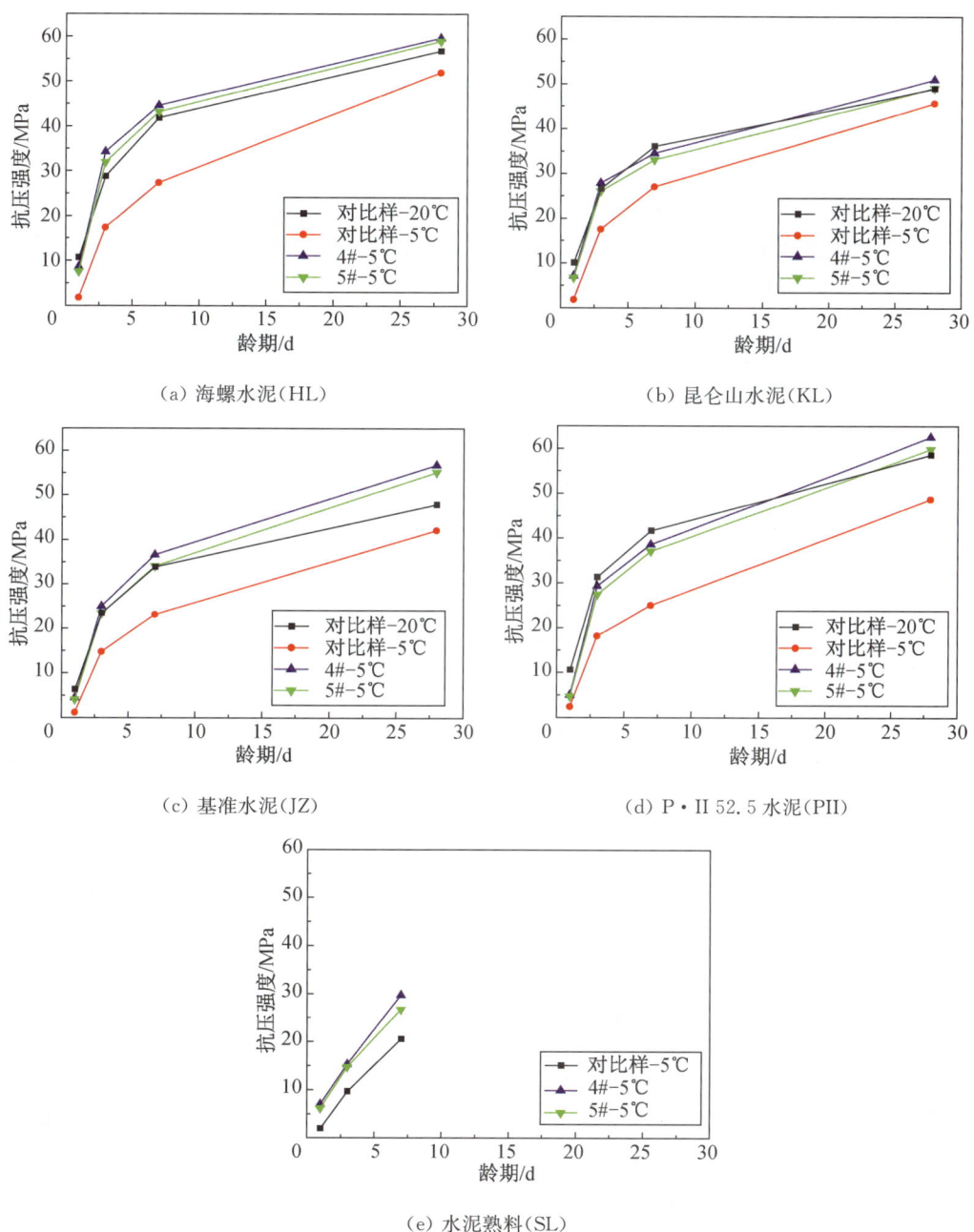

图 6.15 掺低温早强剂砂浆抗压强度(水泥适应性)

在 5 种不同水泥体系中,5℃养护下,4#或 5#低温早强剂的掺入使砂浆各龄期强度均有明显提高,低温早强效果显著,且 28 d 强度仍有较大幅度提高,3 d 后强度发展已接近甚至超过对比样 20℃养护下强度发展。相同条件下早强剂对不同种类水泥砂浆强度提高的幅度不尽相同,整体来看,1 d 强度提高 98%~376%,3 d 强度提高 48%~97%,7 d 强度提高 22%~63%,28 d 强度提高 7%~35%。以上结果说明,低温早强剂对不同种类水泥的适应性良好。

(2)养护温度

选用海螺水泥(HL)掺 1%CB(1%为 CB 组分单掺时的最佳掺量,如表 6.19 所示)、4♯或 5♯低温早强剂后成型砂浆试件,分别在 20℃、5℃和－5℃条件下养护,不同龄期下砂浆抗压强度结果如表 6.19 所示。

表 6.19 掺低温早强剂砂浆的抗压强度(温度适应性)

编号	温度	1 d		3 d		7 d		28 d	
		强度/MPa	强度比/%	强度/MPa	强度比/%	强度/MPa	强度比/%	强度/MPa	强度比/%
HL-对比样	20℃	10.7	100	28.8	100	41.8	100	56.8	100
HL-1%CB		23.7	221	41.0	142	49.9	119	62.9	111
HL-4♯		24.2	226	41.5	144	49.6	119	61.8	109
HL-5♯		23.0	215	40.6	141	49.2	118	60.1	106
HL-对比样	5℃	1.8	100	17.4	100	27.4	100	52.0	100
HL-1%CB		9.4	523	31.1	179	41.5	151	58.1	112
HL-4♯		8.6	476	34.3	198	44.6	172	59.7	115
HL-5♯		7.6	424	32.0	185	43.2	167	59.0	113
HL-对比样	－5℃	1.2	100	3.1	100	4.3	100	—	—
HL-1%CB		3.6	300	5.1	165	8.3	192	—	—
HL-4♯		4.6	383	9.2	296	12.2	284	—	—
HL-5♯		3.1	258	5.7	184	9.0	209	—	—

相同条件下,养护温度越低,砂浆强度发展越缓慢,当温度低至－5℃时,对比砂浆强度发展已非常缓慢,7 d 强度仅有 4.3 MPa。1%CB、4♯或 5♯早强剂在 20℃、5℃和－5℃温度条件下,均表现出明显的早强作用,只是不同温度下早强剂对砂浆各龄期强度提高幅度有差异。除－5℃养护 1 d 强度外,整体来说养护温度越低,低温早强剂的早强效果越明显;掺 4♯早强剂时,20℃、5℃和－5℃养护下,砂浆 3 d 强度分别提高 44%、98%和 196%,7 d 强度分别提高 19%、72%和 184%。以上结果说明,低温早强剂对温度的适应性较好,适用的温度范围较广。

6.6.2 与市售产品性能对比

选用市场上销售量较大且性能描述较好的 6 种混凝土早强剂产品,如 AFA、DC、G909、UNF、YJ4、甲酸钙等,产品信息见表 6.20,测试 5℃养护下掺不同早强剂砂浆各龄期抗压强度,结果如表 6.21 和图 6.16 所示,并比较市售早强剂产品与 4#、5# 低温早强剂的性能差异。

表 6.20 市售早强剂产品

产品名称	推荐掺量	价格
AFA	3%~5%	1 400 元/t
DC	2%~3%	1 200 元/t
G909	3%~4%	1 800 元/t
UNF	3%~5%	1 600 元/t
YJ4	1%~3%	2 100 元/t
甲酸钙	0.5%~1.5%	2 300 元/t

表 6.21 掺市售早强剂产品砂浆的抗压强度

编号	1 d		3 d		7 d		28 d	
	强度/MPa	强度比/%	强度/MPa	强度比/%	强度/MPa	强度比/%	强度/MPa	强度比/%
对比样-20℃	10.7	—	28.8	—	41.8	—	56.8	—
对比样-5℃	1.8	100	17.4	100	27.4	100	52.0	100
4#	8.6	476	34.3	198	44.6	172	59.7	115
5#	7.6	424	32.0	185	43.2	167	59.0	113
AFA-4%	6.0	333	30.1	173	41.1	150	52.3	101
AFA-5%	3.7	207	25.9	149	36.3	132	44.4	85
DC-4%	4.1	231	22.4	129	31.9	117	45.5	87
G909-4%	3.0	169	20.8	119	32.7	119	46.8	90
UNF-4%	5.2	288	27.0	155	38.0	139	47.4	91
YJ4-1.5%	5.3	295	24.1	139	35.3	129	49.8	96
YJ4-2.5%	3.3	181	24.1	139	36.1	132	48.8	94
甲酸钙-1%	3.9	220	20.2	116	30.1	110	41.7	80
甲酸钙-2%	3.1	172	18.7	108	28.5	104	38.2	73

在推荐掺量范围内,6 种市售早强剂产品 5℃低温下的早强性能差异较大,由图 6.16 可以直观看出,除 AFA-4%外,5℃养护下掺市售早强剂砂浆强度发展均明显落后于对比样 20℃下的强度发展,市售早强剂均能使砂浆 7 d 前强度有一定程度提高,但低温早强性能与 4♯、5♯ 早强剂差距明显,且 28 d 强度均出现明显倒缩,其中掺甲酸钙时后期强度损失尤为明显。5℃养护下,掺 4♯、5♯ 早强剂砂浆早期强度提高显著,且 28 d 抗压强度比均超 110%,砂浆 3 d 后强度发展已超过对比样 20℃养护下强度发展。

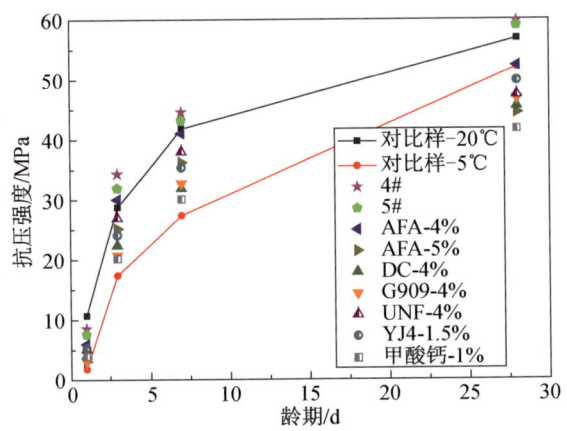

图 6.16 掺早强剂砂浆试件抗压强度

图 6.17 为各早强剂产品的 XRD 图谱,分析可知,AFA 早强剂主要成分为 NaCl、Na_2SO_4 及少量 $CaCO_3$ 和石膏,DC 早强剂的主要成分为 Na_2SO_4 和 $CaMg(CO_3)_2$,G909 早强剂主要成分为 NaCl、$CaCO_3$ 和少量 $NaNO_2$,UNF 早强剂的主要成分为

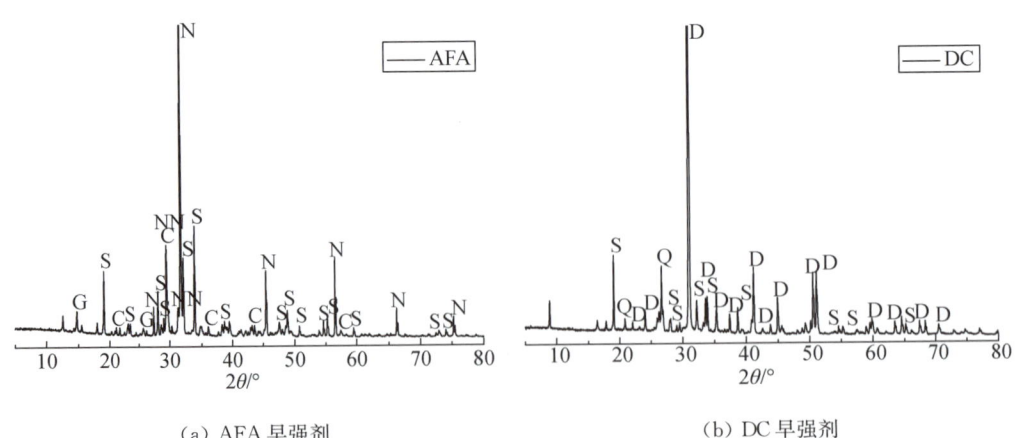

(a) AFA 早强剂   (b) DC 早强剂

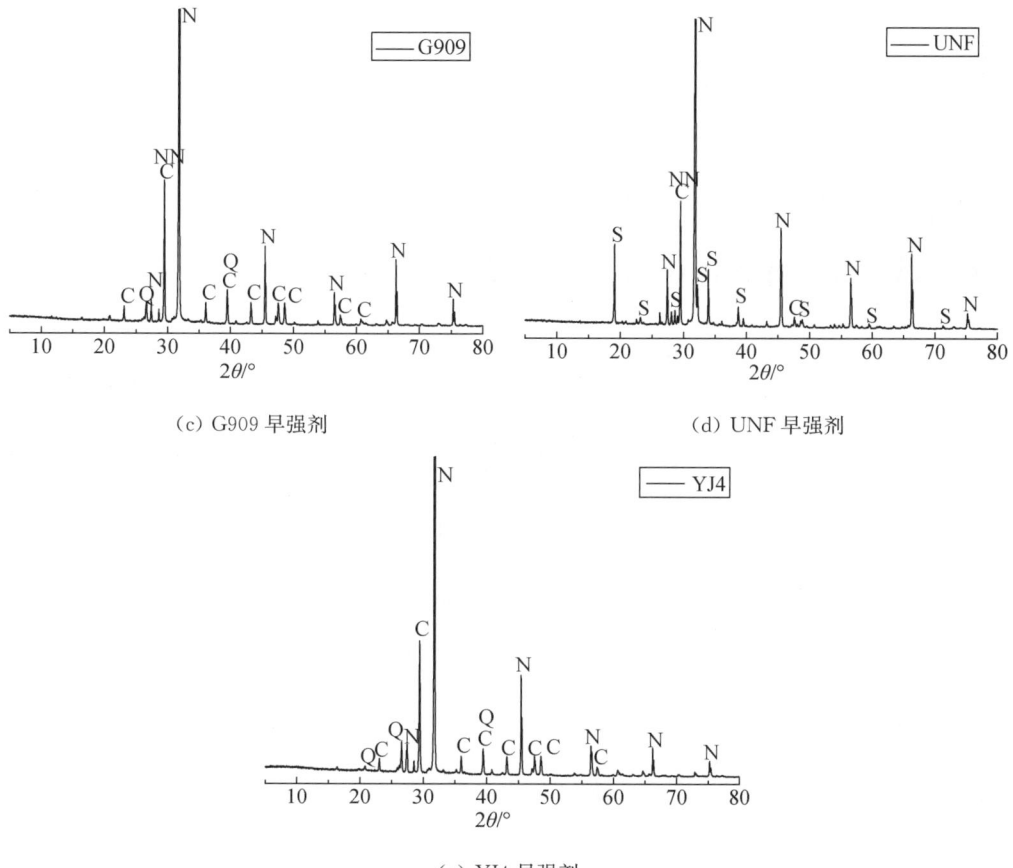

(N:NaCl S:Na$_2$SO$_4$ C:CaCO$_3$ D:CaMg(CO$_3$)$_2$ Q:SiO$_2$ NN:NaNO$_2$ G:CaSO$_4$)

图 6.17 市售早强剂产品的 XRD 图谱

NaCl、Na$_2$SO$_4$ 及少量 CaCO$_3$ 和 NaNO$_2$，YJ4 早强剂的主要成分为 NaCl 和 CaCO$_3$。市售早强剂产品多数以 NaCl 或 Na$_2$SO$_4$ 为主要早强组分，这会引入大量 Cl$^-$、SO$_4^{2-}$ 或使碱含量(K$^+$、Na$^+$)提高，均会影响混凝土的耐久性，4#、5# 低温早强剂中则不含这些有害离子。综上可知，低温早强剂多方面性能均远优于市售早强剂产品。

第7章
低温早强剂作用机理分析

水泥基材料作为一种结构材料,其强度及物理、化学性能与内部微观结构关系密切,任一微观结构的变化均能使材料宏观性能发生变化,因而研究水泥基材料微观结构的变化为解释其宏观性能变化的关键途径之一。为了研究5℃低温下所配低温早强剂的作用机理,本章研究低温早强剂对净浆凝结时间、流动度及强度发展的影响,在此基础上从水泥水化热角度出发,分析低温早强剂对水泥水化进程的影响,并基于Krstulović-Dabić水泥水化动力学模型,考察低温早强剂对水泥水化动力学过程的影响。此外,从水化产物(产物组成、形貌等)、孔结构等方面研究低温早强剂对水泥浆体、砂浆不同体系微观结构的影响,分析低温早强剂的作用机理。

7.1 对净浆物理性能及强度的影响

7.1.1 凝结时间

试验选用中国建筑材料科学研究总院提供的混凝土外加剂检测专用基准水泥(JZ),化学组成分析和XRD图谱分别如表7.1和图7.1所示。采用EyeTech激光粒度仪测试水泥颗粒D_{50}为16.68 μm,水泥物理性能和力学性能均满足《通用硅酸盐水泥》(GB 175—2007)的相关规定,标准稠度用水量为26.4%,3 d、28 d抗压强度分别为22.8 MPa和43.7 MPa。

表7.1 基准水泥化学组成分析 (单位:%)

水泥种类	SiO_2	CaO	MgO	Fe_2O_3	Al_2O_3	K_2O	Na_2O	SO_3	烧失量	总量
基准水泥(JZ)	20.28	62.10	2.89	3.65	4.38	—	—	2.41	1.76	97.47
《通用硅酸盐水泥》			≤5.0					≤3.5	≤5.0	

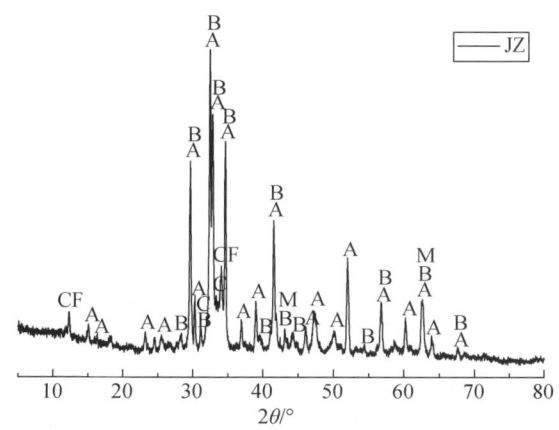

(A:C_3S B:C_2S C:C_3A CF:C_4AF M:MgO)

图7.1　基准水泥的 XRD 图谱

参照《水泥标准稠度用水量、凝结时间、安定性检验方法》(GB/T 1346—2011)中水泥凝结时间测定方法,固定水灰比为0.45,在不同温度(20℃、5℃)养护下,测试了掺不同早强组分净浆的凝结时间,结果如表7.2所示。

表7.2　早强剂对水泥浆体凝结时间的影响

编号	温度	初凝时间/(h:min)	终凝时间/(h:min)	凝结时间差/(h:min)
JZ-对比样	20℃	4:59	7:03	2:04
JZ-4#		3:42	5:39	1:57
JZ-5#		3:46	6:16	2:30
JZ-对比样	5℃	13:05	18:27	5:22
JZ-4#		7:06	12:02	4:56
JZ-5#		7:32	12:35	5:03

养护温度从20℃下降至5℃时,各组净浆初、终凝时间均明显延长,凝结时间差增大,终凝时间延长尤为明显,均延长一倍以上,其中对比样初、终凝时间分别由4 h 59 min、7 h 03 min 延至13 h 5 min、18 h 27 min。

不同温度下,4#、5#低温早强剂的掺入促进了水泥的凝结,使净浆的初、终凝时间和凝结时间差均有所缩短,其中,4#早强剂对缩短净浆凝结时间的影响程度较大。5℃低温下,早强剂对缩短净浆凝结时间效果较20℃条件下更为明显;但掺4#、5#低温早强剂净浆5℃养护下凝结时间均滞后于对比样20℃下的凝结时间。

7.1.2 流动度

参照《混凝土外加剂匀质性试验方法》(GB/T 8077—2012)中硅酸盐水泥净浆流动度的测试方法,固定水灰比为 0.45,试验温度为(20±3)℃,相对湿度为 70%~80%。测定掺不同早强组分净浆的初始、30 min 和 60 min 流动度,用浆体在玻璃板上自由流淌的最大直径表示,结果如表 7.3 所示。试验中选用基准水泥(JZ),固定水胶比为 0.45,温度为(20±3)℃,相对湿度为(95±1)%,且为了更好地对比掺早强剂前后流动度的差异,各组净浆中均掺用了 0.035% 的固体聚羧酸减水剂,对比样的初始、30 min 和 60 min 流动度分别为 211 mm、161 mm 和 152 mm。

掺 4#、5# 低温早强剂时,净浆流动度有所降低,且两者结果相近,净浆初始流动度明显降低,随时间延长流动度下降幅度逐渐减小。掺 4# 低温早强剂时,净浆初始、30 min 和 60 min 流动度分别为 189 mm、152 mm 和 146 mm,其中初始流动度下降明显,试验过程中也发现搅拌结束时浆体已较黏,因此使用低温早强剂时需掺少量减水剂来改善浆体的初始流动性。

表 7.3 早强剂对净浆流动度的影响

编号	温度	流动扩展度/mm		
		初始	30 min	60 min
JZ-对比样	20℃	211	161	152
JZ-4#		189	152	146
JZ-5#		186	149	144

注:各组中均掺入 0.035% 聚羧酸减水剂。

7.1.3 抗压强度

选用基准水泥,水胶比为 0.40,外掺不同早强组分,使用 40 mm×40 mm×160 mm 试模成型净浆试件,带模放入(5±1)℃低温养护箱或(20±1)℃标准养护室中养护,24 h 拆模后继续养护至指定龄期后取出,折断后在 TYE-300F 型水泥胶砂抗折抗压试验机上测定其抗压强度。为了保证数据的可靠性,每组测试 5 个试件(其中一个试件立刻终止水化,留样备用),然后取平均值。

5℃养护下,掺 4#、5# 低温早强剂净浆试件各龄期抗压强度结果如表 7.4 所示,抗压强度比见图 7.2。结果可知,养护温度从 20℃降至 5℃时,对比净浆各龄期下强度均有所降低,1 d 强度下降显著(仅为 20℃下强度的 30%),随养护龄期的延长,强度降低幅度逐渐减小。

表 7.4　早强剂对净浆抗压强度的影响

编号	温度	1 d 强度/MPa	1 d 强度比/%	3 d 强度/MPa	3 d 强度比/%	7 d 强度/MPa	7 d 强度比/%	28 d 强度/MPa	28 d 强度比/%
JZ-对比样	20℃	7.9	—	36.2	—	49.7	—	67.2	—
JZ-对比样	5℃	2.4	100	26.8	100	41.0	100	58.2	100
JZ-4#	5℃	9.4	391	47.7	178	66.4	162	81.8	141
JZ-5#	5℃	7.9	329	44.9	168	64.4	157	77.8	134

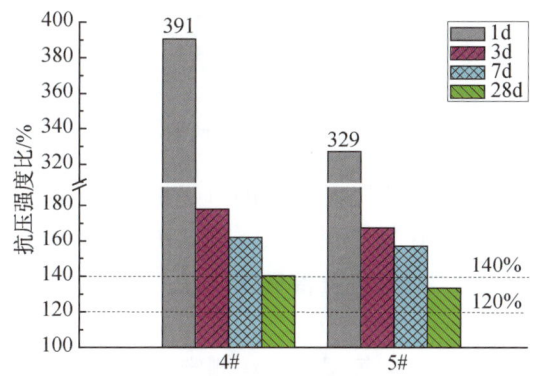

图 7.2　掺早强剂净浆试件抗压强度比

5℃养护下,4#、5#低温早强剂的掺入使净浆各龄期强度均有提高,早期强度提高尤为显著,1 d、3 d、7 d、28 d 抗压强度比分别大于 329%、168%、157% 和 134%。其中 4# 低温早强剂作用效果最佳,可使净浆 1 d、3 d、7 d、28 d 强度分别提高 291%、78%、62% 和 41%;5℃养护下,掺低温早强剂净浆各龄期强度均已超过对比样 20℃养护下的强度。

7.2　对水泥水化热的影响

硅酸盐水泥与水的化学反应是导致水泥基材料凝结硬化的原因,跟踪水泥水化反应进程最为便捷的方法就是测试水化反应过程中热量的变化,即运用水泥水化放热曲线。从动态的角度来说,胶凝材料的水化是指其主要成分水泥在加水后发生一系列的物理化学变化,同时会释放出大量的热,这个动态过程一般用水化反应放热量和水化反应速率两个重要的参数指标来进行衡量。图 7.3 为水泥水化放热曲线示意图,根据曲线中几个特征点,通常将水泥水化过程分为五个不同阶段[144]:第一阶段为初始期,即 OA 段;第二阶段为诱导期,即 AB 段;

第三阶段为加速期,即 BC 段;第四阶段为减速期,即 CD 段;第五阶段为稳定期,即 DE 段。

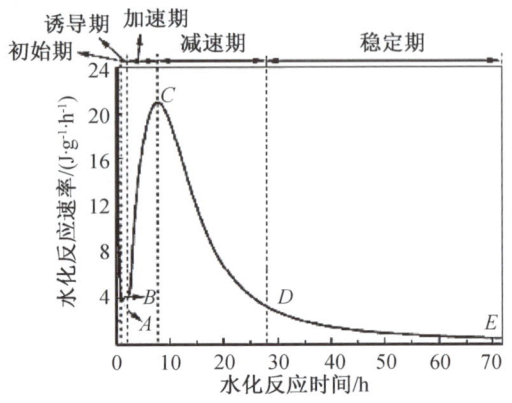

图 7.3 水泥水化放热曲线示意图

按 W/B=0.40,外掺不同种类及掺量的早强组分,分别在 20℃和低温 7℃(考虑试验设备控制精度)下,采用瑞士进口 TAM AIR Ⅱ 热导式等温量热仪,测试胶凝材料体系 0~7 d 水化放热,试验设备见图 7.4。试验操作参照 Standard Practice for Measuring Hydration Kinetics of Hydraulic Cementitious Mixtures Using Isothermal Calorimetry《用等温量热法测定水胶凝混合物的水化动力学的标准操作规程》(ASTM C1679-17)进行,其测试原理为基于已知放热功率且放热恒定的对比样品,通过测试待测样品与对比样品之间的温度梯度可推导待测样品的放热历程,根据热功率与时间的关系,采用积分计算可得出热量。

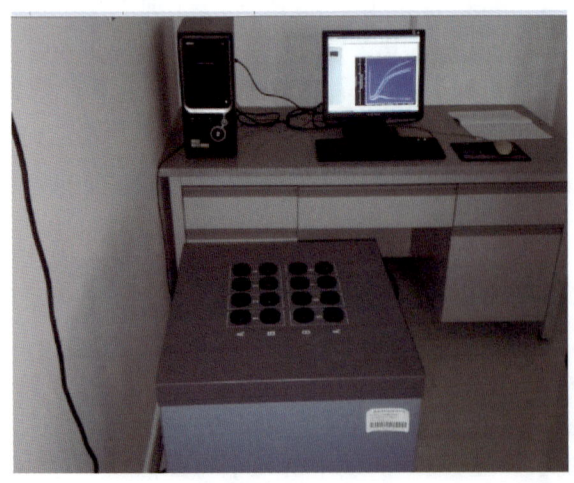

图 7.4 热导式等温量热仪 TAM AIR Ⅱ

图 7.5 和图 7.6 分别为 20℃和 7℃温度下,基准水泥掺 4#早强剂的水化放热曲线,其中(a)、(b)为放热速率曲线,(c)为累计放热量曲线,相应水化放热参数见表 7.5 和表 7.6。并且由累计放热量数据,根据 Knudsen 外推方程拟合出理想状态下胶凝材料完全水化的最大放热量 Q_{max},外推方程如下[145]:

$$1/Q = 1/Q_{max} + t_{50}/[Q_{max} \cdot (t-t_0)]$$

式中:Q_{max}——无限龄期时胶凝材料的水化放热量;

t_{50}——放热量达 Q_{max} 的 50% 所对应的水化时间;

t_0——诱导期结束时间;

$t-t_0$——从加速期开始时计算的水化时间。

可知,$1/Q$ 与 $1/(t-t_0)$ 成线性关系,JZ-对比样和 JZ-4#分别在 20℃和 7℃下的最大放热量 Q_{max} 线性拟合图如图 7.7 所示,具体数据见表 7.6。

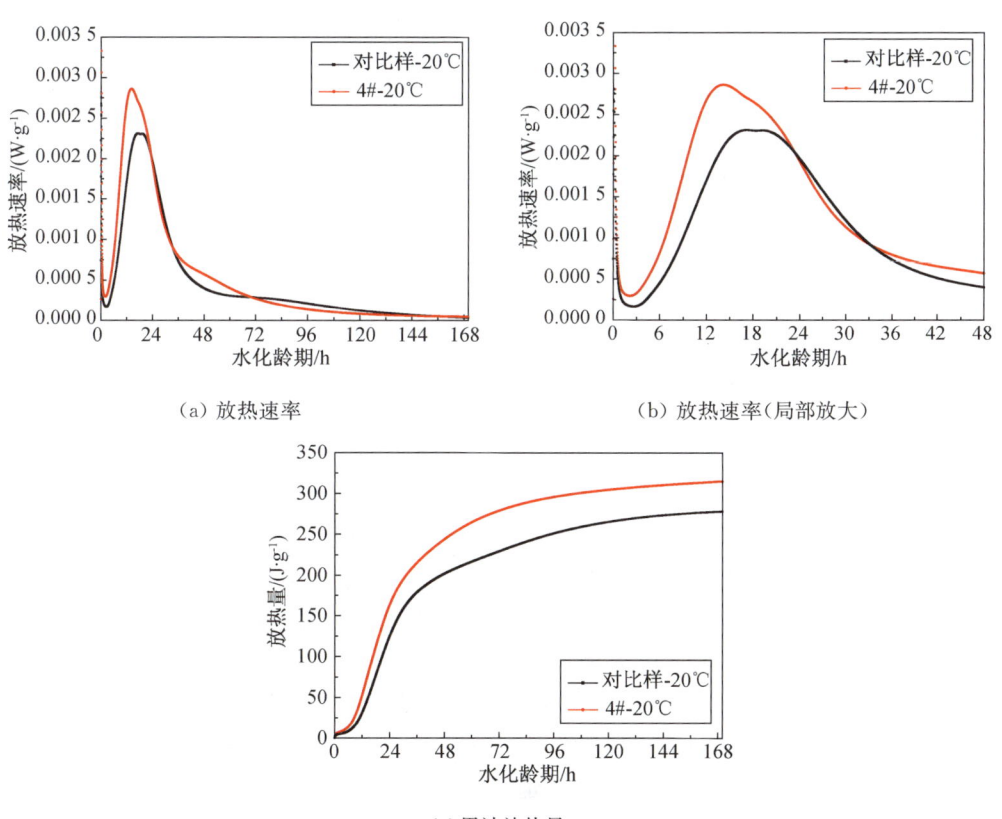

(a) 放热速率

(b) 放热速率(局部放大)

(c) 累计放热量

图 7.5 20℃养护下掺早强剂水泥水化放热曲线

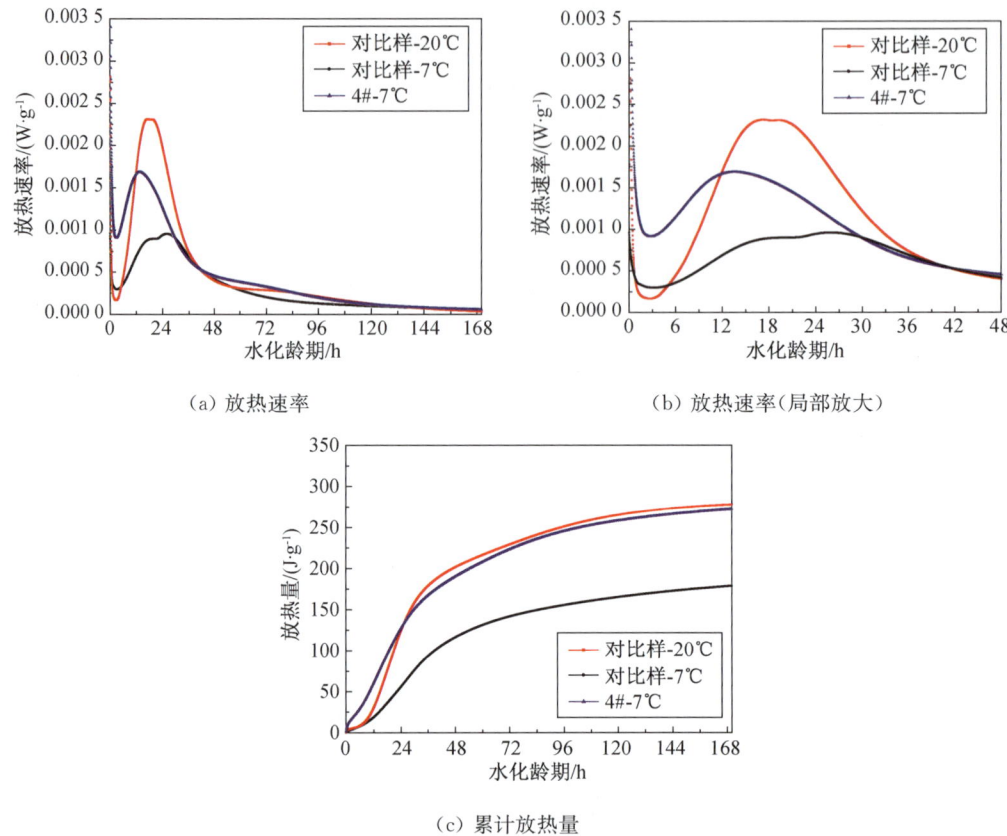

图 7.6　7℃养护下掺早强剂水泥水化放热曲线

20℃条件下,空白水泥水化初期的最大放热速率为 0.002 31 W/g,7 d 累计放热量为 326.3 J/g。当 4#早强剂掺入后:①缩短了水泥水化诱导期,使加速期提前;②使水泥水化放热温峰出现时间提前 2～3 h,最大放热速率达到了 0.002 86 W/g,较对比样增大约 24%,放热峰延续时间则从 32.3 h 缩短至 30.8 h;③相同水化龄期水泥水化累计放热量均略有增大,7 d 累计放热量、最大放热量分别达到 314.2 J/g 和 337.9 J/g,其中 7 d 累计放热量较对比样增大约 13%。

温度从 20℃降至 7℃时,水化初期空白水泥诱导期延长了 2.1 h;水化放热峰变得"矮而宽",最大放热速率明显减小,仅有 0.000 95 W/g,最大放热速率出现时间明显延后,但放热峰延续时间明显延长,达到了 56.4 h,延续时间为 20℃时的 1.7 倍;相同水化龄期下,水泥水化累计放热量均明显减小,7 d 累计放热量和最大放热量分别为 178.4 J/g 和 214.8 J/g,比 20℃时分别减小了 36% 和 34%,这说明温度降低不仅使水泥水化放热速率减小了,还使最大水化放热量减小了。

表7.5 掺早强剂水泥水化放热参数

编号	温度/℃	诱导期结束时间/h	温峰出现时间/h	放热温峰值/(W·g^{-1})	放热峰延续时间/h
JZ-对比样	20	2.9	17.2	0.002 31	32.3
JZ-4#		2.3	14.2	0.002 86	30.8
JZ-对比样	7	5.0	26.7	0.000 95	56.4
JZ-4#		2.8	13.5	0.001 69	35.9

表7.6 掺早强剂水泥水化累计放热量

编号	温度	累计放热量/(J·g^{-1})							Q_{max} /(J·g^{-1})
		12 h	24 h	36 h	48 h	3 d	5 d	7 d	
JZ-对比样	20	30.5	124.4	178.8	201.6	229.1	265.1	277.4	326.3
JZ-4#		52.4	163.1	215.2	243.8	278.8	304.3	314.2	337.9
JZ-对比样	7	18.8	55.9	93.4	116.4	141.8	165.2	178.4	214.8
JZ-4#		61.4	128.2	167.5	190.3	223.2	257.9	271.5	304.6

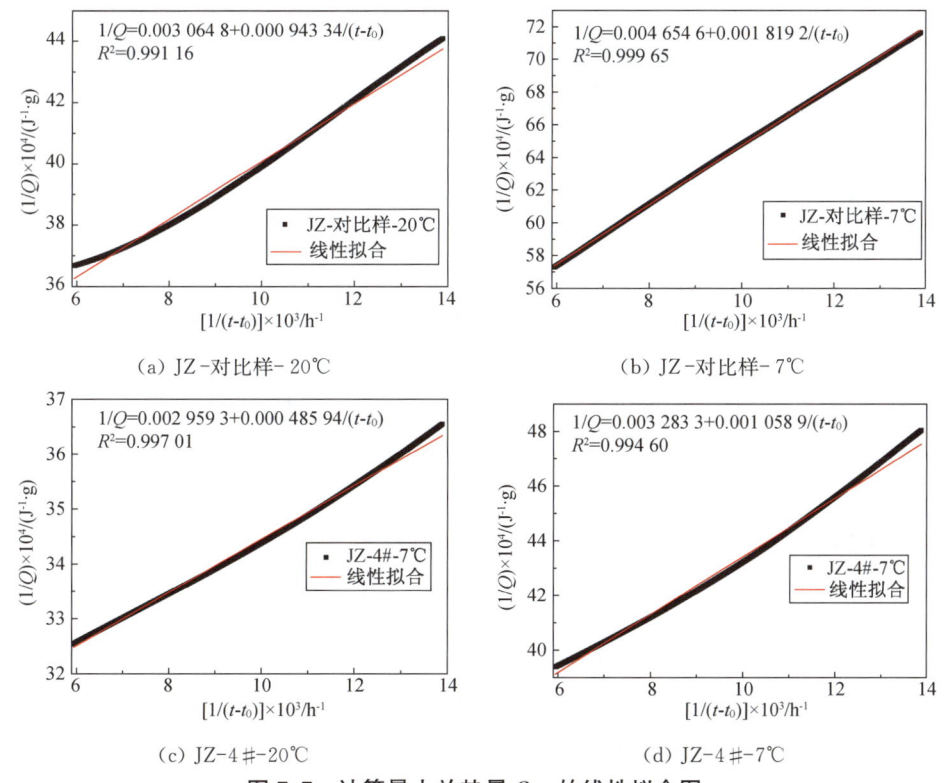

(a) JZ-对比样-20℃
(b) JZ-对比样-7℃
(c) JZ-4#-20℃
(d) JZ-4#-7℃

图7.7 计算最大放热量Q_{max}的线性拟合图

7℃低温时,4#早强剂掺入后,使水泥水化放热速率和水化放热量均发生了明显变化,且变化程度较在20℃下更为显著。低温下,相比于对比样,掺4#早强剂水泥的水化诱导期明显缩短,水化放热峰出现时间明显提前,加速期明显缩短;放热峰延续时间缩短10~20 h,水泥水化最大放热速率增大45%~78%,增大效果比20℃时更显著,但7℃低温下掺早强组分水泥最大放热速率均低于对比样20℃时的最大放热速率,其中JZ-4#试样最大放热速率最大,达到了0.001 69 W/g,其放热峰延续时间则最短,为35.9 h。

从水化放热量数据来看,7℃低温下,4#早强剂的掺入使水泥各水化龄期下的累计放热量明显增大,增大效果比20℃时更显著,且水化龄期越短放热量增大越明显,各龄期下放热量已接近对比样20℃下放热量,这与早强组分对5℃低温养护下净浆、砂浆强度提高的规律相似。7℃低温下,掺4#早强剂水泥各龄期下累计放热量均最大,12 h即达到61.4 J/g,较对比样增大了227%,7 d累计放热量为271.5 J/g,较对比样增大了52%。

结果表明,在20℃或7℃低温下,4#低温早强剂可促进水泥水化初期的水化反应,使水化诱导期缩短、加速期提前,最大放热速率增大、放热量增大,且低温下增大效果更为显著。

7.3 水泥水化动力学模型分析

化学反应动力学是以动态的观点研究化学反应,分析内因(反应物的状态、结构)和外因(催化剂)对于化学反应速率及反应方向的影响,从而揭示化学反应的宏观和微观机理。关于水泥水化动力学的研究,Krstulović与Dabić提出的水泥水化动力学模型[146]较为常用,其认为水泥的水化反应包括三个基本过程:结晶成核与晶体生长过程(NG)、相边界反应过程(I)和扩散过程(D),这三个过程可先后发生也可同时发生,且水化过程的整体发展由其中最慢的一个过程决定。该模型中,表述水化程度与反应时间之间关系的动力学方程可写为:

结晶成核与晶体生长过程(NG):$[-\ln(1-\alpha)]^{1/n}=K_1(t-t_0)$;

相边界反应过程(I):$[1-(1-\alpha)^{1/3}]^1=K_2(t-t_0)$;

扩散过程(D):$[1-(1-\alpha)^{1/3}]^2=K_3(t-t_0)$。

对上述三个方程进行微分,可得到各反应过程的水化速率表达式,分别为:

NG过程水化速率:$d\alpha/dt=F_1(\alpha)=K'_1 \cdot n(1-\alpha)[-\ln(1-\alpha)]^{(n-1)/n}$;

I过程水化速率:$d\alpha/dt=F_2(\alpha)=K'_2 \cdot 3(1-\alpha)^{2/3}$;

D过程水化速率:$d\alpha/dt=F_3(\alpha)=K'_3 \cdot 3(1-\alpha)^{2/3}/[2-2(1-\alpha)^{1/3}]$。

其中,α为水化度,计算公式为$\alpha(t)=Q(t)/Q_{max}$;$K_1(K'_1)$、$K_2(K'_2)$、$K_3(K'_3)$为3个水化反应过程的反应速率常数;t_0为诱导期结束的时间;n为反应级数。

根据图7.3将水泥水化过程分为五个不同反应阶段,各不同反应的化学过程及动力学行为如表 7.7 所示。但低温下掺早强剂水泥的水化动力学问题较为复杂，不仅要考虑低温这个关键性因素，还要考虑早强剂掺入带来的影响。所以本节以 Krstulović-Dabić 水泥水化模型为基础，通过对不同温度、掺不同早强组分条件下水泥的水化反应动力学模型的拟合，研究低温条件下，低温早强组分对水泥水化反应能级和动力学参数的影响。

表 7.7 水泥水化阶段表[147]

反应阶段	化学过程	动力学行为
初始期	初始水解，离子进入溶液	反应很快：化学控制
诱导期	继续溶解，早期 C-S-H 形成	反应慢：成核控制
加速期	水化产物形成与生长	反应快：化学控制
减速期	水化产物继续生长，微结构发展	反应适中：化学与扩散控制
稳定期	微结构逐渐密实	反应很慢：扩散控制

为更好地分析早强剂掺入对水泥水化的影响，消除初始溶解放热差异的影响，在研究中统一以水泥水化第一放热峰之后的水化放热速率的最低点为计算放热量的起始点。在实际工程应用中，混凝土的拌合与浇筑之间的间隔也往往较长，混凝土浇筑时水泥基材料水化早已进入诱导期，第一放热峰的影响可以忽略。20℃和7℃温度下，掺4♯早强剂水泥和对比样的水化放热量曲线及拟合得到的 Q_{max} 见 7.2 节。

首先将拟合所得最大放热量 Q_{max} 代入水化程度 α 的计算公式中，得到不同时间的水化程度 $\alpha(t)$。再将 $\alpha(t)$ 代入 NG 过程的动力学方程中，以 $\ln(t-t_0)$ 为横坐标、$\ln[-\ln(1-\alpha)]$ 为纵坐标作图，并对数据点进行线性拟合，计算可得 NG 过程的动力学参数 n 和 K_1'。图 7.8 为 JZ-对比样和 JZ-4♯ 分别在 20℃和 7℃下的 NG 过程水化动力学参数拟合。

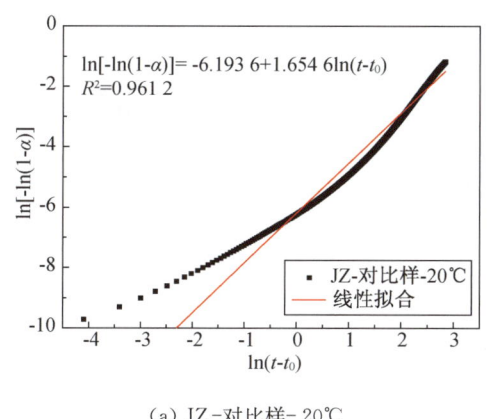

(a) JZ-对比样-20℃

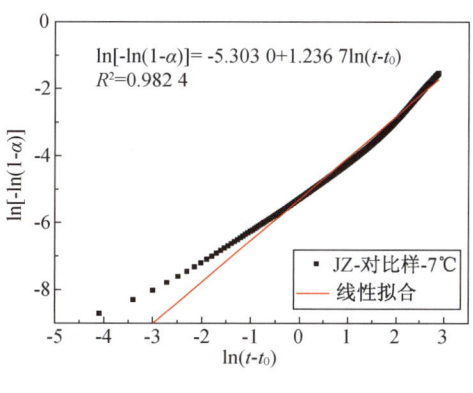

(b) JZ-对比样-7℃

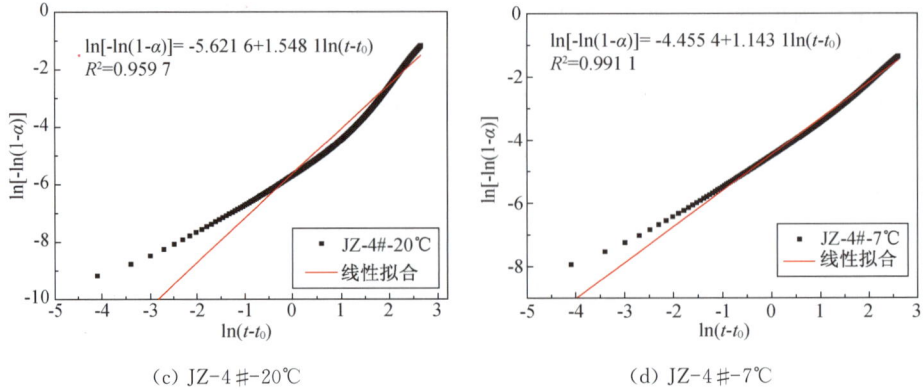

(c) JZ-4#-20℃ 　　　　　　　　(d) JZ-4#-7℃

图 7.8　计算 NG 过程水化动力学参数拟合图

同样，将 $\alpha(t)$ 代入 I 过程的动力学方程中，以 $\ln(t-t_0)$ 为横坐标、$\ln[1-(1-\alpha)^{1/3}]$ 为纵坐标作图，并对数据点进行线性拟合，计算可得 I 过程的水化反应速率常数 K_2'。图 7.9 为 JZ-对比样和 JZ-4# 分别在 20℃ 和 7℃ 下的 I 过程水化动力学参数拟合结果。

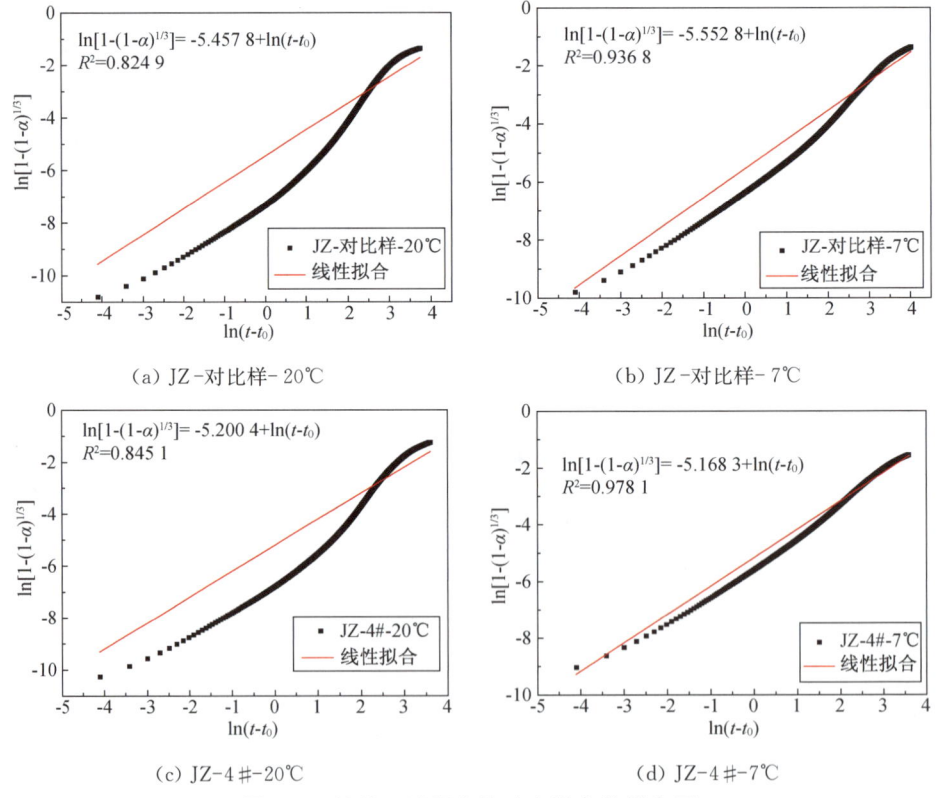

(a) JZ-对比样-20℃ 　　　　　　　　(b) JZ-对比样-7℃

(c) JZ-4#-20℃ 　　　　　　　　(d) JZ-4#-7℃

图 7.9　计算 I 过程水化动力学参数拟合图

最后,将 $\alpha(t)$ 代入 D 过程的动力学方程中,以 $\ln(t-t_0)$ 为横坐标、$\ln[1-(1-\alpha)^{1/3}]$ 为纵坐标作图,并对数据点进行线性拟合,计算可得 D 过程的水化反应速率常数 K_3'。图 7.10 为 JZ-对比样和 JZ-4# 分别在 20℃ 和 7℃ 下的 D 过程水化动力学参数拟合结果。

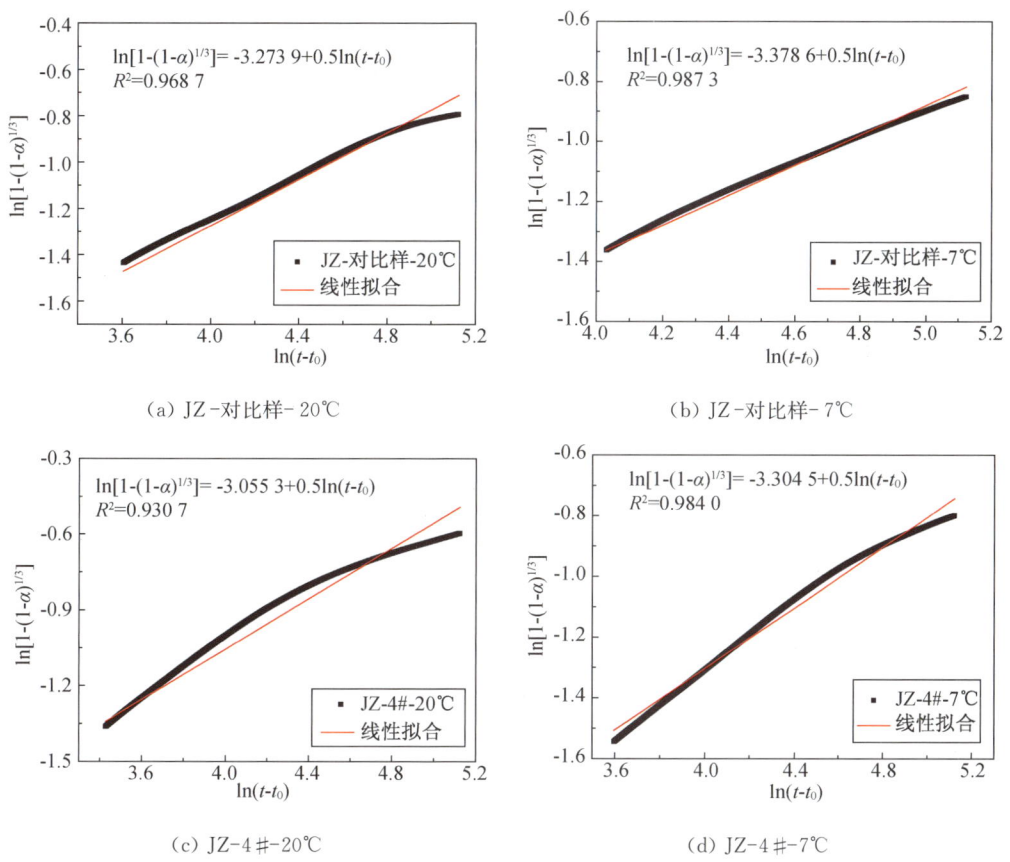

图 7.10　计算 D 过程水化动力学参数拟合图

由此可得,不同温度下,掺 4# 低温早强剂水泥水化过程的动力学参数,见表 7.8,并将这些参数分别代入各反应过程的水化速率表达式,可分别得到 NG、I 和 D 过程的反应速率 $F_1(\alpha)$、$F_2(\alpha)$、$F_3(\alpha)$ 与水化度 α 及时间 t 的关系曲线,其中 JZ-对比样和 JZ-4# 两组结果如图 7.11、图 7.12 所示。图中交点对应水化度 α_1、α_2 及时间 t_1、t_2 分别表示 NG 到 I 过程和 I 到 D 过程的转变点,结果见表 7.9。

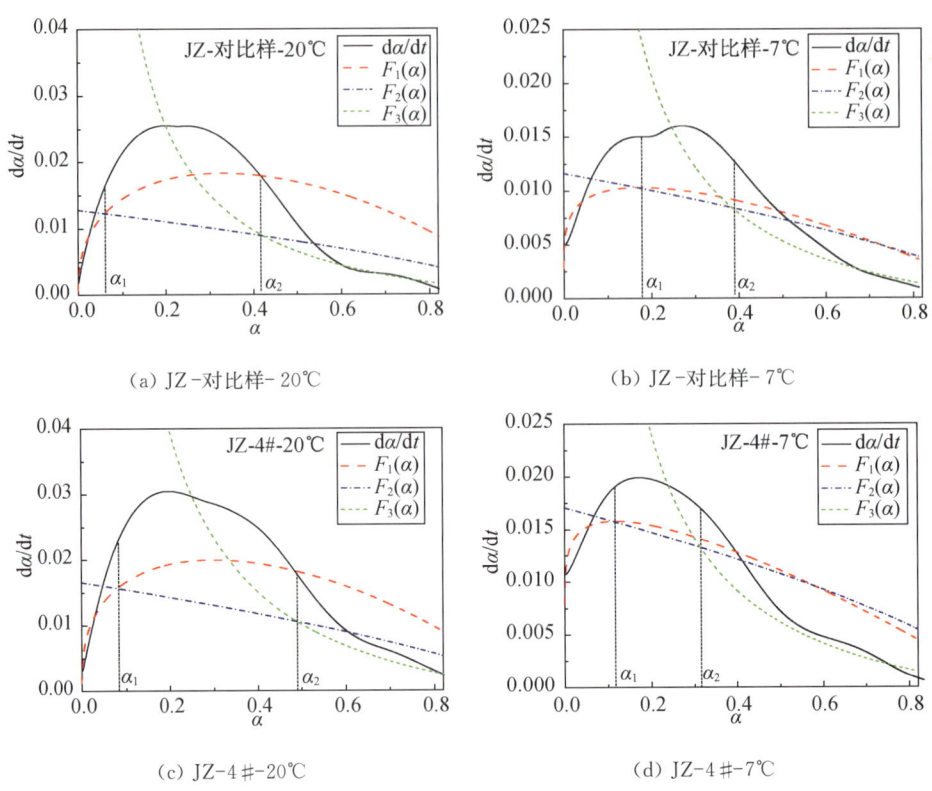

图 7.11 拟合后的水泥水化速率 $d\alpha/dt - \alpha$ 曲线

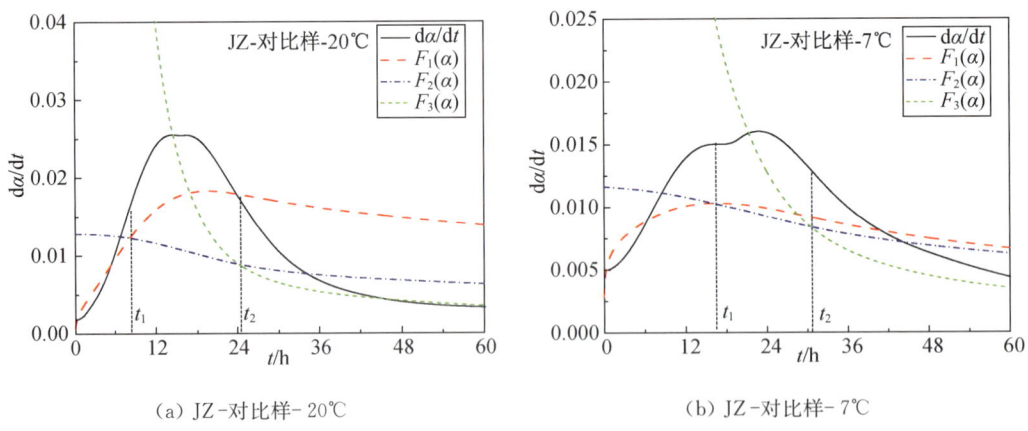

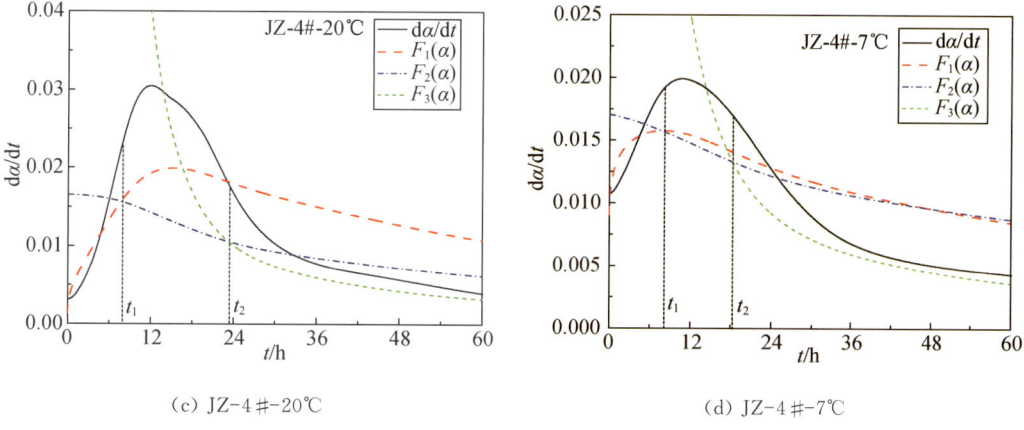

(c) JZ-4#-20℃　　　　　(d) JZ-4#-7℃

图 7.12　拟合后的水泥水化速率 dα/dt—t 曲线

表 7.8　掺早强剂水泥水化动力学参数(n, K)

编号	温度	n	K_1'	K_2'	K_3'
JZ-对比样	20℃	1.66	0.023 7	0.004 3	0.001 4
JZ-4#		1.55	0.026 5	0.005 5	0.002 2
JZ-对比样	7℃	1.24	0.013 8	0.003 9	0.001 2
JZ-4#		1.14	0.020 3	0.005 7	0.001 4

表 7.9　掺早强剂水泥水化动力学参数(α, t)

编号	温度	α_1	α_2	t_1/h	t_2/h
JZ-对比样	20℃	0.06	0.42	8.3	24.3
JZ-4#		0.08	0.49	7.7	23.3
JZ-对比样	7℃	0.02	0.38	16.1	30.6
JZ-4#		0.11	0.32	7.7	18.3

采用 Krstulović-Dabić 动力学方程对不同温度下掺早强组分水泥的水化速率进行拟合,所得 NG、I 和 D 过程的反应速率 $F_1(\alpha)$、$F_2(\alpha)$、$F_3(\alpha)$ 能够分段模拟各条件下的实际水化速率 dα/dt 曲线,其中 $F_1(\alpha)$、$F_3(\alpha)$ 的拟合效果较好,而 $F_2(\alpha)$ 的拟合差别较大,这说明在 20℃ 或 7℃ 低温条件下,掺 4# 早强剂水泥的水化反应过程不是单一反应,而是一个多元反应同时进行的复杂过程,在不同时间阶段水化速率的主要控制因素不同。不同条件下,拟合的水泥水化速率曲线图形均相似,水泥的水化过程可划分为 NG-I-D 过程。在水化初始阶段,材料中自由水较多,水化产物较少,此时结晶成核和晶体生长(NG)为主控因素;随着水化反应的进行,自由

水减少,水化产物逐渐增多,控制因素开始转向相边界反应(I);而随时间进一步推移,水化产物层越来越厚,离子的迁移也越来越困难,水化反应最后由扩散反应速率(D)控制。

20℃或7℃低温下,对比样和掺4#早强剂水泥水化NG过程的反应级数n介于1.14~1.66之间,均大于1且为非整数,说明此时水泥水化反应均为复杂的非基元反应。反应级数的大小表示浓度对反应速率的影响程度,整体来说养护温度降低、早强剂的掺入均使n值有所减小,说明养护温度降低和4#早强剂的掺入使水泥水化浆体内溶液浓度对结晶成核与晶体生长反应速率影响的程度降低了。

反应常数K值的大小表征的是反应发生的快慢,K值越大表示反应越容易进行。温度从20℃下降至7℃时,空白水泥水化NG、I、和D过程的反应速率常数K_1'、K_2'和K_3'均有所降低,其中K_1'下降尤为显著,说明温度的降低虽未使水化反应产生根本性变化,但使水化各阶段的反应速率均降低,抑制了水化的进行,其中水化初期NG过程反应速率降低尤为明显。4#早强剂的掺入,在不同温度养护下,均使反应速率常数K_1'、K_2'增大,且在低温7℃下K_1'、K_2'增大更为显著,说明4#早强剂的掺入在不同温度下均可提高NG和I过程的反应速率,使初期水化反应更容易进行;不同温度下,4#早强剂掺入对反应速率常数K_3'影响效果不一,K_3'值在20℃时有明显增大,但7℃条件下增大不明显,说明掺4#早强剂对提高低温下D过程的反应速率的作用有限。

由表7.9可知,温度从20℃下降至7℃,空白水泥水化NG与I过程、I和D过程的转变点均明显延后,两转变点时间差减小,且两转变点对应的α_1、α_2值均有所减小,这说明温度降低未改变水泥的水化阶段,但使水泥水化NG过程延长,水化程度降低,水化进程减缓,I过程持续时间则有所缩短。7℃低温下,掺4#早强剂时对水泥初期水化反应促进效果显著,水泥水化NG与I过程、I和D过程的转变点均有所提前,且NG与I过程转变点对应的α_1明显增大,增大了5.5倍。对α_1和t_1来说,4#早强剂的掺入使NG过程持续时间明显缩短、水化程度提高,t_1时间甚至比空白水泥20℃更短,水化程度α_1甚至比空白水泥20℃更高,这说明4#早强剂明显增大了NG阶段的水化反应速率;而由t_2、t_2与t_1差值可知,低温下4#早强剂的掺入缩短了相边界反应(I)过程,扩散反应(D)过程提前,这是因为初期4#早强剂促进了水泥的水化,使水化程度提高,水化产物增多,水分和离子的迁移变得困难,进而导致水化反应更早进入了扩散反应(D)阶段,这也是4#低温早强剂使低温下水泥净浆凝结时间缩短、试件早期强度显著提高的原因之一。

综上所述,4#低温早强剂对水泥水化动力学的影响主要体现在两方面:一是结晶成核与晶体生长(NG)阶段持续时间明显缩短,水化程度提高,水化反应速率增大;二是缩短了相边界反应(I)阶段,使水泥水化更早进入扩散反应(D)阶段。

7.4 对水化产物组成的影响

水泥浆体的水化产物主要包括 C-S-H 凝胶、Ca(OH)$_2$、AFt 以及 AFm 等,这些水化产物之间彼此交叉连生,形成网状结构才形成了强度,因此对水泥水化产物的分析将有利于水泥水化机理及强度形成机理的分析。本节主要采用 XRD 分析法和 DSC/TG 分析法,分析掺低温早强剂水泥浆体的水化产物。

7.4.1 XRD 分析

取测完力学性能的净浆试样,均匀在试件不同位置取样后,立即放入 60℃ 烘箱内烘干至恒重,然后用研钵和捣棒轻轻研磨,过 0.08 mm 方孔筛后备用。采用 Rigaku SmartLab(3)型 X-射线衍射分析仪,研究掺早强组分试件水化不同龄期后的产物组成,Cu 靶,最大功率 3 kW,扫描范围 5°~80°,步长 0.02°,扫描速度为 10(°)/min。

图 7.13 为 5℃ 养护下基准水泥 JZ 掺 4#早强剂水化不同龄期后试样的 XRD 图谱。随水化龄期延长,各组试样中 C$_3$S、C$_2$S 衍射峰强度逐渐降低,而 Ca(OH)$_2$ 衍射峰强度逐渐提高,且 1 d 后还有钙矾石生成,但 28 d 时各组试样中钙矾石衍射峰也不明显。掺 4#早强剂的试样中出现了水化硅酸钙[Ca$_2$SiO$_3$(OH)$_2$]和水化产物 T 的衍射峰,且水化硅酸钙[Ca$_2$SiO$_3$(OH)$_2$]、水化产物 T 衍射峰强度随水化龄期延长而逐渐提高。相同水化龄期下,掺 4#早强剂水泥的水化产物中 Ca(OH)$_2$ 和钙矾石衍射峰强度均明显高于对比样衍射峰强度,而 C$_3$S、C$_2$S 衍射峰强度略低于对比样衍射峰强度,这也说明 4#早强剂的掺入促进了 5℃ 低温下水泥的水化。

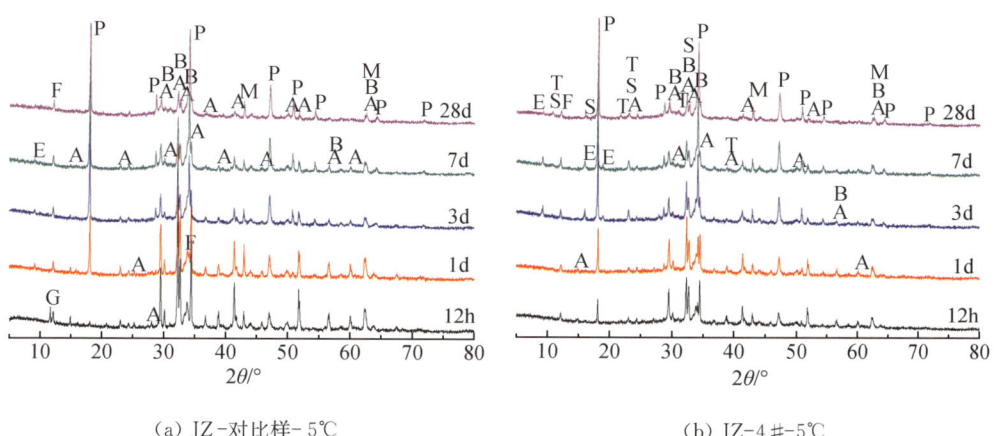

(a) JZ-对比样-5℃   (b) JZ-4#-5℃

(A:C$_3$S B:C$_2$S E:钙矾石 F:Ca$_2$Fe$_2$O$_5$ P:Ca(OH)$_2$ M:MgO S:Ca$_2$SiO$_3$(OH)$_2$)

图 7.13 净浆试样的 XRD 图谱

7.4.2 DSC/TG 分析

取 7.4.1 中备用粉末样品，采用 Netzsch STA 449 型差热/热重分析仪进行热分析，温升范围为 25～1 050 ℃，升温速率为 10 ℃/min，氮气气氛。图 7.14 为 5 ℃养护下基准水泥掺 4# 早强剂水化不同龄期后试样的 DSC/TG 分析曲线。试样在 25～1 050 ℃升温过程中 DSC 曲线中均含有两个明显的吸热峰，对应两个明显的质量损失阶段，分别为 50～200 ℃温度范围对应 C-S-H 凝胶中吸附水蒸发和钙矾石层间水脱水过程，380～500 ℃温度范围对应 $Ca(OH)_2$ 分解过程，这也证实了 XRD 的结果。相同水化龄期下，掺 4# 早强剂试样总质量损失率均明显大于空白水泥试样。

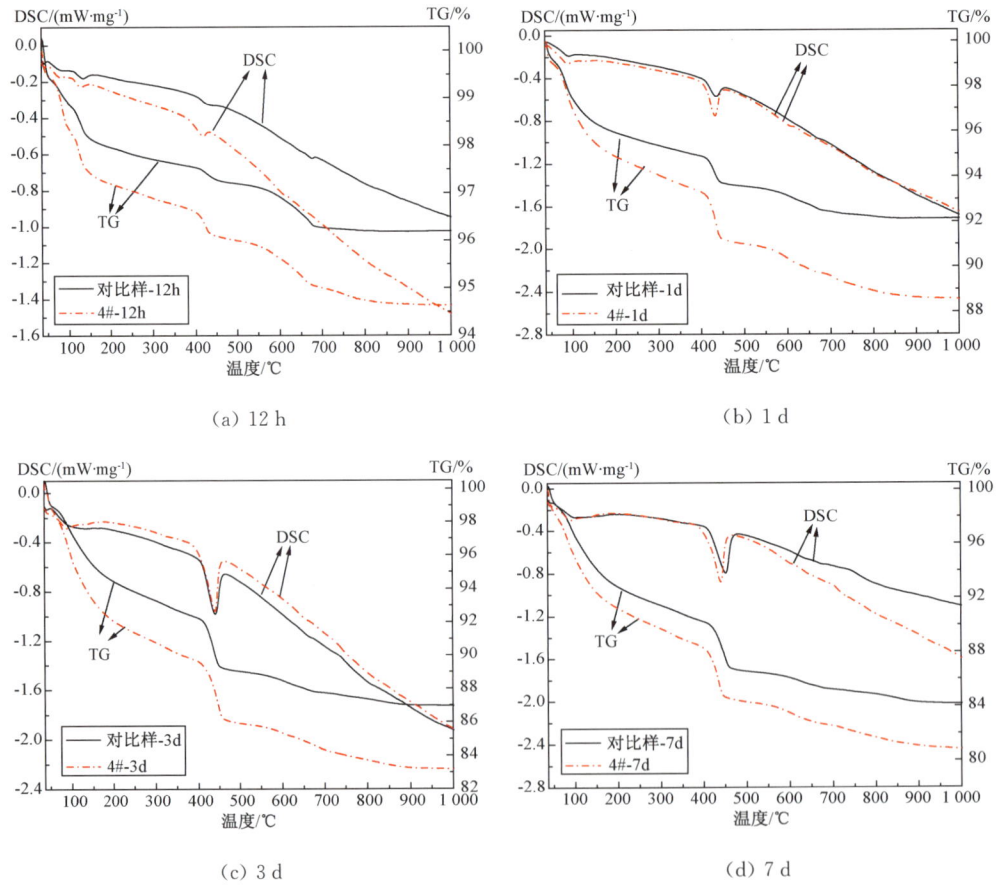

图 7.14 掺低温早强剂净浆试样的 DSC/TG 曲线

由 XRD 分析可知，掺 4# 早强剂水泥水化后的主要晶体产物为 $Ca(OH)_2$，且水化 7 d 前随养护时间延长 Ca(OH)$_2$ 衍射峰强度逐渐提高,因此利用试样中 Ca(OH)$_2$ 含量的大小可间接评价水泥水化程度的大小。将试样在 380~500℃ 温度范围内的相对质量损失值换算成 Ca(OH)$_2$ 相对含量,计算时均以各试样 950℃ 的干基质量为基准量,结果见表 7.10。

表 7.10　净浆试样中 Ca(OH)$_2$ 含量

编号	温度	Ca(OH)$_2$ 含量/%			
		12 h	1 d	3 d	7 d
JZ-对比样	5℃	1.19	4.73	13.17	17.12
JZ-4#		3.48	12.22	20.39	24.25

相同水化龄期下,对比样中 Ca(OH)$_2$ 含量较低,其中 5℃ 养护下水化 12 h、1 d 时 Ca(OH)$_2$ 含量分别仅有 1.19% 和 4.73%。而掺 4# 早强剂时,各龄期下试样中 Ca(OH)$_2$ 含量均明显增大,12 h、1 d 时 Ca(OH)$_2$ 含量分别为 3.48% 和 12.22%,较对比样分别增大了 1.9 倍和 1.6 倍,且净浆试样中 Ca(OH)$_2$ 含量大小与水化热及净浆、砂浆抗压强度数据具有较好的相关性,这也进一步说明 4# 早强剂的掺入促进了 5℃ 低温下水泥的水化,使其水化程度增大。

7.5　对水化产物微观形貌的影响

水泥作为一种结构材料,其强度以及物理、化学性能与内部微观结构有着密切的关系。水泥浆体是一种多相、多组分、多孔的非均匀固体材料,其内部微观结构和组成不仅复杂,还容易受各种外界因素的影响。扫描电镜(SEM)自 20 世纪 70 年代开始应用于水泥的研究,电子扫描分析技术成为水泥的组成和结构、水泥水化等研究有效的分析方法。硅酸盐水泥水化产物的基本形貌特征见表 7.11。

表 7.11　水泥水化产物的基本形貌特征

产物名称	形貌	结晶度	尺寸
C-S-H 凝胶	纤维状粒子、网络状粒子、等大粒子,水化后期不易辨别	极差	1 μm×0.1 μm,厚度 <0.01 μm
Ca(OH)$_2$	条带状、六方板状	良好	0.01~0.1 mm
AFt	带棱针状	好	10 μm×0.5 μm
AFm	六方薄板状、不规则花瓣状	尚好	

前文已研究了早强组分对水泥基材料力学性能、水化热、水化产物等的影响,结果表明早强组分对 5℃ 条件下水泥的水化起到一定的促进作用。为了进一步研究早强组分作用的微观机理,本节采用 SEM 分析法,分析 5℃ 养护下,掺 CB 早强

组分、4#早强剂水泥浆体、砂浆不同龄期的水化产物的形貌、分布等情况。

取测完力学性能的净浆试样,在新断裂面取薄片样品,抽真空干燥,喷金后,采用 JEOL JSM-6510 型扫描电镜(SEM)观察试样的微观形貌,试验设备见图 7.15。

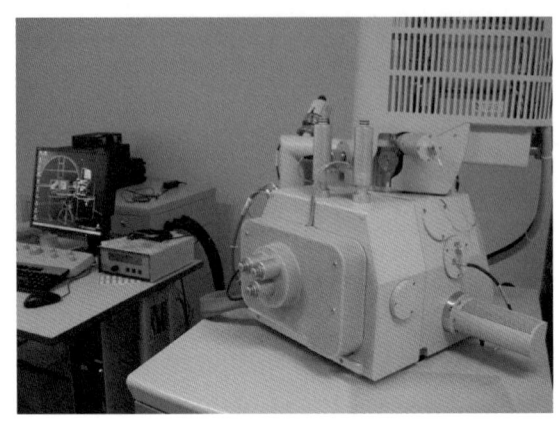

图 7.15　扫描电子显微镜

5 ℃养护下,空白水泥水化 1 d、7 d 的微观形貌如图 7.16 所示。水化 1 d 时,水泥颗粒表面有少量絮状 C-S-H 凝胶,水泥水化程度较低,颗粒外形依稀可见,整体结构较为疏松,颗粒有较多孔隙。水泥石中有较多针棒状钙矾石生成,错乱分布,形貌较为细长,还可见少量 $Ca(OH)_2$ 晶体,且结晶良好,呈六方板状。水化至 7 d 时,水泥石中 $Ca(OH)_2$ 晶体数量增多,但尺寸较小,生成少量团簇状 C-S-H 凝胶,而孔隙中则充满许多柱状的钙矾石,整体结构较 1 d 时更为致密,但仍可见少量水化程度较低的水泥颗粒。

5 ℃养护下,掺 CB 早强组分水泥水化的微观形貌如图 7.17 所示。水化 1 d 时,大量水化产物相互堆积、黏结形成一个整体,但结构中有较多孔隙,且水化产物自身也存在大量小孔,表面极不平整,结合 XRD 分析结果,此类水化应该为 C-S-H 凝胶和水化产物 T。水化至 7 d 时,水泥石中大量团絮状产物相互连接形成网状结构,且与水泥颗粒黏结紧密,经能谱分析,此类水化产物也为 C-S-H 凝胶和水化产物 T,水泥石中孔隙数量明显减少,整体结构较 1 d 时明显更为致密,且在孔隙处发现有较多 $Ca(OH)_2$ 晶体,如图(e)和(f)所示。

图 7.18 为掺 4# 早强剂净浆试样在 5 ℃低温养护 7 d 时的 SEM 图,大量絮状水化产物在水泥颗粒及孔隙周围生成,相互黏结成片,该水化产物也为 C-S-H 凝胶和水化产物 T,但产物中仍可见少量水化程度低的水泥颗粒。试样各孔隙中均生长着大量柱状钙矾石,且彼此相互交错,形成网状结构。有的部位孔隙中整齐布满片状 $Ca(OH)_2$ 晶体,如图(c)所示,试样整体结构已较为密实。

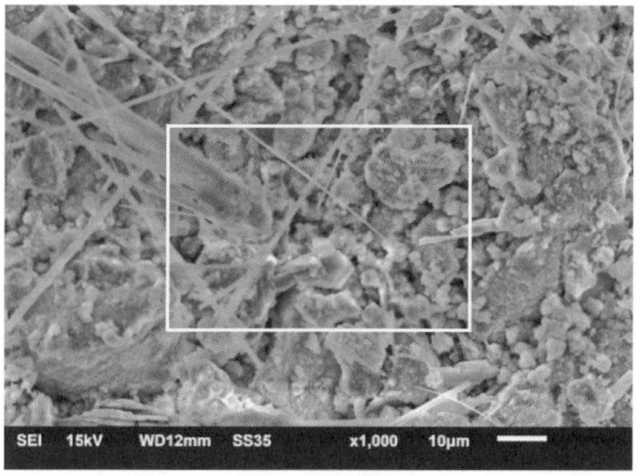

(a) JZ-对比样-5℃-1 d 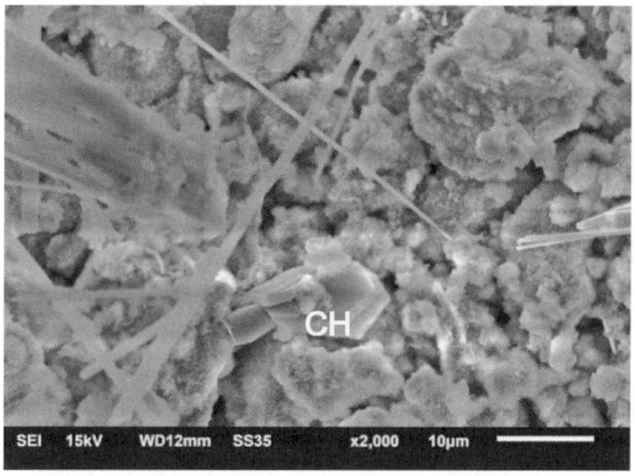　　　　　　　(b) 图(a)局部放大

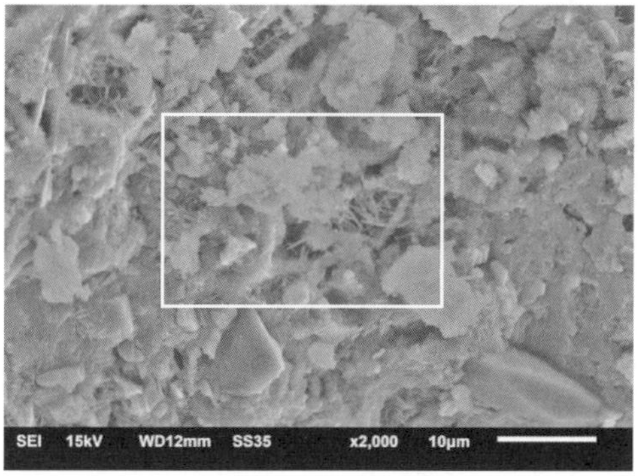

(c) JZ-对比样-5℃-7 d 　　　　　　　(d) 图(c)局部放大

图 7.16　空白水泥水化的 SEM 图

(a) JZ-1‰CB-5℃-1 d　　　　　　　(b) 图(a)局部放大

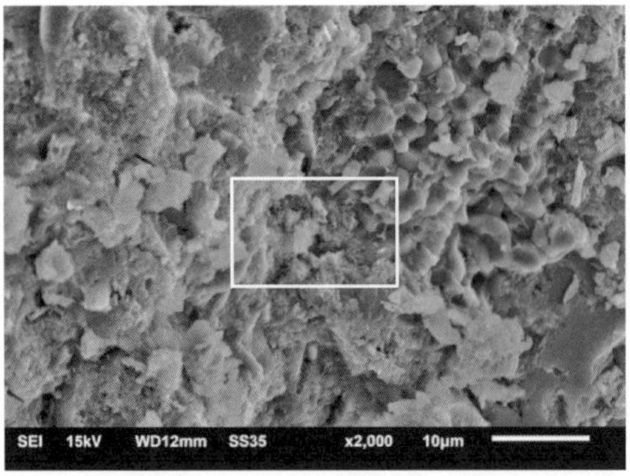

(c) JZ-1%CB-5℃-7 d

(d) 图(c)局部放大

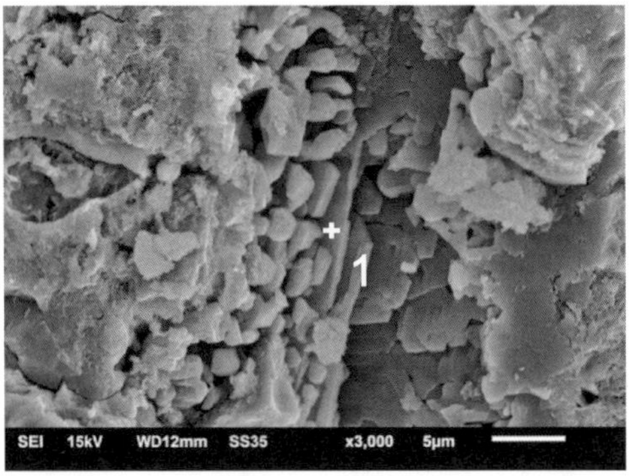

(e) JZ-1%CB-5℃-7 d-EDS 位置

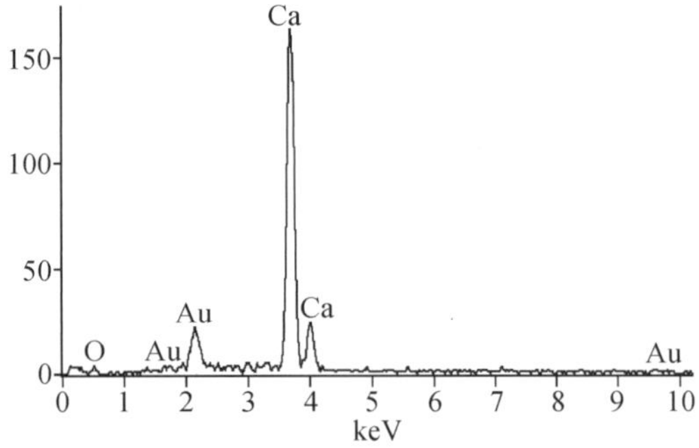

(f) 图(e)中点 1 处 EDS 分析

图 7.17　掺 CB 早强组分水泥水化后的 SEM 图

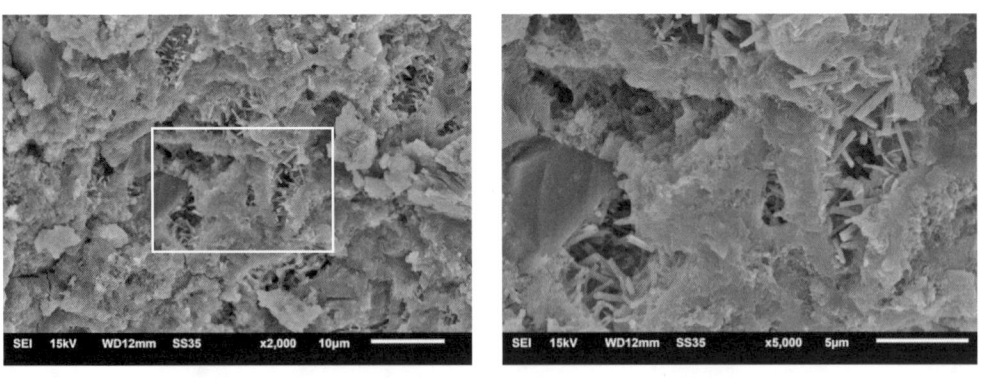

(a) JZ-4#-5℃-7 d

(b) 图(a)局部放大

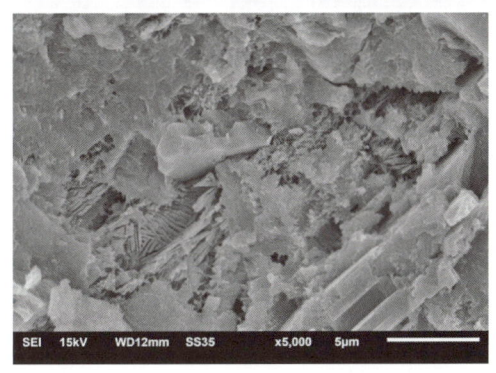

(c) JZ-4#-5℃-7 d

图 7.18 掺 4# 早强剂水泥水化后的 SEM 图

结果表明,早强组分 CB、4# 低温早强剂均促进了水泥 5℃ 养护下 1 d、7 d 的水化,生成大量 C-S-H 凝胶和水化产物 T,水化产物相互黏结成一个整体,钙矾石及 $Ca(OH)_2$ 晶体多在孔隙中生成,试样微观结构更加致密。

7.6 对水化产物孔结构的影响

水泥基材料是一种典型的多孔介质材料,其内部孔包括气孔、毛细孔和凝胶孔,且这些孔是自由分布和相互连接的。水泥基材料的孔结构主要包括孔径大小、孔径分布和总孔隙率等。水泥基材料的孔结构是最重要的特性之一,它影响着材料的力学性能、传输性能以及耐久性能。本节采用压汞法(MIP),分析 5℃ 养护下,掺 4# 早强剂对不同龄期浆体、砂浆孔隙率及孔径分布的影响。

取测完力学性能的净浆或砂浆试样,均匀在试样径向不同深度取大小不超过 8 mm 的颗粒样品,抽真空干燥后,采用压汞法(MIP)分析试样孔结构,试验设备见图 7.19。

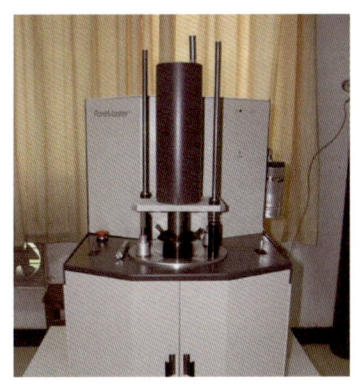

图 7.19 压汞分析仪

7.6.1 净浆

图 7.20 为掺 4# 早强剂水泥净浆和对比样在 5℃ 低温下养护 12 h、1 d、3 d、7 d 后试样的孔径分布曲线。相同水化龄期下,4# 早强剂的掺入使水泥净浆试样中孔得到细化,试样最可几孔径明显减小,其中 1 d 时效果尤为显著。水化至 1 d 时,对比样中孔多为 0.3～3 μm 的大孔,0.3 μm 以下的小孔数量较少,而掺 4# 早强剂时

试样中 0.3~3 μm 的大孔数量较对比样明显减少，0.3 μm 以下的小孔数量则明显增多。掺 4♯ 早强剂净浆水化 12 h 时试样中孔多为 0.3~3 μm 的大孔，其大孔数量比对比样水化 1 d 时还多，但水化至 1 d 时试样中已几乎不含 0.3 μm 以上的孔，这说明 4♯ 早强剂在 12 h 至 1 d 水化龄期内已发生反应，使试件孔结构得到明显改善。水化至 3 d 时，对比样中孔多数集中在 0.05~0.3 μm 孔径范围内，同时也含有一定数量 0.3~3 μm 的大孔，最可几孔径约为 0.1 μm；掺 4♯ 早强剂试样中孔的孔径大多在 0.07 μm 以下，最可几孔径约为 0.03~0.04 μm。水化至 7 d 时，掺 4♯ 早强剂净浆试样的最可几孔径更小，多数孔集中在 0.02~0.05 μm 孔径范围内，且数量较少。

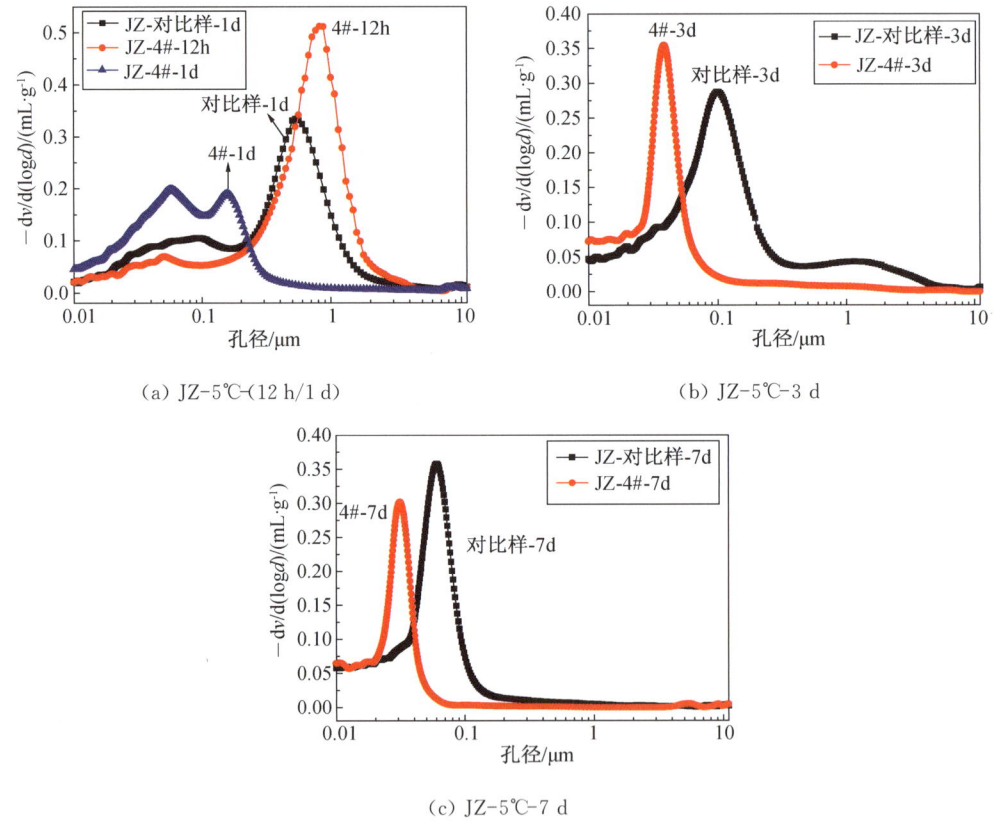

图 7.20　掺低温早强剂净浆试样的孔径分布

早强剂的掺入除影响试样的孔径分布外，还影响试样总孔隙率的大小，表 7.12 给出了对应净浆试样不同条件下的总孔隙率。可知，4♯ 早强剂的掺入使各龄期下水泥净浆试样的总孔隙率较对比样均明显减小，12 h 时试样总孔隙率为 49.8%，仅略高于对比样水化 1 d 时的总孔隙率 45.7%；水化至 1 d、7 d 时，掺 4♯

早强剂试样的总孔隙率分别为 38.6% 和 18.9%，较对比样分别减小了 16% 和 31%。

表 7.12 净浆试样总孔隙率

编号	温度	总孔隙率/%			
		12 h	1 d	3 d	7 d
JZ-对比样	5℃	—	45.7	34.1	27.5
JZ-4#		49.8	38.6	25.4	18.9

7.6.2 砂浆

图 7.21 为 5℃ 低温下养护 1 d、3 d、7 d 时砂浆试样的孔径分布曲线。HL-对比样、HL-4# 两组砂浆试样的最可几孔径均随水化龄期延长而不断减小，且相同水化龄期下，掺 4# 早强剂砂浆试样的最可几孔径均小于对比样，其中 1 d 时尤为明显。早强剂的掺入，细化了砂浆中的孔，使试样中大孔数量减少，而增加了相对细小孔的数量。水化至 1 d 时，对比样中 0.02~3 μm 孔径范围内孔的数量均较多，最可几孔径为 1.16 μm；当掺 4# 早强剂时试样中大部分孔的孔径小于 0.3 μm，最可几孔径仅为 0.07 μm。水化至 3 d 时，对比样中 0.3 μm 以下的小孔数量较 1 d 虽有增多，但仍有较多 0.3~3 μm 大孔，0.3~3 μm 大孔数量下降不明显；掺 4# 早强剂砂浆试样中，0.3~3 μm 大孔数量进一步减少，大部分孔的孔径已小于 0.2 μm，最可几孔径仅为 0.04 μm。进一步水化至 7 d 时，对比样中孔多数集中在 0.02~0.3 μm 孔径范围内，但仍有一定量 0.3 μm 以上的大孔；掺 4# 早强剂砂浆试样的最可几孔径约为 0.03 μm，试样中的孔较对比样中更少、更细小。

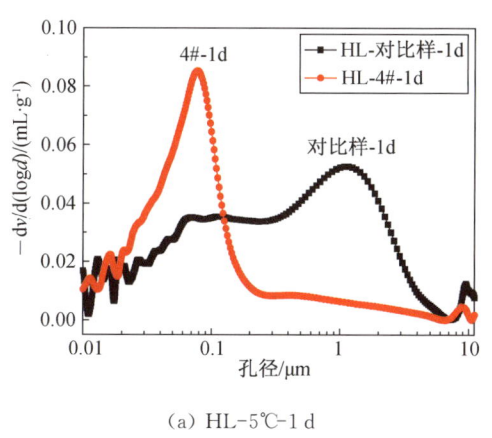

(a) HL-5℃-1 d

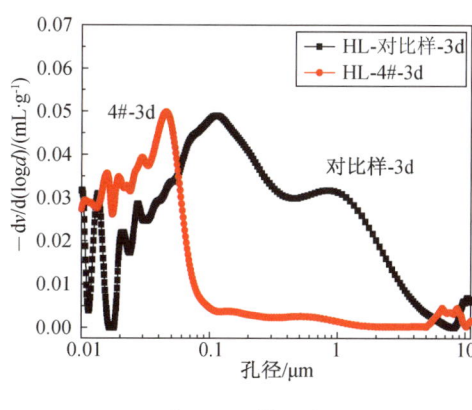

(b) HL-5℃-3 d

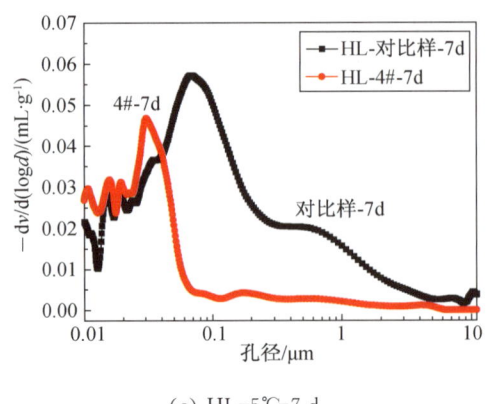

(c) HL-5℃-7 d

图 7.21　掺低温早强剂砂浆试样的孔径分布

表7.13为对应砂浆试样的总孔隙率,4♯早强剂的掺入使各龄期下砂浆试样的总孔隙率较对比样均明显减小,且低温下养护时间越长,总孔隙率减小越明显,1 d、3 d、7 d时试样总孔隙率分别为18.4%、11.0%、8.7%,较对比样分别减小了17%、35%和40%,且其1 d时试样总孔隙率已接近对比样3 d时的总孔隙率值,3 d时总孔隙率已小于对比样7 d时的总孔隙率值,水化至7 d时砂浆试样已较为致密。

表 7.13　砂浆试样总孔隙率

编号	温度	总孔隙率/%		
		1 d	3 d	7 d
HL-对比样	5℃	22.3	17.0	14.6
HL-4♯		18.4	11.0	8.7

净浆、砂浆的MIP结果表明,5℃低温养护下,4♯低温早强剂的掺入,细化了水化初期(7 d前)试件的孔径,大孔数量明显减少,而相对增加了小孔的数量,1 d时效果尤为显著;且使试样最可几孔径减小、总孔隙率降低、试件微观结构更加致密,从而有利于试件强度的提高。

第 8 章
低温早强剂对混凝土性能的影响

前文已介绍了低温早强剂的制备过程,早强剂在净浆、砂浆体系中低温早强性能优异,不仅可大幅度提升 5℃养护下试件的早期强度,且 28 d 强度仍有较大幅度提高,5℃养护下试件强度发展已接近甚至超过对比样 20℃下的强度发展。此外还分别从水化动力学、微观机理方面研究了低温早强剂的作用机理。但低温早强剂对混凝土的工作性、强度、耐久性等方面的影响还需考察。考虑到目前传统早强剂存在导致混凝土后期强度、耐久性下降等问题,本章以配制 C50 混凝土为研究对象,在低温(5℃)、常温(20℃)环境下,研究低温早强剂对混凝土的力学性能、干缩、抗氯离子渗透性、抗冻性等方面的影响,并考察低温早强剂在不同温度、不同强度等级混凝土、不同粉煤灰掺量条件下的早强效果,以综合判断早强剂在混凝土中的应用情况。

8.1 对混凝土工作性的影响

选用海螺牌 P·O 42.5 水泥,分别采用石灰石、河砂作粗、细骨料,以某工程现场实际用 C50 混凝土配合比为基础,外掺不同早强组分(其中无机盐类早强组分需先溶于水中),并复掺不等量聚羧酸减水剂调整混凝土初始坍落度至(180±10)mm,具体配合比如表 8.1 所示。此外,在"C50-对比样"配合比的基础上,分别增大水胶比至0.42、0.50,以配制 C40、C30 混凝土;内掺 10%FA、20%FA、30%FA,以研究 5#低温早强剂在不同混凝土强度等级、不同粉煤灰掺量下的早强效果;同时为了改进低温早强剂对混凝土干缩及电通量等可能带来的不利影响,根据以往经验及对比试验结果可知,掺膨胀剂或硅灰,可分别改善混凝土干缩性和渗透性,且两者组合为 2%膨胀剂+3%硅灰时效果较好,因此本章研究在 5#早强剂配比基础上同时复掺 2%膨胀剂+3%硅灰,编号记为 C50-5+5%。

表 8.1 试验混凝土配合比

编号	用水量/(kg·m⁻³)	水胶比	砂率/%	胶凝材料		早强组分					硅灰	砂	石	减水剂/%
				水泥	粉煤灰	CB/$CaCl_2$	SY	纳米SiO_2	LB	膨胀剂				
C50-对比样	145	0.34	40	426	—	—	—	—	—	—	—	731	1 096	0.25
C50-4#	145	0.34	40	426	—	2.13	4.26	0.85	1.28	—	—	730	1 095	0.35
C50-5#	145	0.34	40	426	—	2.13	4.26	—	1.28	—	—	729	1 093	0.35
C50-5+5%	145	0.34	40	426	—	2.13	4.26	—	1.28	8.5	12.8	720	1 080	0.45
C50-6#	145	0.34	40	426	—	4.26	4.26	—	—	—	—	729	1 093	0.35
C40-对比样	145	0.42	40	345	—	—	—	—	—	—	—	759	1 139	0.21
C40-5#	145	0.42	40	345	—	1.73	3.45	—	1.04	—	—	758	1 137	0.25
C30-对比样	145	0.50	40	290	—	—	—	—	—	—	—	779	1 168	0.16
C30-5#	145	0.50	40	290	—	1.45	2.90	—	0.87	—	—	777	1 166	0.25
C50-10%FA-对比样	145	0.34	40	383	43	—	—	—	—	—	—	746	1 119	0.25
C50-10%FA-5#	145	0.34	40	383	43	4.26	4.26	—	1.28	—	—	744	1 116	0.27
C50-20%FA-对比样	145	0.34	40	341	85	—	—	—	—	—	—	761	1 141	0.25
C50-20%FA-5#	145	0.34	40	341	85	4.26	4.26	—	1.28	—	—	759	1 138	0.27
C50-30%FA-对比样	145	0.34	40	298	128	—	—	—	—	—	—	776	1 163	0.20
C50-30%FA-5#	145	0.34	40	298	128	4.26	4.26	—	1.28	—	—	774	1 160	0.22

注:表中"—"表示材料用量为 0;
C50-6#混凝土掺 $CaCl_2$ 早强组分,其余各组掺 CB 早强组分。

试验中，粉煤灰采用南京热电厂产的Ⅱ级灰，其化学组成和 XRD 图谱分别如表 8.2 和图 8.1 所示，其硅、铝含量合计 84.52%，处于正常范围；矿物组成主要为莫来石、石英、赤铁矿和玻璃体；SO_3 含量、碱含量和烧失量指标均满足《用于水泥和混凝土中的粉煤灰》(GB/T 1596—2017)中Ⅱ级粉煤灰（F 类）的要求；采用激光粒度仪测试粉煤灰颗粒粒度分布结果见图 8.2，该粉煤灰粒径分布范围较广，其 D_{50} 为 9.84 μm；粉煤灰物理性能见表 8.3 所示，各项指标均满足《用于水泥和混凝土中的粉煤灰》(GB/T 1596—2017)中对 F 类Ⅱ级粉煤灰的要求。硅灰为埃肯公司生产的 920U 型半加密硅灰，其化学组成及物理性能指标分别见表 8.2 和表 8.4，硅灰的 SiO_2 含量偏低，但各项性能满足《砂浆和混凝土用硅灰》(GB/T 27690—2011)标准的要求。膨胀剂采用武汉三源特种建材有限责任公司生产的氧化钙熟料，磨细后 45 μm 筛筛余为 10.4%，其化学组成如表 8.2 所示，经测定膨胀剂中 f-CaO 含量达 78.4%。

表 8.2 原材料化学成分 （单位：%）

品种	SiO_2	CaO	MgO	Fe_2O_3	Al_2O_3	K_2O	Na_2O	SO_3	烧失量	总量
粉煤灰	54.46	3.84	0.72	3.43	30.06	0.74	0.44	0.44	2.93	97.06
硅灰	87.14	3.06	1.21	0.04	0.08	3.30	0.19	0.42	3.20	98.64
膨胀剂	2.70	87.15	2.36	2.79	1.74	—	—	0.43	1.94	99.11

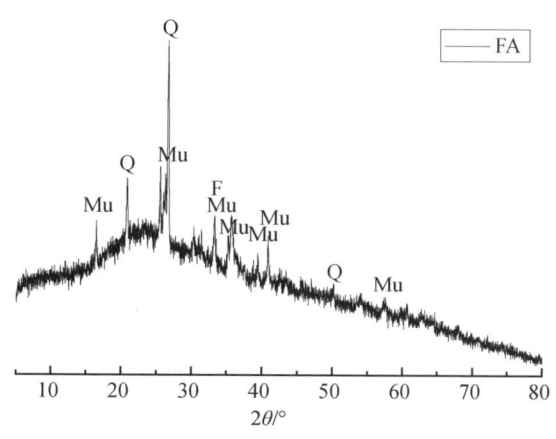

(Mu：莫来石　Q：石英　F：α-Fe_2O_3)

图 8.1 粉煤灰的 XRD 图谱

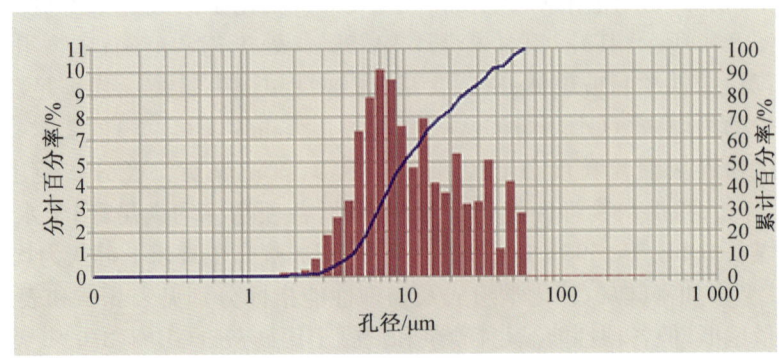

(平均：14.96 μm　D_{10}：4.63 μm　D_{50}：9.84 μm　D_{90}：35.56 μm)

图 8.2　粉煤灰颗粒粒径分布

表 8.3　粉煤灰物理性能

品种	密度 /(g·cm^{-3})	45 μm 筛筛余/%	需水量比 /%	含水量 /%	比表面积 /(m^2·kg^{-1})	28 d 活性指数/%
试验用粉煤灰	2.16	16.6	101	0.2	310	81
《用于水泥和混凝土中的粉煤灰》	—	≤25.0	≤105	≤1.0	—	≥70

表 8.4　硅灰物理性能

品种	密度 /(g·cm^{-3})	比表面积 /(m^2·kg^{-1})	需水量比 /%	含水量 /%	28 d 活性指数/%
硅灰	2.20	21 400	111	0.2	93
《砂浆和混凝土用硅灰》	—	≥15 000	≤125	≤3.0	≥85

试验所用粗骨料为粒径 5~20 mm 的石灰石，主要物理性能见表 8.5。粗骨料粒形较好，颗粒饱满，针片状含量极少，压碎值低。细骨料为河砂，主要物理性能指标见表 8.6，细度模数为 2.6，级配较好，为位于级配 2 区的中砂。

表 8.5　粗骨料主要物理性能

粗骨料品种	表观密度/(g·cm^{-3})	饱和面干吸水率/%	压碎值/%
石灰石	2.73	1.76	6.1
《公路桥涵施工技术规范》	≥2.55	≤2.5	≤12

减水剂为苏州兴邦化学建材有限公司生产的固体聚羧酸减水剂，外观呈灰白色或淡橙色，含水率≤3%，推荐掺量为 0.16%~0.30%，减水率≥28%。

表 8.6　细骨料主要物理性能

细骨料品种	饱和面干表观密度/(g·cm^{-3})	细度模数	饱和面干吸水率/%	含泥量/%
河砂	2.61	2.6	1.27	0.39
《公路桥涵施工技术规范》	≥2.50	2.2~3.0	—	≤3

参照《公路工程水泥及水泥混凝土试验规程》(JTG E30—2005),测试掺不同早强剂 C50 混凝土拌合物的坍落度、含气量、容重、凝结时间等指标,结果如表 8.7 所示。对比样初始坍落度为 180 mm,初凝、终凝时间分别为 6 h 35 min 和 9 h 10 min。对比 C50-4#、C50-5# 和 C50-6# 发现,三组混凝土均掺用了 0.35% 的减水剂,但掺 6# 早强剂时初始坍落度仅有 170 mm,且 30 min 后坍落度仅有 50 mm,坍落度损失较快,混凝土凝结时间较对比样明显缩短,说明 $CaCl_2$ 组分会明显加快混凝土拌合物的凝结、硬化,对混凝土工作性影响较大,相比之下 CB、LB 早强组分对混凝土工作性影响较小。掺 4#、5# 早强剂时,混凝土坍落度均大于 180 mm,混凝土容重、含气量适中,凝结时间较对比样略有缩短,但在合理范围内,满足实际工程施工性能的要求,其中掺 5# 时,混凝土初始坍落度达 195 mm,初、终凝时间与对比样差别也较小,总体来说低温早强剂对混凝土工作性影响不大,仅需略增加减水剂用量改善混凝土坍落度即可。

C50-5+5% 相比 C50-5# 混凝土多掺用了 2% 膨胀剂和 3% 硅灰,混凝土拌合物较黏,需再增大减水剂用量;凝结时间与 C50-5# 相当,含气量略有增大,混凝土拌合物各指标也能满足实际工程施工性能的要求。

表 8.7　混凝土拌合物性能

编号	坍落度/mm	含气量/%	容重/(kg·m^{-3})	初凝时间/(h:min)	终凝时间/(h:min)
C50-对比样	180	2.1	2 388	6:35	9:10
C50-4#	185	2.3	2 375	5:55	8:35
C50-5#	195	2.2	2 405	6:10	8:45
C50-5+5%	180	2.5	2 360	6:15	8:45
C50-6#	170	2.2	2 380	5:10	8:05

8.2　对混凝土力学性能的影响

8.2.1　不同早强剂组分比较

参照《公路工程水泥及水泥混凝土试验规程》(JTG E30—2005),使用 100 mm

×100 mm×100 mm 试模成型混凝土试件。成型后带模放入(5±1)℃恒温恒湿试验箱或(20±1)℃标准养护室中养护,24 h拆模后继续养护至指定龄期后取出,在WAW-2000型微机控制电液伺服万能试验机上测定混凝土的 1 d、3 d、7 d、28 d、56 d、90 d和120 d抗压强度。每组测3个试件,然后确定强度代表值。

恒温恒湿试验箱为苏州东华试验仪器有限公司生产的GDS-010型可程式恒温恒湿试验箱,如图8.3所示,其温控范围为0～100℃,控温精度0.5℃。

图8.3 可程式恒温恒湿试验箱

掺早强剂混凝土强度结果如表8.8所示,对应抗压强度比数据如图8.4所示。20℃养护下,C50-对比样1 d、3 d、28 d抗压强度分别为29.4 MPa、42.3 MPa和57.4 MPa,28 d后强度仍有一定提升,养护120 d时强度达70.0 MPa;当温度降至5℃时,各龄期下混凝土强度均有降低,早期强度下降尤为显著,1 d、3 d抗压强度仅为20℃养护时的59.5%、69.0%,28 d后强度发展稳定,随龄期延长混凝土抗压强度较20℃时下降幅度逐渐减小。

20℃和5℃养护下,4♯、5♯和5+5%低温早强剂均可提高混凝土各龄期下的抗压强度,早期强度提高明显,且5℃低温下早强效果更佳。由表8.8可知,相同龄期下,5℃养护下,掺4♯、5♯或5+5%早强剂混凝土抗压强度比均高于20℃下的抗压强度比,混凝土1 d、3 d和7 d抗压强度比分别超过155%、130%和120%,28 d至120 d抗压强度比均超过110%;20℃养护下,1 d、3 d和7 d抗压强度比分别超过125%、120%和115%,28 d至120 d抗压强度比均大于100%,这表明低温早强剂早强效果优异,低温下早强效果更佳,且使混凝土28 d后强度仍有较大幅度提高。

表 8.8 掺不同早强剂混凝土的抗压强度

试件编号	温度	混凝土抗压强度/MPa						
		1 d	3 d	7 d	28 d	56 d	90 d	120 d
C50-对比样	20℃	29.4	42.3	46.6	57.4	61.9	67.0	70.0
C50-4#		43.4	53.5	56.7	68.0	69.4	72.2	72.0
C50-5#		37.9	50.8	53.5	61.9	65.8	68.8	70.8
C50-5+5%		40.7	54.7	57.4	64.4	66.0	70.3	71.6
C50-6#		37.0	51.0	55.2	60.3	62.8	66.2	63.2
C50-对比样	5℃	17.5	29.2	37.0	50.2	54.1	58.4	63.0
C50-4#		31.0	46.0	49.4	61.5	67.0	74.6	71.9
C50-5#		27.5	38.6	45.6	56.1	61.5	67.0	69.3
C50-5+5%		29.0	40.0	47.2	59.2	66.0	68.5	71.6
C50-6#		23.8	36.7	43.5	55.9	61.9	64.0	68.6

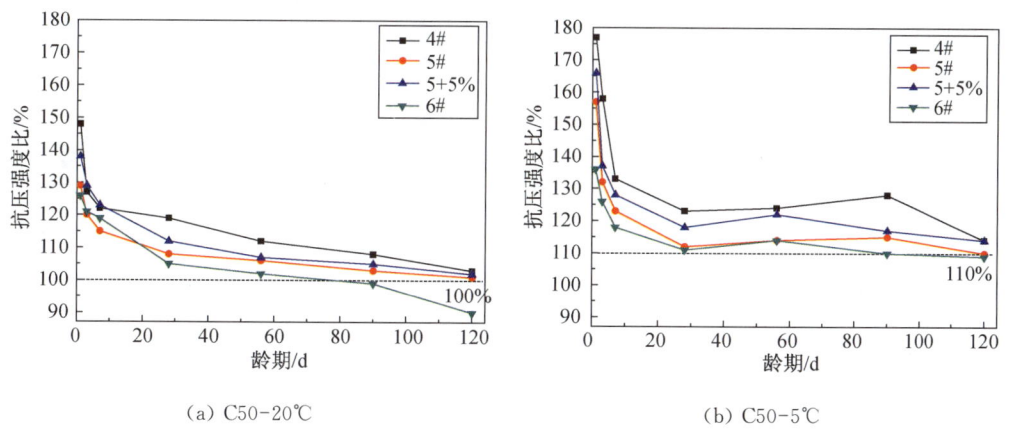

(a) C50-20℃   (b) C50-5℃

图 8.4 掺不同早强剂混凝土的抗压强度比

上述 3 种早强剂中，4#早强剂在 20℃和 5℃下的作用效果均最佳，5℃养护下，混凝土 3 d 强度已达设计强度的 70%（35 MPa），7 d 强度已接近设计强度的 100%（50 MPa），且后期强度保留率均超过了 100%，此时混凝土各龄期下强度均已超过空白混凝土 20℃下的强度。

不同温度下，掺 5#早强剂混凝土各龄期强度均略低于掺 4#早强剂时的强度，但两者相差不大，而 5+5%早强剂作用效果介于 4#与 5#之间，说明在考虑经济因素时可用 5#替代 4#早强剂，两者作用效果相近，此外在 5#配比基础上复配

2%膨胀剂+3%硅灰以改善混凝土耐久性时,并未损失混凝土强度。

20℃和5℃养护下,掺6#早强剂混凝土各龄期强度均低于掺4#或5#早强剂时的强度,且20℃养护时混凝土90 d、120 d强度较对比样出现倒缩,120 d抗压强度比仅有90%,这进一步验证了CB、LB早强组分性能的优异。

8.2.2 不同强度等级(水胶比)对比

20℃和5℃养护下,C50、C40、C30三种强度等级混凝土掺5#早强剂时的抗压强度如表8.9所示,对应抗压强度比结果见表8.10。温度从20℃降至5℃,C50、C40、C30混凝土各龄期强度均有所降低,且强度等级越低早期强度下降越明显。5#早强剂的掺入,使C50、C40、C30混凝土各龄期强度均有提高,5℃低温下早强效果更为显著,且混凝土28 d后抗压强度比均超过了100%,有的甚至接近120%。

表8.9 不同强度等级混凝土的抗压强度

编号	温度	抗压强度/MPa					
		1 d	3 d	7 d	28 d	56 d	90 d	120 d
C50-对比样	20℃	29.4	42.3	46.6	57.4	61.9	67.0	70.0
C50-5#		37.9	50.8	53.5	61.9	65.8	68.8	70.8
C40-对比样		21.1	36.0	40.6	46.0	51.0	56.2	59.0
C40-5#		30.2	45.7	47.8	54.2	56.7	59.4	61.0
C30-对比样		16.5	28.3	32.5	40.5	46.6	50.8	52.0
C30-5#		20.2	32.8	36.5	44.7	50.4	53.1	55.0
C50-对比样	5℃	17.5	29.2	37.0	50.2	54.1	58.4	63.0
C50-5#		27.5	38.6	45.6	56.1	61.5	67.0	69.3
C40-对比样		9.5	22.3	28.6	39.6	48.0	53.2	57.6
C40-5#		15.0	30.4	35.8	48.9	56.7	60.1	62.2
C30-对比样		5.9	17.6	24.0	34.3	43.4	46.3	47.2
C30-5#		10.4	24.3	30.7	42.9	50.1	52.5	54.9

由表8.10可知,5℃低温下,混凝土强度等级越低掺5#早强剂混凝土早期强度提高越明显,不同强度等级混凝土1 d、3 d、7 d、28 d抗压强度比均超过了155%、130%、120%和110%;C30-5#混凝土1 d、3 d、7 d抗压强度比分别达176%、138%和128%,且后期强度仍有较大幅度提高,28 d、120 d强度分别提高25%和16%。5℃养护下,C30-5#混凝土各龄期下强度已接近甚至超过C40-对比样强度,C40-5#混凝土各龄期下强度已接近甚至超过C50-对比样的强度。

结果表明,5#低温早强剂在 C50、C40、C30 不同强度等级混凝土体系中均表现出良好的早强性能,低温早强性能显著;5℃低温下,混凝土强度等级越低掺低温早强剂混凝土早期强度提高越显著。

表 8.10　不同强度等级混凝土的抗压强度比

编号	温度	抗压强度比/%						
		1 d	3 d	7 d	28 d	56 d	90 d	120 d
C50-5#	20℃	129	120	115	108	106	103	101
C40-5#		143	127	118	118	111	106	103
C30-5#		117	115	112	110	108	105	106
C50-5#	5℃	157	132	123	112	114	115	110
C40-5#		158	136	125	123	118	113	108
C30-5#		176	138	128	125	116	113	116

8.2.3　不同粉煤灰掺量比较

在 C50 混凝土配比基础上分别内掺 10%、20% 和 30% 的粉煤灰,外掺 5# 早强剂,成型混凝土测试其抗压强度,结果如表 8.11 所示,对应抗压强度比见表 8.12。20℃或 5℃养护下,5# 早强剂使掺 10%~30% 不等量粉煤灰混凝土早期强度均有所提高,且 28 d 后强度仍有一定程度提高。20℃或 5℃养护下,30%FA-5# 混凝土强度发展已接近或超过相同条件下 20%FA-对比样的强度发展,20%FA-5# 混凝土强度发展已接近或超过 10%FA-对比样的强度发展。此外,5℃养护下,掺 5# 早强剂粉煤灰混凝土早期强度发展已接近对比样 20℃下的早期强度发展,28 d 后强度则已超过对比样 20℃养护下的强度。

表 8.11　掺粉煤灰混凝土的抗压强度

编号	温度	抗压强度/MPa						
		1 d	3 d	7 d	28 d	56 d	90 d	120 d
10%FA-对比样	20℃	27.8	40.1	46.0	54.2	58.9	63.2	66.1
10%FA-5#		36.8	48.7	52.0	56.8	61.8	64.9	67.1
20%FA-对比样		24.5	36.2	41.9	50.4	55.7	60.5	64.0
20%FA-5#		33.9	45.3	49.9	57.2	61.4	63.8	65.8
30%FA-对比样		19.1	31.0	38.0	43.7	54.5	58.0	59.0
30%FA-5#		25.0	38.4	43.6	51.8	59.4	61.4	63.4

续表 8.11

编号	温度	抗压强度/MPa					
		1 d	3 d	7 d	28 d	56 d	90 d	120 d
10%FA-对比样	5℃	16.4	28.5	36.0	48.6	55.5	59.2	63.2
10%FA-5#		19.8	36.8	43.0	58.9	65.7	71.5	74.2
20%FA-对比样		13.5	26.0	32.8	43.3	52.8	59.2	61.0
20%FA-5#		17.2	33.3	40.4	51.0	61.4	65.3	67.2
30%FA-对比样		6.4	16.5	26.4	39.4	46.7	53.2	56.3
30%FA-5#		12.1	22.3	33.2	47.3	52.4	60.2	64.1

整体来说,掺 5# 早强剂不同掺量粉煤灰混凝土在 5℃ 养护下强度提高幅度略大于 20℃ 养护下强度提高幅度,其中 5℃ 低温下,粉煤灰掺量越大,早期强度提高幅度越大,后期强度仍有较大幅度提高,28 d 抗压强度比达到 118%,56 d 至 120 d 混凝土抗压强度比均超过 110%。

结果表明,5# 低温早强剂在不同粉煤灰掺量(10%、20%、30%)混凝土中均表现出良好的早强性能,且 5℃ 低温下早强效果更佳,低温下粉煤灰掺量越大混凝土早期强度提高越明显,此外,后期强度仍有较大幅度提高。5℃ 养护下,粉煤灰混凝土抗压强度比超过 110%。掺 5# 低温早强剂粉煤灰混凝土 5℃ 养护下强度发展已接近或超过对比样 20℃ 养护下的强度发展。

表 8.12 粉煤灰混凝土的抗压强度比

编号	温度	抗压强度比/%						
		1 d	3 d	7 d	28 d	56 d	90 d	120 d
10%FA-5#	20℃	132	121	113	105	105	103	102
20%FA-5#		138	125	119	114	110	106	103
30%FA-5#		131	124	115	119	109	106	108
10%FA-5#	5℃	121	129	119	121	118	121	117
20%FA-5#		127	128	123	118	116	110	110
30%FA-5#		192	135	126	120	112	113	114

8.3 对混凝土干缩性能的影响

混凝土在非载荷作用下产生的裂缝 80% 以上是因为混凝土的收缩,而对混凝土早期开裂影响较大的是干燥收缩和自收缩。一般来说,早强剂的掺入会增大混凝土的收缩，易引起混凝土产生裂缝，特别是引起沿钢筋长度方向的纵向裂缝。水蒸气侵入后，钢筋锈蚀膨胀会促使混凝土进一步开裂，其中传统无机盐早强组分增大混凝土收缩作用明显。制备的低温早强剂对混凝土干缩影响还有待考察，本节参照《公路工程水泥及水泥混凝土试验规程》(JTG E30—2005)，成型尺寸为 100 mm×100 mm×515 mm 的混凝土干缩试件。带模放入标准养护室中养护48 h 拆模，编号后放入干缩室并置于干缩试验架上，同时安装千分表，试验装置如图 8.5 所示，测试混凝土试件长度随养护龄期的变化。干缩室温度为(20±2)℃，相对湿度为(60±5)%。测试 C50 混凝土掺不同早强剂时的干缩性能，并提出了改进措施，即在 5# 配比基础上复配 2% 氧化钙膨胀剂＋3% 硅灰。

图 8.5　混凝土干缩试验

掺 4#、5#、5+5% 或 6# 低温早强剂对 C50 混凝土干燥收缩的影响如图 8.6 所示，掺 4#、5#、6# 早强剂均增大了混凝土的干缩，其中掺 6# 早强剂时各龄期下混凝土干缩率均最大且均大于对比样，收缩历程约持续 84 d，之后混凝土干缩相对稳定。4#、5# 早强剂对混凝土干缩影响作用相当，各龄期下混凝土干缩率均略大于对比样，但明显小于掺 6# 早强剂时混凝土的干缩率，这说明 $CaCl_2$ 早强组分会明显增大混凝土干缩，而 CB、LB 早强组分对混凝土干缩影响较小。

当 5# 早强剂复配 2% 膨胀剂＋3% 硅灰后，混凝土各龄期下干缩率均明显减小，且均小于对应龄期下对比混凝土的收缩率，收缩历程仅约持续 42 d，收缩持续时间较对比样缩短一半，120 d 干缩率较对比样减小 27%。

结果表明，4#、5# 低温早强剂会使混凝土干缩率略有增大，但影响不明显，通过在早强剂组分中复配 2% 膨胀剂＋3% 硅灰，可显著改善混凝土的干缩性能。

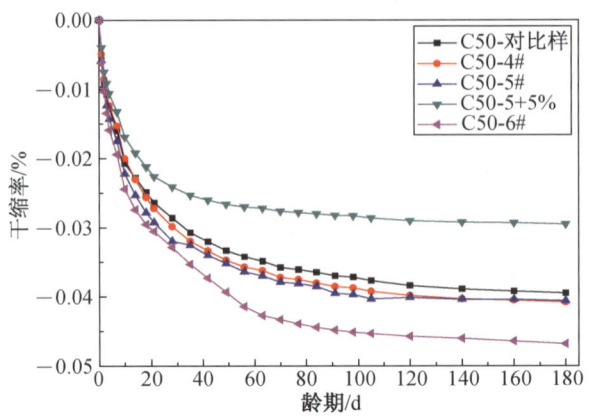

图 8.6 不同早强剂对混凝土干缩的影响

8.4 对混凝土耐久性的影响

传统早强剂易造成混凝土孔结构劣化、毛细孔收缩力增大、水化产物尺寸稳定性差、渗透性增大或使混凝土产生裂纹等,从而会对混凝土耐久性产生负面影响,因而研制早强剂时考虑其对混凝土耐久性的影响十分重要。本节研究了低温早强剂对混凝土(C50)抗氯离子渗透、抗冻等性能的影响。

8.4.1 抗氯离子渗透性(电通量法)

参照《普通混凝土长期性能和耐久性能试验方法标准》(GB/T 50082—2009)中"抗氯离子渗透试验"中的电通量法进行,测试混凝土试件不同龄期下的电通量。试件尺寸为 $\phi 100$ mm×50 mm,电通量测试装置见图 8.7。《公路桥涵施工技术规范》(JTG/T F50—2011)中应用电通量试验评价高性能混凝土的密实性,并指出高性能混凝土的 56 d 电通量不应超过 1 000 C。

20 ℃和 5 ℃养护下,掺不同早强剂 C50 混凝土 28 d、56 d、90 d 和 180 d 的电通量测试结果如表 8.13 所示。由结果可知,混凝土电通量随养护龄期延长不断减小,其中 28 d 至 56 d 时电通量减小显著,5 ℃养护下混凝土的电通量均略低于 20 ℃养护下的电通量,这可能是由于低温下混凝土早

图 8.7 混凝土电通量测试装置

期水化较为缓慢,晶体生长、水化产物堆积更佳,混凝土内部结构发展更为密实,从而使氯离子的渗透速率降低。相同养护温度下,4#、5#低温早强剂使混凝土28 d、56 d电通量较对比样增大6%～14%,而90 d后电通量均已低于对比样,且养护龄期越长电通量减小越明显,其中4#早强剂使混凝土电通量减小较为显著,5℃低温养护下其90 d、120 d、180 d电通量较对比样分别减小了10%、35%和40%。

在5#早强剂基础上复配2%膨胀剂+3%硅灰时,混凝土各龄期下电通量较C50-5#减小约35%～45%,且均小于对比样混凝土的电通量;20℃和5℃养护下,C50-5+5%混凝土56 d电通量均已小于1 000 C,已达到《公路桥涵施工技术规范》(JTG/T F50—2011)中规定高性能混凝土的56 d电通量不应超过1 000 C的指标,5℃养护下,C50-5+5%混凝土56 d电通量为619 C,较C50-5#减小了40%,这是因为硅灰的超细填充能力发挥了细化孔隙、增加密实度等作用,从而降低了氯离子的渗透速率。

结果表明,4#、5#低温早强剂会增大56 d前混凝土的电通量,但可改善混凝土后期抗氯离子渗透性,通过在早强剂组分中复配2%膨胀剂+3%硅灰,可明显改善混凝土的抗氯离子渗透性,使混凝土56 d电通量小于1 000 C。

表8.13 不同早强剂对混凝土电通量的影响

编号	温度	电通量 Q/C				
		28 d	56 d	90 d	120 d	180 d
C50-对比样	20℃	2 915	1 399	1 045	969	665
C50-4#		3 090	1 593	956	583	376
C50-5#		3 041	1 540	983	799	499
C50-5+5%		1 940	933	467	442	295
C50-对比样	5℃	2 726	1 022	788	716	590
C50-4#		2 900	1 107	707	463	350
C50-5#		2 747	1 039	741	577	442
C50-5+5%		1 789	619	421	349	234

8.4.2 抗冻性

采用DDR-2型全级配混凝土快速冻融试验机,如图8.8所示,试验参照《公路工程水泥及水泥混凝土试验规程》(JTG E30—2005)进行混凝土抗冻试验,试件尺寸为100 mm×100 mm×400 mm,采用振动成型,每完成50次冻融循环后,用台秤和 DT-16 型动弹仪分别测质量和动弹性模量，试验结果如表 8.14 所示。

对比样 5℃养护下抗冻等级为 F150，20℃养护下抗冻等级为 F200，且前者质量损失率更大，相对动弹模量更小，表明养护温度从 20℃下降至 5℃时混凝土抗冻性能降低了。5℃低温养护 28 d 条件下，掺 5♯、5+5％低温早强剂混凝土抗冻性较对比样均显著提高，抗冻等级分别达 F200 和 F250，其中 C50-5♯-5℃混凝土抗冻性能与对比样 20℃养护下的抗冻性能相当，而 C50-5+5％-5℃混凝土抗冻等级已超过了对比样 20℃养护下的抗冻等级。

结果表明，5℃低温养护下，5♯、5+5％低温早强剂可改善混凝土的抗冻性能，其中掺 5+5％低温早强剂时效果更佳。

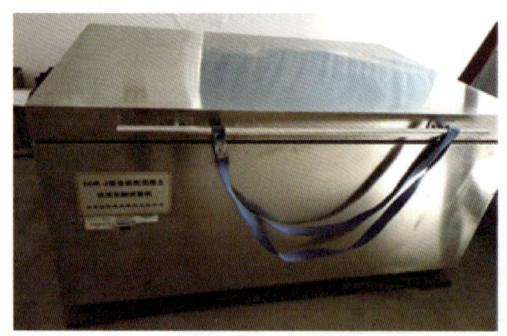
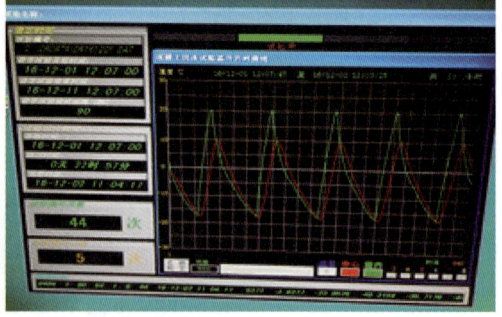

图 8.8　混凝土冻融试验机

表 8.14　混凝土抗冻试验结果

冻融循环次数	C50-对比样-20℃		C50-对比样-5℃		C50-5♯-5℃		C50-5+5％-5℃	
	质量损失率/％	相对动弹模量/％	质量损失率/％	相对动弹模量/％	质量损失率/％	相对动弹模量/％	质量损失率/％	相对动弹模量/％
50	0.32	94.49	0.84	88.97	0.67	92.75	0.08	97.46
100	1.85	82.53	3.15	73.28	1.50	81.27	0.52	87.32
150	4.11	70.01	4.83	65.83	2.52	74.08	1.89	80.64
200	4.76	61.46	5.73	47.08	3.64	66.55	3.14	77.04
250	10.44	40.24	—	—	9.31	46.56	4.58	63.57

8.5　低温早强剂与市售产品性能比较

8.5.1　早强性能对比

选用前文市售混凝土早强剂产品中较好的 3 种产品 AFA、G909、UNF，按其最佳掺量成型C50混凝土试件,分别经20℃和5℃养护后测试混凝土各龄期抗压强度,并与掺4♯、5♯低温早强剂时进行比较,试验结果如图8.9和图8.10所示。

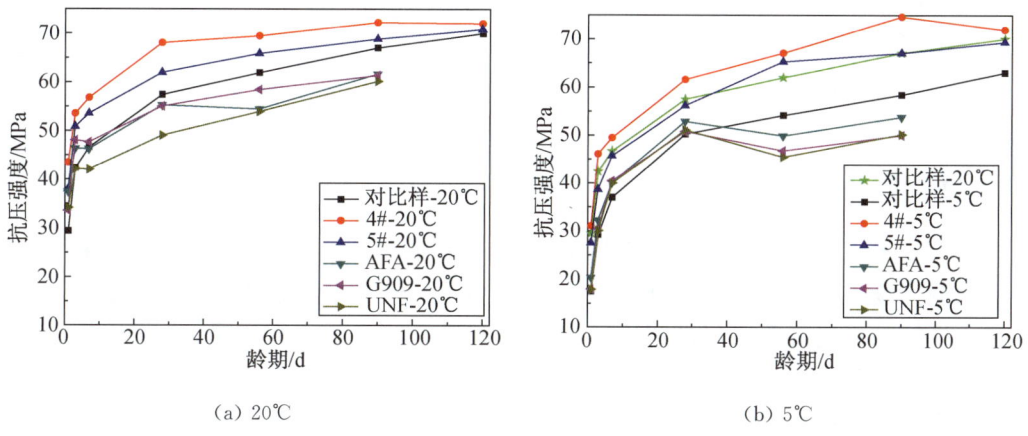

图8.9 掺市售早强剂产品混凝土试件的抗压强度

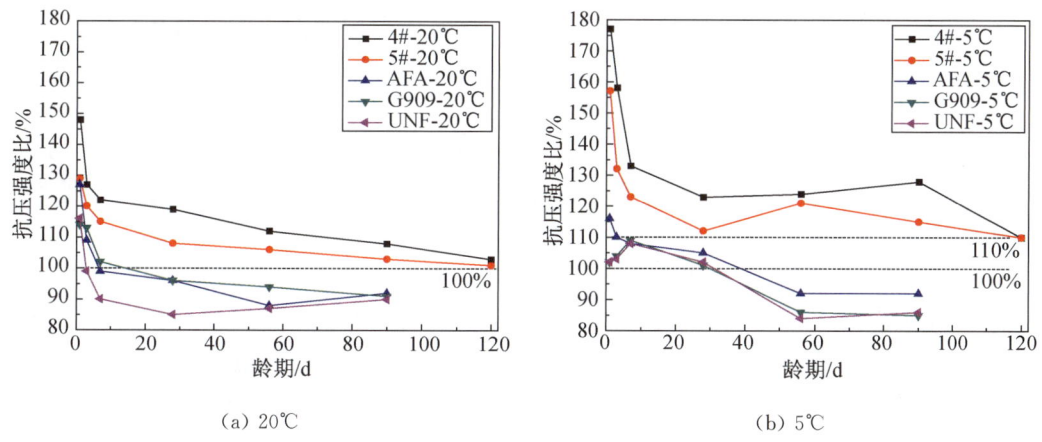

图8.10 掺市售早强剂产品混凝土试件的抗压强度比

结果可知,20℃或5℃养护下,掺4♯、5♯低温早强剂混凝土各龄期强度均高于掺市售早强剂混凝土强度,混凝土早期强度提高效果更为显著,且28 d后强度不会出现倒缩。

20℃养护下,掺4♯、5♯早强剂混凝土1 d、3 d、7 d、28 d抗压强度比分别超129％、120％、115％和108％,28 d至120 d强度保留率也均超过100％;市售早强剂产品早强作用时间范围较短,仅对混凝土1 d、3 d强度有一定提高,且提高幅度较小,7 d后强度即开始出现不同程度倒缩,抗压强度比在85％～96％之间。5℃养护下,掺4♯、5♯早强剂混凝土1 d、3 d、7 d、28 d抗压强度比分别超157％、

132％、123％和112％，28 d至120 d强度保留率均超过了110％，低温早强效果显著；市售早强剂产品对混凝土早期强度提高不明显，除掺4％AFA早强剂1 d强度外，混凝土早期抗压强度比均不超过110％，且作用时间仅至28 d，56 d后强度即出现倒缩，抗压强度比在84％～92％之间。

结果表明，4♯、5♯低温早强剂在混凝土体系中的早强性能优于市售早强剂产品，低温早强效果尤为显著，对混凝土强度提高作用时间可至120 d。

8.5.2 经济效益分析

为了提高低温养护下混凝土的早期强度，除掺早强剂外，过去人们还常采用提高水泥强度等级或水泥用量、降低水胶比的办法，也有采用蒸汽养护、微波养护的技术措施来提高混凝土早期强度。提高水泥强度等级或水泥用量、降低水胶比的方法一定程度上虽可提高早期强度，但相对增加了胶材（水泥）或减水剂的用量，胶材增加量较大，减水剂价格往往较高，因而也提高了混凝土的成本，增加了混凝土浇筑施工难度，也不利于提高混凝土体积稳定性和耐久性；蒸汽养护、微波养护往往需要架设专用设备或模板，需额外产生大量能耗，施工工艺措施复杂，施工工期长，混凝土质量难以保证，不仅不利于环保、节能，还大大增加了人工费和材料费。

与此相比，掺用低温早强剂的方法来提高低温养护下混凝土的早期强度，则具有较大优势：

（1）施工过程中，只需在混凝土拌合时掺入低温早强剂，操作简单、施工方便；且可通过改变低温早强剂掺量或增加其他外加剂等调整混凝土工作性及其他性能，混凝土质量易于控制。

（2）不需搭设暖棚、养护罩或覆盖篷布、塑料布等，无须使用相关辅助材料和机具，无须额外人工的投入，大大减少了人工费和材料费。

（3）混凝土强度可在低温下持续增长，强度发展历程已接近常温下基准混凝土的强度发展历程，有利于后续工序的开展及模板支架的周转，缩短了施工周期，节约了成本。

（4）不会额外产生大量能耗，更有利于环保、节能。

（5）低温早强剂适用于预制构件生产、现场施工，适用于公路、桥梁、隧道等多种工程领域，且对水泥种类、混凝土强度等级、粉煤灰掺量等适应性良好，应用范围较广。

第 3 篇

混凝土表面质量量化表征与提升技术

第9章 引言

9.1 提升混凝土表面质量的重要性

混凝土是目前世界上用量最大的建筑材料,其耐久性和表观质量一直是工程界关注的热点[148]。随着建筑施工技术水平的不断进步和材料科学技术的日新月异,人们对基础设施工程的混凝土外观质量越来越重视。混凝土结构外观质量不仅影响建筑物的美观,而且也影响混凝土结构的耐久性。例如,混凝土表面的大量气泡和孔洞变相减小了钢筋保护层厚度,降低了混凝土的抗渗性能,使混凝土耐久性变差。

聚羧酸类减水剂是目前混凝土工程中最常用的减水剂,在工程建设中发挥着重要作用。然而,聚羧酸类减水剂容易向混凝土中引入气泡。表观气泡是掺聚羧酸混凝土硬化后常见的质量缺陷,不仅影响构筑物的美观,而且还会降低建筑物混凝土的强度与耐久性能。混凝土表面气孔过多、蜂窝麻面严重、色差严重等都被视为严重外观质量缺陷,需要进行特殊的表面处理。但是,后期表面处理措施治标不治本,无法从根本上解决问题,必须在施工阶段就要提出可靠的技术措施来保证混凝土的表面质量。混凝土表面质量是云南省公路工程质量督查和交竣工的必查内容之一,因此,混凝土结构表面质量保证措施和提升技术越来越受到各工程单位的重视。混凝土表面质量提升技术是从根本上减少表面质量缺陷,打造品质工程、效益工程的重要手段。

9.2 混凝土主要表面缺陷类型

混凝土工程由于受原材料质量稳定性、施工现场管理水平、建筑结构形式、施工环境条件、施工方法、施工工艺工序等条件的影响,混凝土表面或多或少会出现质量缺陷[149]。工程中常见的混凝土表面质量缺陷主要有气孔、蜂窝麻面、色差、错台、挂帘、露筋、砂线和裂缝等。

① 气孔：由于混凝土表面气泡无法溢出或水泡附着在模板而产生的大量细小孔洞、凹坑等表面质量缺陷。

② 蜂窝麻面：由于模板表面粗糙或模板表面水泥浆等杂物未清理干净、漏浆、脱模剂漏刷、混凝土离析、振捣不密实、过早拆模等原因，造成的混凝土表面粗糙和蜂窝状孔洞。

③ 色差：由于混凝土分层浇筑时间间隔过长、上下层振捣程度不同、混凝土原材料波动、配合比不一致、脱模剂涂刷厚度不均匀或废机油局部聚集等原因，造成混凝土颜色深浅不一、差异过大。

④ 错台：混凝土模板安装定位不准确，模板刚度不够，支撑加固不稳，导致模板跑模、硬化，使得混凝土表面不平整、错位。

⑤ 挂帘：由于模板与下部混凝土之间存在缝隙造成的跑浆现象。

⑥ 露筋：由于骨料架空，混凝土表面不密实或钢筋安装不规范而导致钢筋外露。

⑦ 砂线：混凝土坍落度过大，或过度振捣，产生离析、泌水。离析使水泥浆从混凝土拌合物中逸出，拌合物各组成分离析，失去连续性；泌水使固体颗粒下沉，水分上升，泌出的水从混凝土内部向模板间隙渗流，把混凝土表面的水泥浆带走而仅留下细砂附于混凝土表面，形成砂线或砂斑。

⑧ 裂缝：主要有施工冷缝、干缩裂缝、温度裂缝等。由于浇筑工序衔接出现偏差，下层混凝土初凝后方才浇筑上层混凝土，导致新老混凝土结合不良，造成了施工冷缝。由于混凝土脱模后未及时养护，导致混凝土表面失水，从而产生了干燥收缩裂缝。由于大体积混凝土内外温度梯度过大，使混凝土的温度应力超过了混凝土抗拉强度，导致混凝土产生温度裂缝。

混凝土表面缺陷形式多种多样，形成原因也复杂多变，不一而足。提高混凝土表面质量，要从源头出发，加强混凝土原材料—混凝土配合比—混凝土施工工艺—施工管理水平等全链条管理，每个环节都要从严控制。

9.3 常用混凝土表面质量表征技术与方法

如何评价混凝土表面质量，尚未有系统、成熟的定量评价方法。众多质量验收规范均对混凝土表面质量提出了要求，但大多仍是采用目测、定性评价的方法，缺少可量化的表征技术与方法。即便是对混凝土表面质量有极高要求的清水混凝土，也是采用目测的方法检验外观质量（见表9.1）。《水电水利工程清水混凝土施工规范》(DL/T 5306—2013)规定的对混凝土外观质量检验方法与《清水混凝土应用技术规程》(JGJ 169—2009)一致。

表 9.1　清水混凝土外观质量与检验方法(JGJ 169—2009 表 11.3.1)节选

项目	普通清水混凝土	饰面清水混凝土	检查方法
颜色	无明显色差	颜色基本一致,无明显色差	距离墙面5 m观察
气泡	气泡分散	最大直径不大于8 mm,深度不大于2 mm,每平方米气泡面积不大于20 cm^2	尺量
光洁度	无明显漏浆、流淌及冲刷痕迹	无漏浆、流淌及冲刷痕迹,无油迹、墨迹及锈斑,无粉化物	观察

《核电厂清水混凝土施工技术规程》(NB/T 20349—2015)主要采用目测的方法检验混凝土表面质量,见表 9.2。

表 9.2　核岛厂房清水混凝土表观质量验收标准与检验方法(NB/T 20349—2015 表 3)节选

项目	验收标准	检验方法
色差	颜色均匀一致,没有明显色差	距离墙面5 m观察
蜂窝麻面	有轻微蜂窝麻面,每平方米不大于1 000 mm^2	距离墙面5 m观察,尺量
气泡、孔眼	单个气泡表面积小于100 mm^2,孔眼深度不大于5 mm,气泡、孔眼面积不大于2 000 mm^2/m^2	距离墙面5 m观察,尺量
光洁度	无明显漏浆、流淌及冲刷痕迹	距离墙面5 m观察
砂斑、水印	无明显起砂、水印现象	距离墙面5 m观察

《公路桥涵施工技术规范》(JTG/T F50—2011)6.12.2条第3款规定"结构混凝土如有蜂窝、麻面,其面积不超过结构同侧面积的0.5%"。《公路工程质量检验评定标准 第一册 土建工程》(JTG F80/1—2017)定义外观质量为"通过观察和必要的量测所反映的工程外在质量及功能状态"。该规范3.2.2规定"……,无外观质量限制缺陷……,方可进行检验评定",3.2.6规定"外观质量应进行全面检查,并满足规定要求,否则该检验项目为不合格",对分项工程、分部工程、单位工程,均提出了"外观质量应满足要求"。对混凝土结构的外观质量,要求不应出现附录P中的外观限制缺陷(见表 9.3)。

表 9.3　结构混凝土外观质量限制缺陷(JTG F80/1—2017 附录 P 表 P.0.3)

名称	现象	限制缺陷		
		支座垫石、锚下混凝土、锚索垫块等局部承压构件或部位	梁、板、拱、墩台身、盖梁、塔柱、防撞护栏、挡块、伸缩装置锚固块、封锚、小型预制构件等	挡土墙、承台、锚碇块体、隧道锚塞体、沉井、基础、桥头搭板、边坡框格梁等
裂缝	表面延伸到内部的缝隙	存在非受力裂缝和宽度超过设计规定值的受力裂缝①	存在宽度超过设计规定值的非受力裂缝①(设计未规定的,对防撞护栏及边坡框格梁、隐蔽结构或构件等为 0.3 mm,其他结构或构件为 0.2 mm);全预应力及 A 类预应力混凝土构件存在受力裂缝,B 类预应力构件和钢筋混凝土构件存在宽度超过设计和相关规范限制的受力裂缝	
孔洞	深度超过保护层厚度的孔穴	存在孔洞		
露筋	钢筋未被混凝土包裹而形成的外露	存在露筋		
蜂窝	表面缺失水泥浆形成的局部蜂窝样粗骨料外露	存在蜂窝	主要受力部位②:存在蜂窝;其他部位:单个蜂窝面积大于 0.02 m²,或蜂窝总面积超过所在面面积的 1%,或深度超过 10 mm 的蜂窝	单个蜂窝面积大于 0.04 m²,或蜂窝总面积超过所在面面积的 2%,或深度超过 15 mm 的蜂窝
疏松	由离析、振捣不足而形成的局部不密实	存在疏松	主要受力部位②:存在疏松;其他部位:疏松总面积超过所在面积的 1%;任何一处面积大于 0.02 m² 的疏松;深度超过 10 mm 的疏松	疏松总面积超过所在面积的 2%;任何一处面积大于 0.04 m² 的疏松;深度超过 15 mm 的疏松
夹渣	混凝土中夹有杂物	存在夹渣	若杂物为钢筋、钢板等易腐蚀金属,视同为露筋;若杂物为土块、木块、混凝土碎块及其他杂物等视同为蜂窝	—

续表 9.3

名称	现象	限制缺陷		
		支座垫石、锚下混凝土、锚索垫块等局部承压构件或部位	梁、板、拱、墩台身、盖梁、塔柱、防撞护栏、挡块、伸缩装置锚固块、封锚、小型预制构件等	挡土墙、承台、锚碇块体、隧道锚塞体、沉井、基础、桥头搭板、边坡框格梁等
麻面	混凝土表面局部缺浆、粗糙或密集小凹坑	预制构件:麻面总面积超过所在面面积的2%;其他结构或构件:麻面总面积超过所在面面积的3%		非隐蔽结构或构件:麻面总面积超过所在结构或构件面积的2%;隐蔽结构或构件:麻面总面积超过所在结构或构件面积的6%
外形缺陷	棱线不直、翘曲不平、飞边凸肋、啃边、蹦角	影响结构使用功能或构件安装的外形缺陷,深度超过保护层厚度的啃边、蹦角		
其他表面缺陷	掉皮、起砂、污染	预制构件:缺陷超过所在面面积的2%;其他构件:缺陷超过所在面面积的3%		非隐蔽结构或构件:缺陷总面积超过所在结构或构件面积的4%;隐蔽构件或结构:缺陷总面积超过所在结构或构件面积的6%

注:① 非受力裂缝系指由荷载以外的作用而产生的裂缝,受力裂缝系指由荷载而产生的裂缝;
② 主要受力部位为梁、板、盖梁的跨中、支承区段,拱脚、拱顶区段,塔、柱底区段,连接区段等部位。

《水利水电工程单元工程施工质量验收评定标准——混凝土工程》(SL 632—2012)规定"混凝土拆模后,应检查其外观质量。当发生混凝土裂缝、冷缝、蜂窝、麻面、错台和变形等质量问题时,应及时处理,并做好记录"。水利水电工程混凝土外观质量检查标准见表 9.4。对于混凝土外观质量的检查方法,均以"观察"为主。

表 9.4 外观质量检查标准(SL 632—2012 表 4.7.3 节选)

检验项目	质量要求	检验方法	检验数量
麻面、蜂窝	麻面、蜂窝累积面积不超过 0.5%,经处理符合设计要求	观察	全部
孔洞	单个面积不超过 0.01 m²,且深度不超过骨料最大粒径,经处理符合设计要求	观察、量测	

《铁路混凝土工程施工质量验收标准》(TB 10424—2018)6.4.19 条规定,"混凝土结构表面应密实平整、颜色均匀,不应有露筋、蜂窝缺陷","检验方法:观察"。

《水工混凝土施工规范》(DL/T 5144—2015)11.4.3 条规定"拆模后及时进行外观检查,并记录混凝土缺陷及裂缝的部位、长度、宽度、深度、发现日期及发展情况等,视质量问题的严重程度,研究相应的处理措施"。

《水运工程质量检验标准》(JTS 257—2008)2.1.6.1 条规定"混凝土构件表面不应有严重缺陷。混凝土构件表面缺陷的程度分级应按表 2.1.6.1(注:本书为表 9.5)的规定确定"。《混凝土结构工程施工质量验收规范》(GB 50204—2015)对混凝土表面质量缺陷的定义及程度分级与 JTS 257—2008 大同小异。

表 9.5　混凝土构件表面缺陷的程度分级(JTS 257—2008 表 2.1.6.1)

名称	现象	严重缺陷	一般缺陷
裂缝	由表面延伸至混凝土内部的缝隙	主要受力部位有影响结构性能和使用功能的裂缝	其他部位有少量不影响结构性能、使用功能和耐久性的裂缝
露筋	钢筋未被混凝土包裹而外露	受力钢筋有露筋	其他钢筋有少量露筋
空洞	混凝土中空穴的深度超过保护层的缺陷	构件主要受力部位有空洞	其他部位有少量空洞
蜂窝	混凝土表面缺失水泥砂浆,局部有蜂窝状缺陷或成片粗骨料外露	构件主要受力部位有蜂窝	其他部位有少量蜂窝,总面积不超过所在面的 2‰,且一处面积不大于 0.04 m²
夹渣	混凝土中夹有杂物或有明显空隙	构件主要受力部位有夹渣	其他部位有少量夹渣,深度未超过保护层的厚度
松顶	构件顶部混凝土缺少粗骨料,出现明显砂浆层或不密实层	梁、板等构件有超过保护层厚度的松顶	高大构件有少量松顶,但其厚度未超过 100 mm
麻面	包括构件侧面出现的气泡密集、表面漏浆和粘皮等	—	水位变动区、浪溅区和外露部位总面积未超过所在面的 5‰;其他部位未超过所在面积的 10‰

续表 9.5

名称	现象	严重缺陷	一般缺陷
砂斑	表面细骨料未被水泥浆充分胶结,出现砂纸样缺陷;宽度大于 10 mm 为砂斑,宽度小于 10 mm 的为砂线	—	水位变动区、浪溅区和外露部位总面积未超过所在面的 5‰,其他部位未超过所在面的 10‰
砂线		—	水位变动区、浪溅区、大气区及陆上结构外露部位每 10 m² 累积长度不大于 3 000 mm
外形缺陷	包括缺棱掉角、棱角不直和飞边凸肋等	对使用功能和观感质量有严重影响的缺陷	对使用功能和观感质量有轻微影响的缺陷

注:混凝土构件的表面缺陷程度应由施工单位和监理单位现场共同确定。

国内外对混凝土表观质量的定量表征研究鲜见报道,工程实践中多以直观观测混凝土表面是否存在明显的缺陷进行评定。彭海涛[150]基于图像分析技术的应用,提出采用数码相机现场采集混凝土结构表面图像,对图像进行灰度转换,计算灰度图像的标准差,考虑人类视觉识别特征和拍摄环境的影响,建立混凝土表面色差的定量评价体系和方法,检测与评定混凝土表面色差。刘春玉[151]以混凝土表观质量为对象,将彩色图像的处理手段应用于混凝土外观缺陷的检测和识别中,实现缺陷的准确分类和评价;应用计算机语言设计自动评价系统方案,为混凝土表观质量提供数据化、流程化、系统化及标准化的处理和识别,进而应用于工程实际。叶铁峰[152]根据工程实际和样板段,研究混凝土外观质量评价方法,将质量评价指标分为平顺性指标、缺陷性指标和感官性指标,并提出基于可量化指标的外观质量评价方法,制定了 11 项量化指标,用于清水混凝土外观质量评价。钟亚伟[153]采用模糊数学对混凝土外观质量进行评价,通过建立外观质量评价矩阵,确定气泡、裂缝、颜色、光洁度和平整度等因素在外观质量评价中的权重并进行定性描述,确定隶属度,根据隶属度的大小来评价混凝土外观质量等级。

混凝土表面缺陷不同程度地影响工程的结构性能、使用功能和耐久性,极大地影响了结构混凝土的外观形貌。一方面,国家标准和交通、水利水电、铁路等行业标准均对混凝土的外观质量提出了明确的要求;另一方面,对混凝土外观质量的评价仍停留在目测、定性评价阶段,缺少定量表征的技术和方法。

9.4 混凝土表面质量提升技术与应用

针对气孔、孔洞、色差、蜂窝、麻面等混凝土表面质量缺陷,建设工程中常见的混凝土表面质量提升措施主要有优选混凝土原材料、优化混凝土配合比和改善混凝土拌合物性能、优化施工工艺和管理流程等[154]。研究和应用新型的混凝土专用脱模剂和透水模板布等新材料,是混凝土性能优化和表面质量提升的技术措施。

(1) 合理使用混凝土脱模剂,提升混凝土外观质量。

混凝土脱模剂是指喷涂(刷涂)于模具工作面,起隔离作用,在拆模时使混凝土与模具顺利脱离,保持混凝土形状完整及模具无损的材料(液体或可溶解于液体的固体材料)[《混凝土制品用脱模剂》(JC/T 949—2005)]。混凝土脱模剂的脱模机理主要是通过物理化学反应降低或消除混凝土与模板之间的粘聚力,具体如下[155]:(1) 物理润滑。脱模剂的使用可以润滑混凝土与模板界面,减小甚至消除混凝土和模板之间的亲合力,从而有利于混凝土从模板顺利脱离。(2) 成膜隔离。由于脱模剂表面张力小,涂抹在模板表面后易形成一层隔离膜,隔离膜可对混凝土与模板形成有效的隔离,可提高脱模效果。(3) 化学作用。混凝土中含有碱性或其他活性离子,这些离子能与脱模剂活性组分发生化学反应形成不溶性隔离物,增强脱模剂隔离效果。总之,脱模剂的本质是在混凝土与模板之间形成一层憎水性隔离薄膜物质,隔离和润滑混凝土与模板,促进脱模,提升混凝土表面质量。

脱模剂按照生产原料来划分,有皂类脱模剂、水质类脱模剂、纯油类脱模剂、乳液类脱模剂、油漆类脱模剂、石蜡类脱模剂、树脂类脱模剂、脂肪酸类脱模剂等[156]。

皂类脱模剂为早期脱模剂,常应用于木质模板工程中,其主要形态为肥皂乳液,在生产中以动物或植物油为原料,加入碱性液体并煮沸和搅拌,发生皂化反应,化学产物稀释后加入防腐剂和煤焦油等组分,通过搅拌均匀,形成皂类脱模剂产品。肥皂乳液涂刷在木模板表面上可润滑混凝土和木质模板,并对混凝土和木质模板形成隔离,利于脱模。皂类脱模剂因生产原料、生产设备及工艺简单,早期在木质模板工程中得到了大量应用。但皂类脱模剂一方面生产过程中计量不精准,过多依靠经验且无生产工艺标准,产品质量波动过大;另一方面,肥皂乳液易锈蚀钢模板且与钢模板粘聚力相对较小,导致脱模效果不理想。随着混凝土技术要求的提高,钢模板在混凝土工程中大规模推广和应用,皂类脱模剂的上述缺点限制了其在混凝土工程中的发展。

水质类脱模剂的原材料主要为海藻酸钠、滑石粉、脂肪酸钠皂、石灰水、皂角等。水质类脱模剂不稳定,需现场调配方可满足工程需求,水质类脱模剂中存在活性离子,易与钢模板发生电化学反应,进而锈蚀钢模板,因此水质类脱模剂也不能应用于混凝土钢模板工程中。由于水质类脱模剂亲水性好,耐冲刷能力较差,凝固点高,低温易冻结,因此低温及雨水较多的时期不宜使用。目前水质类脱模剂应用相对较少,仅因其成本优势,目前多用于对混凝土表观质量要求不高的工程中。

纯油类脱模剂主要为液压油、机械油、润滑油等。纯油类脱模剂具有较好的隔离润滑特性,而且不对钢筋或钢模板产生锈蚀,与皂类脱模剂和水质类脱模剂相比,油类脱模剂可以适用于混凝土钢模板工程。但在钢模板工程应用中,以下三方面问题需关注:首先,油类脱模剂易污染混凝土表面,造成混凝土构件二次污染;其次,油类脱模剂与混凝土中游离氢氧化钙相互作用,导致混凝土表面粉化;最后,部分油类脱模剂含有聚氯联苯,对现场施工人员存在健康隐患。基于纯油类脱模剂存在的问题,为优化油类脱模剂的品质,往油类脱模剂中掺入少量的表面活性剂以降低脱模剂表面张力,促进油类脱模剂在钢模板上扩散和流动,降低附着在钢模板上的厚度,可改善混凝土表面色差和气孔分布,进而提高混凝土的耐久性。为避免纯油类脱模剂对硬化混凝土造成二次污染,模板上的脱模剂使用量需严格控制。

乳液类脱模剂通常有水包油和油包水两种类型,其中以水包油类最为常见。水包油乳液脱模剂是利用乳化技术将油类物质乳化并均匀分散在水中,形成水包油类乳液。油包水类乳液与水包油类生产工艺类似,仅分散相和乳化介质相反。油包水类乳液脱模剂易锈蚀钢模板,故适用于木模板中;若在钢模板工程中应用,油包水类乳液脱模剂需增加防锈组分。水包油类乳液脱模剂不锈蚀钢模板,隔离润滑效果优异,可以用于钢、木等模板工程,而且生产制造工艺简单,原材料价格低,不对混凝土表面产生二次污染,因此水包油乳液脱模剂在我国取得了广泛的应用。乳液类脱模剂存在成膜后耐久性不足、低温易冻结、抗雨水冲刷能力不足等问题,限制了其在露天场所施工中的应用推广。

石蜡类脱模剂中的石蜡本身具有良好的润滑和隔离的物理特性,主要有溶剂石蜡和乳化蜡。溶剂型石蜡脱模剂中溶剂一般为汽油、煤油等有机性溶剂,脱模隔离效果比较理想。但石蜡的物理形态易受温度影响,温度低时,石蜡不易在溶剂中稀释并均匀涂刷至模板表面,石蜡含量过高时又容易黏附在混凝土表层,导致硬化混凝土表面形成二次污染。另外,石蜡和有机溶剂为易燃品,在施工现场中使用易造成安全隐患,因此溶剂型石蜡脱模剂在混凝土应用中已逐渐远离视线。乳化石蜡往往采用喷涂和滚压工艺作用在模板上,施工工艺简单,可以避免溶剂型石蜡的缺点,可大量应用于钢质模板和木质模板工程中。

油漆类脱模剂可紧密吸附在模板表面,吸附力可达约 9 MPa,远大于常见的乳液类和油类脱模剂。油漆类脱模剂含憎水基团,耐水性好,耐磨性好,在模板和混凝土之间有着优异的润滑和隔离效果。油漆类脱模剂生产工艺复杂,生产成本高,但模板经一次喷涂后可多次重复循环使用,国外使用的 C9-3 模板漆,涂刷一次可连续脱模近 25 次,国内研发的 BT-20 模板漆可连续脱模 40 次以上,节省了大量的人力资源。在长效脱模剂使用中,混凝土模板综合成本具有一定的优势,但在使用脱模漆的模板工程中,在脱模时需格外留意对脱模漆的保护,以避免掉漆等问题。

脂肪酸类脱模剂在国内使用较少,其脱模原理是将涂于模板上的脂肪酸与混凝土中游离的氢氧化钙发生缓慢化学反应,生成不溶于水的脂肪酸盐。不溶于水的脂肪酸盐阻止表面混凝土硬化,而且在模板和混凝土之间形成隔离层。脂肪酸类脱模剂无毒,无污斑,不锈蚀钢模板,但成本较高,对脱模剂涂刷工艺要求较高,涂刷工艺不当易造成混凝土表面粉化。

树脂类脱模剂以甲基硅树脂、环氧树脂、不饱和聚酯树脂等为原材料,通过复杂化学合成工艺形成,树脂类脱模剂以环氧树脂类最为常见,环氧树脂类脱模剂在生产制造中受树脂类型、加工方式、加工温度、模具材料和生产周期等影响。树脂类脱模剂脱模效果非常理想,但受严格的生产工艺影响,生产成本偏高,常用于对混凝土外观质量要求较高的工程中,与油漆类脱模剂类似,树脂类脱模剂可以多次使用。

实际工程中使用汽油和机油按一定比例混合而成的脱模剂,在混凝土品质和施工工艺得到保障的条件下,无倾角模筑混凝土表面质量尚可;但是在混凝土品质和施工工艺无法保障时,模筑混凝土表面常出现气孔较多、蜂窝麻面等现象,有倾角的部位更为严重,常常导致混凝土构件出现表面无光泽、气孔多、回弹推定强度易失真等问题。

因此,采用专用混凝土脱模剂,可有效提升混凝土的表面质量。

(2) 优选透水模板布,提升混凝土表面质量

混凝土透水模板布是以改性高分子聚合纤维为主要原料,经过特殊工艺加工制成,该产品质地柔软、坚韧,能够适应各种类型的混凝土模板。混凝土透水模板布能在施工过程中将混凝土表面多余的空气和水排出,避免表面产生气泡、砂线、砂斑;降低表层混凝土水胶比,从而使混凝土形成致密表面,提高混凝土表观质量;改善混凝土耐久性(防止碳化,减少氯离子渗透),提高混凝土耐磨性、抗冻性和表面抗拉强度。

混凝土透水模板布的结构分为表层、中间层、黏附层。混凝土透水模板布的工作原理是,浇注混凝土后,在混凝土内部压力、混凝土透水模板布的毛细作用及振捣棒等共同作用下,混凝土中的气泡以及部分游离水分由混凝土内部向表面迁移,并可通过混凝土透水模板布中间层排出,并产生以下效果:

① 有效减少混凝土表面的气泡,使混凝土更加致密。

② 使混凝土中的部分水分排出而水泥颗粒留在混凝土内部,显著降低表面数毫米深混凝土的水胶比。

③ 在构件表面形成一层富含水化硅酸钙的致密硬化层,提高混凝土表面硬度、耐磨性、抗冻性和抗渗透性,显著降低混凝土碳化深度和氯化物扩散系数。

④ 混凝土透水模板布具有均匀分布的孔隙,水能通过渗透和毛细作用经透水模板均匀排出,不形成聚集,有效减少砂斑、砂线等混凝土表面缺陷。

⑤ 混凝土透水模板布的保水作用,为混凝土养护提供了一个良好的条件,减少了细微裂缝的产生。

透水模板布在山东龙青(龙口至青岛)高速公路墩柱部位使用后,高性能混凝土墩身外观效果好,无蜂窝和麻面,颜色一致,表面平整,基本无可见气泡、裂纹,对

混凝土外观质量有较大改善。墩柱混凝土表层致密、坚实,提高了混凝土表层强度、抗碳化性能、抗氯离子渗透性能,降低了混凝土水渗透性和空气渗透性,减少了腐蚀通道,增强了墩柱混凝土的耐久性[157]。

湖北公安长江大桥正桥墩运用透水模板布后,混凝土表层致密、坚实,砂线、砂面、气泡等表面缺陷大幅减少。透水模板表面不需涂刷各类隔离剂,混凝土表面油类等残余物减少,使微生物滋生的机会降低,从而减少了细菌与藻类生长,既减少了污染,又有利于后续的维修保养[158]。

杭州湾跨海大桥在全桥的墩身施工中全面推广应用福特斯(Formtex)透水模板布。使用效果显示,透水模板布使混凝土形成亚光表面,混凝土表面色泽均匀,表层致密、坚实又均匀,消除了表面砂眼和裂纹的产生,进一步提高海工混凝土表层对无机盐、氧气、潮气和二氧化碳的渗透的抑制作用,延长了混凝土的使用寿命[159]。

青岛海湾大桥墩身混凝土采用透水模板布,提高了混凝土表面质量和耐久性。现场使用结果表明,透水模板布通过排出混凝土结构物表层气泡和多余的水分,降低表层混凝土水胶比,并提供混凝土早期养护用水,在墩身混凝土表面形成亚光表面,表层致密、坚实,无砂眼、水线、气泡、花纹,整体颜色均匀[160]。

深圳盐田港区三期工程在所有的码头临水面均使用透水模板布,以改善码头混凝土的外观、提高混凝土耐久性。使用透水模板布后,混凝土构件表面平整度好,致密均匀,色调一致,无砂线、砂斑、蜂窝孔洞、大气孔等缺陷。在6#、7#泊位的验收中,码头的外观均获得95分以上的高分,现场结构取样耐久性检测合格率达100%[161]。

(3) 采用亚克力板与玻璃贴纸,提升混凝土表面质量[162]

亚克力板由甲基丙烯酸甲酯单体聚合而成,即聚甲基丙烯酸甲酯板材有机玻璃。亚克力板具有如下特点:①极佳透明度,无色透明有机玻璃板材,透光率达92%以上;②耐候性优良,对自然环境适应性强,即使长时间经受日光照射、风吹雨淋,性能也不会发生改变,抗老化性能好;③无毒,即使与人长期接触也无害,燃烧时不会产生有毒气体;④施工清理简便,易于脱模、清理,对模板损伤小,具有良好的消泡能力;⑤可周转使用;⑥造价较高;⑦在倒角、有一定弧度的模板中使用时可塑性较差。

亚克力板拆模后,混凝土表面平滑光亮,有镜面效果,颜色均匀一致,无气泡。混凝土镜面效果的产生,主要是由于水泥浆水化产生的硅酸钙凝胶体、水化铁酸钙凝胶体、$Ca(OH)_2$晶体、水化铝酸钙晶体和水化硫铝酸钙晶体,在粘贴亚克力板的混凝土表面均匀分布。亚克力板可周转使用2次以上。

玻璃贴纸是一种常规建筑装饰用品,清水混凝土的问世使其在混凝土模板上获得应用。玻璃贴纸的作用与特点:

① 保护模板：玻璃贴纸的隔离作用使模板免于遭受混凝土砂石料的磨蚀和水泥水化物的腐蚀；施工清理简便，易于脱模、清理，对模板损伤小，消泡能力强。

② 施工便利：玻璃贴纸材质均匀，贴纸厚度一致，保证了混凝土表面的平整度。

③ 经济性：玻璃贴纸造价低，但不可周转使用。

采用黏玻璃贴纸作为脱模材料，拆模后混凝土颜色均匀一致，气泡数量明显减少。但是，玻璃贴纸在使用中易破损，不能承受戳、锥等外力作用。

第 10 章

混凝土表面质量量化表征

工程质量评定对混凝土表面质量量化表征技术有着迫切的需求。混凝土表面质量是工程验收内容之一，根据《公路工程质量检验评定标准 第一册 土建工程》(JTG F80/1—2017)的要求，分项工程使用的原材料、半成品、成品及施工控制要点等符合基本要求的规定，无外观质量限制缺陷且质量保证资料齐全时方可进行检验评定。外观质量应进行全面检查且要满足规定要求，否则，外观质量检验项目不合格。但是，目前工程领域对混凝土外观质量的检验单纯依靠检验人员的肉眼直观观测，因检验人员观察能力的不同可能会导致不同的结果，直观观测存在较大的争议。因此，提出一种科学的、可操作的、可量化的混凝土表面质量表征手段尤为重要。

国内对于混凝土表面质量评价方法的研究较为滞后，国外也没有提出具体的表征方法和技术指标。土木工程领域虽然很早就出现了清水混凝土工程，但对其质量的评价尚无定量表征方法[163]。本研究通过回弹检测和统计分析、混凝土表面气孔特征参数两个方面，结合宏观描述构建混凝土表观质量评价体系，定量表征混凝土表面质量的优劣。

10.1 混凝土外观质量分级

外观描述内容主要包括测区混凝土表面色泽是否均匀、有无蜂窝麻面，统计内容有直径大于 3 mm(含 3 mm)的气孔个数(n)、色泽不均匀的测区占测区总个数的百分比(S)、有蜂窝麻面的测区数占测区总个数的百分比(F)、观测者距测区水平距离为 3 m 时有可见缺陷(孔、蜂窝、麻面)的测区数占测区总个数的百分比(M)。

据混凝土表面外观观测结果的统计分析，将混凝土表面质量划分为三个等级，即 A、B、C 三级，分类情况详见表 10.1。

表 10.1　混凝土外观质量等级划分

评定等级	n	$S/\%$	$F/\%$	$M/\%$
A	$n\leqslant 4$	$S\leqslant 10$	$F\leqslant 10$	$M=0$
B	$4<n\leqslant 8$	$10<S\leqslant 20$	$10<F\leqslant 20$	$0<M\leqslant 5$
C	$n>8$	$S>20$	$F>20$	$M>5$

10.2　混凝土表面回弹统计分析

混凝土浇筑后采取土工布覆盖,洒水养护 7 d 后自然养护至 28 d,然后采用回弹仪对混凝土侧面进行回弹试验。主要统计参数有混凝土表面回弹平均值、回弹推定强度平均值、回弹推定强度标准差 3 个参数。

(1) 模筑混凝土直角面

表征直角面混凝土表面质量的回弹推定强度以 n 个测区回弹推定强度的平均值表示,见式(10-1),回弹推定强度标准差以 n 个测区回弹推定强度作为样本进行统计,见式(10-2)。

$$f_{cu,e} = \frac{\sum_{i=1}^{n} f_{cu,i}}{n} \tag{10-1}$$

$$\sigma = \sqrt{\frac{\sum_{i=1}^{n}(f_{cu,i}-\overline{f}_{cu})^2}{n-1}} \tag{10-2}$$

式中：$f_{cu,e}$——表征混凝土表面质量的回弹推定强度,精确至 0.1 MPa；

$f_{cu,i}$——单个测区回弹推定强度,精确至 0.1 MPa；

$\overline{f}_{cu}$——回弹推定强度平均值,精确至 0.1 MPa；

σ——回弹推定强度标准差,精确至 0.1 MPa；

n——测区个数,精确至 1。

(2) 模筑混凝土俯角面

表征俯角面混凝土表面质量的回弹推定强度以 n 个测区的回弹推定强度最小值表示,见式(10-3),回弹推定强度标准差以 n 个测区回弹推定强度作为样本进行统计,见式(10-4)。

$$f_{cu,e} = f_{cu,\min} \tag{10-3}$$

$$\sigma = \sqrt{\frac{\sum_{i=1}^{n}(f_{cu,i}-\overline{f}_{cu})^2}{n-1}} \tag{10-4}$$

式中:$f_{cu,e}$——表征混凝土表面质量的回弹推定强度,精确至 0.1 MPa;

$f_{cu,min}$——回弹推定强度最小值,精确至 0.1 MPa;

$f_{cu,i}$——单个测区回弹推定强度,精确至 0.1 MPa;

$\overline{f}_{cu}$——回弹推定强度平均值,精确至 0.1 MPa;

σ——回弹推定强度标准差,精确至 0.1 MPa;

n——测区个数,精确至 1。

总体而言,表面混凝土回弹推定强度标准差越小,回弹推定强度越高,混凝土的表面质量越好,混凝土品质更稳定,越有利于混凝土的质量控制。

10.3　混凝土表面气孔特征参数表征

混凝土研究人员在 20 世纪初就开始了混凝土内部气泡间距参数的研究,并探索气泡间距系数对混凝土长期抗冻性能的影响,本研究借鉴混凝土气泡间距系数测定的方法原理,参照 *Standard Test Method for Microscopical Determination of Parameters of the Air-Void System in Hardened Concrete*(ASTM C457/C457M-16)中试验方法,采用 Image-ProPlus 图像分析软件,通过软件标识出孔位置并进行编号,再通过软件的气孔特征参数分析功能,实现对气孔参数的自动统计并进行后续分析。

气孔参数统计模块见图 10.1。

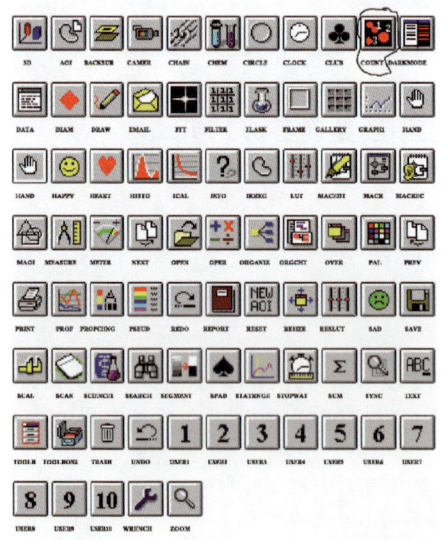

图 10.1　气孔参数统计模块

实验室内模筑混凝土脱模后，对表面拍摄 3～4 张图片，导入 Image-ProPlus 进行气孔的识别、着色、标记、参数计算等集成处理，最终统计出混凝土表面气孔的个数、平均直径等特征参数，采用直线导线法为理论依据计算混凝土表面气孔间距系数和单位长度导线切割气孔个数。

混凝土表面气孔参数量化分析实施步骤如下：

1）模筑混凝土脱模后，摄取 3～4 张图片，通过图形处理软件结合 Image-ProPlus 进行气孔着色、标记处理，如图 10.2 和图 10.3。

图 10.2　模筑混凝土脱模后某侧面　　　　图 10.3　软件对模筑混凝土表面进行
　　（脱模材料为透水模板布）　　　　　　　　　　　着色、标记处理

2）在 Image-ProPlus 软件中导入着色处理后的图片，按照软件操作进行自动集成处理，见图 10.4。将分析数据导入 Excel 中，通过理论计算即可获得模筑混凝土表面单位面积气孔个数、气孔平均直径、单位长度导线切割的气孔个数、气孔间距系数。

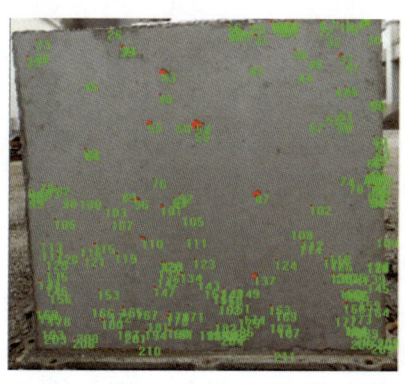

图 10.4　Image-ProPlus 对着色后的图片进行集成处理

Image-ProPlus 软件气孔特征参数集成处理中各个参数的计算原理如下：

(1) 混凝土表面单位面积气孔个数

将 Image-ProPlus 统计的测区气孔总个数除以测区总面积,计算得到模筑混凝土表面单位面积气孔个数,其计算见式(10-5):

$$N = \frac{N_A}{A_C} \times 10^6 \tag{10-5}$$

式中:N——混凝土表面单位面积气孔个数,精确至 1 个/m^2;

N_A——测区混凝土表面气孔个数,精确至 1 个;

A_C——测区总面积,精确至 1 mm^2。

(2) 气孔平均直径

由 Image-ProPlus 集成处理直接得到测区气孔的直径 D_i,通过式(10-6)计算得到气孔平均直径 $\overline{D}$,精确至 0.1 mm。

$$\overline{D} = \sqrt{\frac{\sum_{i=1}^{n} D_i^2 \, n_{pi}}{\sum_{i=1}^{n} n_{pi}}} \tag{10-6}$$

式中:$\overline{D}$——气孔平均直径,精确至 0.1 mm;

D_i——Image-ProPlus 统计得到单个气孔的直径,精确至 0.1 mm;

n_{pi}——对应孔径 D_i 的气孔个数,精确至 1 个。

(3) 气孔的面积与测区总面积的比值

根据测区上气孔的平均直径 $\overline{D}$ 和测区总面积 A_C,计算测区平面上气泡所占的面积与测区总面积的比值,见式(10-7)。

$$A = \frac{N_A \pi \overline{D}^2}{4 A_C} \tag{10-7}$$

式中:A——测区上气孔面积与测区总面积的比值;

$\overline{D}$——气孔平均直径,精确至 0.1 mm;

N_A——测区混凝土表面气孔个数,精确至 1 个;

A_C——测区总面积,精确至 1 mm^2;

π——圆周率,取 3.14。

(4) 单位长度导线切割的气孔个数

参照直线导线法,在测区均匀分布若干导线,把每根导线连接起来得到一条近似无限长的导线,切割整个测面不均匀分布的气孔,从而计算出单位长度导线切割气孔的个数,研究中测面导线分布见图 10.5,单位长度导线切割气孔的个数见式(10-8):

$$n_i = \frac{N_A}{l} \tag{10-8}$$

式中：n_i——单位长度导线切割气孔的个数，精确至 1 个/mm；

N_A——测区混凝土表面气孔个数，精确至 1 个；

l——导线总长度 l，精确至 1 mm。

图 10.5 测面导线分布图（横向细实线线条为试验用导线）

（5）模筑混凝土表面气孔间距系数

混凝土表面由浆体与气泡两相组成，表面无骨料，按照式（10-9）计算模筑混凝土表面气孔间距系数。

$$K = \frac{3A}{4n_i}(1.4 \times \sqrt[3]{1/A} - 1) \tag{10-9}$$

式中：K——混凝土表面气孔间距系数（mm）；

A——测区上气孔面积与测区总面积的比值；

n_i——混凝土表面单位长度导线上的气孔个数，精确至 1 个/mm。

气孔间距系数越大，表明混凝土表面气孔之间距离越大，表面不易出现蜂窝，表面质量越好。

通过上述步骤完成对混凝土表面单位面积气孔个数、气孔平均直径、单位长度导线切割气孔个数、气孔间距系数的量化分析，实现混凝土表面质量的量化分析。

第 11 章
混凝土表面质量提升技术

11.1 滇东北地区常见混凝土表面质量缺陷

在开展混凝土表面质量提升实验室试验前,调研滇东北地区昭通市大山包一级公路工程,对已完成工程的桥梁、隧道等进行混凝土表面质量外观普查,典型表面质量缺陷见图11.1～图11.3。普查的结果表明,影响混凝土表观质量的决定性因素是新拌混凝土品质和振捣工艺。C50 强度等级以下混凝土所用工程部位,模板形式较为简单,极少存在有倾角或变截面模板的情况;C50 及其以上强度等级混凝土,胶凝材料用量大,混凝土表面出现质量缺陷的概率较大,倾角或变截面处混凝土表面质量较差是工程中普遍存在的问题。

11.2 混凝土表面质量提升实验室试验

11.2.1 混凝土试验材料与配合比

对滇东北地区昭通市大山包一级公路 3 个土建标段原材料进行调研。三个建设标段使用的胶凝材料均为昭通得云水泥有限责任公司生产的 P·O 42.5 普通

(a) 腹板部位

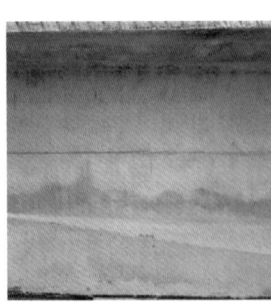
(b) 马蹄部位

(c) 整体效果

图 11.1 某预制 T 梁因混凝土入模坍落度相差过大造成的色差

图 11.2 浇筑离析混凝土拆模后的二衬混凝土表面

图 11.3 脱模后的挡墙外侧墙身

硅酸盐水泥、四川宜宾能顺环保科技有限公司生产的 F 类 I 级粉煤灰。土建一标使用的地材为大营坡砂石场生产的碎石和机制砂,外加剂为沈阳万砼胜建材有限公司生产的聚羧酸标准型高性能减水剂。土建二标和土建三标使用的地材为李龙云砂石场生产的碎石和巧家县金塘砂石场生产的河砂,外加剂为四川西卡柯帅建材有限公司生产的聚羧酸标准型高性能减水剂。

对大营坡砂石场和李龙云砂石场生产的各 12 个碎石(5~10 mm:10~20 mm=30:70)样本进行了主要的物理性能指标试验,发现碎石的差异不明显,测试结果见表 11.1。

表 11.1 大营坡砂石场(A)和李龙云砂石场(B)生产的碎石物理性能

表观密度/(kg·m^{-3})		空隙率/%		含泥量/%		针片状/%		压碎值/%		吸水率/%	
A	B	A	B	A	B	A	B	A	B	A	B
2 781	2 792	44	46	0.6	0.8	2.6	3.0	19.0	19.0	0.4	0.7
2 788	2 711	44	45	0.6	0.4	2.2	3.0	18.9	19.0	0.4	0.6
2 719	2 714	46	45	0.9	0.6	3.0	3.0	18.8	19.0	0.8	0.6
2 728	2 706	44	45	0.9	0.5	2.1	3.1	18.7	19.0	0.4	0.6
2 702	2 720	44	45	0.8	0.6	2.6	2.8	18.9	18.9	0.2	0.5
2 700	2 710	44	43	0.6	0.7	2.4	2.6	18.4	18.9	0.4	0.6
2 718	2 706	46	46	0.9	0.8	2.3	2.4	19.6	18.7	0.8	0.8
2 706	2 774	44	45	0.9	0.8	3.0	2.5	19.4	18.8	0.6	0.9
2 750	2 731	45	45	0.6	0.9	2.6	2.6	18.6	19.0	0.5	0.6

续表 11.1

表观密度/(kg·m⁻³)		空隙率/%		含泥量/%		针片状/%		压碎值/%		吸水率/%	
A	B	A	B	A	B	A	B	A	B	A	B
2 789	2 698	46	42	0.4	0.2	2.8	2.5	18.8	18.8	0.2	0.6
2 793	2 714	45	42	0.8	0.8	2.6	2.6	19.6	18.9	0.8	0.4
2 780	2 728	44	41	0.6	0.9	2.8	2.5	19.2	19.0	0.6	0.5

表面质量提升技术评价主要采用 C50 梁板混凝土作为研究对象,原材料最终选定昭通得云水泥有限责任公司生产的 P·O 42.5 普通硅酸盐水泥、四川宜宾能顺环保科技有限公司生产的 F 类 Ⅰ 级粉煤灰、大营坡石料厂生产的碎石和机制砂、巧家县双河大桥砂石场生产的河砂、四川西卡柯帅建材有限公司生产的聚羧酸标准型高性能减水剂。

昭通得云水泥有限责任公司生产的 P·O 42.5 普通硅酸盐水泥,按照《通用硅酸盐水泥》(GB 175—2007)进行测试分析,部分性能测试结果见表 11.2。

表 11.2 水泥物理力学性能

检测参数	标准稠度用水量/%	密度/(g·cm⁻³)	比表面积/(m²·kg⁻¹)	凝结时间/min		胶砂强度/MPa			
						3 d		28 d	
				初凝	终凝	抗折	抗压	抗折	抗压
实测结果	26.2	3.11	340	126	182	6.3	26.4	7.6	46.4
P·O 42.5 水泥技术要求	—	—	300~350	≥45	≤600	≥3.5	≥17.0	≥6.5	≥42.5

四川宜宾能顺环保科技有限公司生产的 F 类 Ⅰ 级粉煤灰,按照《用于水泥和混凝土中的粉煤灰》(GB/T 1596—2017)进行检测分析,部分性能测试结果见表 11.3。

表 11.3 粉煤灰物理性能

检测参数	细度/%	需水量比/%	烧失量/%	含水量/%
实测结果	7.0	92	2.7	0.2
Ⅰ 级粉煤灰技术要求	≤12.0	≤95	≤5.0	≤1.0

大营坡石料厂生产的碎石和机制砂、巧家县双河大桥砂石场生产的河砂部分性能测试结果见表 11.4~表 11.6。

表 11.4 大营坡石料厂碎石(5～10 mm ∶ 10～20 mm＝30 ∶ 70)物理性能

实测项目	压碎值/%	针片状/%	含泥量/%	泥块含量/%	表观密度/(kg·m^{-3})	松堆密度/(kg·m^{-3})	空隙率/%	级配情况
实测结果	19	2.0	1.2	0.6	2 828	1 580	44	连续级配
Ⅱ类粗集料技术要求	<20	<15	<1.0	<0.5	>2 500	>1 350	<47	连续级配（建议）

表 11.5 巧家县双河大桥砂石场河砂物理性能

实测项目	坚固性/%	含泥量/%	泥块含量/%	表观密度/(kg·m^{-3})	松堆密度/(kg·m^{-3})	空隙率/%	级配情况
实测结果	6	1.0	0.6	2 667	1 693	37	1区
Ⅱ类细集料技术要求	<8	<3.0	<1.0	>2 500	>1 350	<47	无

表 11.6 大营坡石料厂机制砂物理性能

实测项目	压碎值/%	石粉含量/%	泥块含量/%	表观密度/(kg·m^{-3})	松堆密度/(kg·m^{-3})	空隙率/%	级配情况
实测结果	19	—	2.0	0.8	2 670	1 654	38	1区
Ⅱ类细集料技术要求	<25	<7.0 (MB<1.4)	<3.0 (MB≥1.4)	<0.5	>2 500	>1 350	<47	2区

注：表 11.4～表 11.6 中"Ⅱ类粗、细集料非建议性技术要求"摘自《公路桥涵施工技术规范》(JTG/T F50—2011)。

四川西卡柯帅建材有限公司生产的聚羧酸标准型高性能减水剂部分性能指标按照《混凝土外加剂》(GB 8076—2008)进行测试，试验结果见表 11.7。

表 11.7 外加剂部分性能指标

实测项目	匀质性			性能指标			
	含固量/%	密度/(g·cm^{-3})	pH	减水率/%	含气量/%	7 d 抗压强度比/%	28 d 抗压强度比/%
实测结果	20.0	1.014	4.5	28.9	4.0	209	178
技术要求	产品控制值	产品控制值	产品控制值	≥25	≤6.0	≥140	≥130

典型 C50 梁板混凝土配合比见表 11.8。

表 11.8　C50 高性能混凝土配合比

混凝土类型	水泥/(kg·m^{-3})	粉煤灰/(kg·m^{-3})	细集料/(kg·m^{-3})	2#粗集料/(kg·m^{-3})	3#粗集料/(kg·m^{-3})	水/(kg·m^{-3})	外加剂/(kg·m^{-3})
机制砂 C50	390	50	747	841	280	142	4.60
河砂 C50	390	50	766	826	276	142	3.80

注：2#粗集料、3#粗集料粒径范围分别为 5~10 mm、10~20 mm。

11.2.2　功能材料选取与试验方案设计

调研滇东北地区公路工程的常用脱模剂种类、模板类型、气候特征等，选购两类市售脱模材料（涂抹类脱模材料和粘贴类脱模材料）作为混凝土表面质量提升的功能性材料。涂抹类脱模材料有 2 个小类：油性脱模剂和水性脱模剂，共计选购 7 种涂抹类脱模材料，其中油性涂抹类 5 种；粘贴类脱模材料也有 2 个小类：贴纸和透水模板布，共计选购 6 种粘贴类脱模材料，其中贴纸类 1 种，详见表 11.9。

表 11.9　表面质量提升功能性材料

表面质量提升材料种类		名称
涂抹类	水性脱模剂	佛山盈智（简称"佛山水性"）
		科之杰
	油性脱模剂	佛山盈智（简称"佛山油性"）
		宜宾鑫荣（简称"宜宾油性"）
		Point-M（简称 P-M）
		科之杰
		清机油（自制）
粘贴类	贴纸	玻璃贴纸
	透水模板布	丹麦福特斯（Formtex）
		国产布耐特（Bunett）
		GCSQ
		GDHQ
		GYSQ

模拟公路工程预制 T 梁的模板特点,设计制作 450 mm×450 mm×450 mm 立方体木模和钢模以及上口尺寸为 300 mm×300 mm、下口尺寸为 450 mm×300 mm、深度为 300 mm 的锥台形木模。模板要求表面光滑,接缝严密不漏浆,拆卸方便,具有较高的刚度,能循环使用 20 次以上,分别见图 11.4~图 11.6。

图 11.4　450 mm 立方体木模　　图 11.5　450 mm 立方体钢模　　图 11.6　锥台形木模

模拟预制 T 梁腹板位置模板特点,将 450 mm×450 mm×450 mm 的立方体试模的 4 个侧面定义为直角面(见图 11.7),模拟预制 T 梁马蹄部位模板结构变截面特点,将锥台模中的两个具有 53°倾角的侧面定义为俯角面(见图 11.8)。

图 11.7　立方体试模中的直角面　　图 11.8　锥台模中的俯角面

在实验室内浇筑 C50 混凝土前 30 min,将模板 4 个侧面用滚筒均匀涂抹脱模剂或粘贴脱模材料,见图 11.9。

脱模材料涂抹或粘贴结束后,按照选定的配合比先后进行 C50 混凝土拌制。拌合工艺为搅拌机单次搅拌 48 L 混凝土,搅拌时间为 120 s,进料顺序依次为细集料、胶凝材料、粗集料、水和外加剂,出机后人工拌合 60 s,用 10 L 塑料桶装运拌合物分 2 层浇筑成型,每层采用直径为 50 mm 的振动棒振捣

图 11.9　脱模材料涂抹示意图

16个点。上层混凝土振动结束 60 min 后进行抹面,搭盖润湿的白色土工布,土工布完全覆盖整个试模且不与混凝土表面直接接触。静置(24±2)h(从加水时开始计时)后脱模,进行混凝土表面质量评价。

在实验室内完成上述模筑混凝土浇筑、养护、脱模后,对混凝土表面进行直观描述、回弹检测与统计分析、混凝土表面气孔特征参数分析,量化表征结合宏观描述构建混凝土表观质量评价体系,进而评价脱模材料对混凝土表面质量改善效果。

每种提升方案进行表面质量评价需要测试的混凝土表面数量详见表 11.10。

表 11.10 表面质量评价需要测试的混凝土表面数量

混凝土类型	模板类型		
	直角面(钢模)	直角面(木模)	俯角面(木模)
C50 机制砂混凝土	2 个面	2 个面	8 个面
C50 河砂混凝土	2 个面	2 个面	8 个面

11.3 混凝土表面质量提升效果量化表征

11.3.1 模筑混凝土外观质量分级

拆模后立即用润湿的抹布擦净混凝土表面,随后进行混凝土表面质量直观观测与描述,部分图片见图 11.10 和图 11.11。

从实验室内混凝土表面直观描述结果看,采用 4 种提升技术措施(油性脱模剂、水性脱模剂、玻璃贴纸和透水模板布)后,模筑混凝土表面色泽都比较均匀,不易出现蜂窝麻面,一定距离外肉眼不容易观察到混凝土表面缺陷,直观描述的结果表明,使用脱模材料后的混凝土表面质量得到改善。

图 11.10 实验室模筑混凝土拆模与表面观察

图 11.11 实验室模筑混凝土直观观测

统计直径≥3 mm 的气孔个数 n、有色差测区数占总测区个数百分比 $S(\%)$、有蜂窝麻面的测区数占测区总个数的百分比 $F(\%)$、观测者距测区水平距离为 3 m 时有可见缺陷的测区数占测区总个数的百分比 $M(\%)$，并按混凝土外观质量等级划分标准（表 10.1）进行等级评定，涂抹类脱模材料在不同模板上使用后混凝土的外观质量统计分析结果及等级评定见表 11.11～表 11.16。

表 11.11　钢模板直角面 C50 机制砂混凝土表面直观观测结果（涂抹类脱模材料）

脱模材料	n	$S/\%$	$F/\%$	$M/\%$	评定等级
佛山水性	2	0	0	0	A
科之杰水性	4	0	10	0	A
佛山油性	2	0	0	0	A
宜宾油性	1	0	0	0	A
科之杰油性	2	0	0	0	A
P-M 油性	5	0	10	0	B
清机油	19	20	30	10	C

表 11.12　木模板直角面 C50 机制砂混凝土表面直观观测结果（涂抹类脱模材料）

脱模材料	n	$S/\%$	$F/\%$	$M/\%$	评定等级
佛山水性	3	0	0	0	A
科之杰水性	5	0	10	0	B
佛山油性	3	0	0	0	A
宜宾油性	1	0	0	0	A
科之杰油性	3	0	0	0	A
P-M 油性	7	0	10	0	B
清机油	23	20	30	10	C

表 11.13　木模板俯角面 C50 机制砂混凝土表面直观观测结果（涂抹类脱模材料）

脱模材料	n	$S/\%$	$F/\%$	$M/\%$	评定等级
佛山水性	7	0	0	0	A
科之杰水性	7	0	17	0	B
佛山油性	4	0	0	0	A
宜宾油性	27	0	0	0	A
科之杰油性	3	0	0	0	A
P-M 油性	11	0	33	0	C
清机油	43	20	100	17	C

表 11.14　钢模板直角面 C50 河砂混凝土表面直观观测结果（涂抹类脱模材料）

脱模材料	n	$S/\%$	$F/\%$	$M/\%$	评定等级
佛山水性	7	0	0	0	C
科之杰水性	8	0	10	10	C
佛山油性	5	0	0	0	B
宜宾油性	2	0	0	0	A
科之杰油性	4	0	0	0	A
P-M 油性	11	0	10	10	C
清机油	26	20	30	10	C

表 11.15　木模板直角面 C50 河砂混凝土表面直观观测结果（涂抹类脱模材料）

脱模材料	n	$S/\%$	$F/\%$	$M/\%$	评定等级
佛山水性	7	0	0	0	B
科之杰水性	9	0	10	10	C
佛山油性	4	0	0	0	A
宜宾油性	3	0	0	0	A
科之杰油性	3	0	0	0	A
P-M 油性	10	0	10	10	C
清机油	27	20	30	10	C

表 11.16　木模板俯角面 C50 河砂混凝土表面直观观测结果（涂抹类脱模材料）

脱模材料	n	$S/\%$	$F/\%$	$M/\%$	评定等级
佛山水性	5	0	10	0	B
科之杰水性	7	0	10	0	B
佛山油性	4	0	0	0	A
宜宾油性	1	0	0	0	A
科之杰油性	3	0	0	0	A
P-M 油性	9	0	10	0	C
清机油	25	20	30	10	C

统计直径≥3 mm 的气孔个数 n、有色差测区数占总测区个数百分比 $S(\%)$、有蜂窝麻面的测区数占测区总个数的百分比 $F(\%)$、观测者距测区水平距离为 3 m

时有可见缺陷的测区数占测区总个数的百分比 $M(\%)$，并按混凝土外观质量等级划分标准(表 10.1)进行等级评定，粘贴类脱模材料在不同模板上使用后混凝土的外观质量统计分析结果及等级评定见表 11.17～表 11.20。

表 11.17　木模板直角面 C50 机制砂混凝土表面直观观测结果(粘贴类脱模材料)

脱模材料	n	$S/\%$	$F/\%$	$M/\%$	评定等级
玻璃贴纸	1	0	0	0	A
福特斯透水模板布	0	0	0	0	A
布耐特透水模板布	0	0	0	0	A
GCSQ 透水模板布	0	0	0	0	A
GDHQ 透水模板布	0	0	0	0	A
GYSQ 透水模板布	0	0	0	0	A

表 11.18　木模板俯角面 C50 机制砂混凝土表面直观观测结果(粘贴类脱模材料)

脱模材料	n	$S/\%$	$F/\%$	$M/\%$	评定等级
玻璃贴纸	1	0	0	0	A
福特斯透水模板布	0	0	0	0	A
布耐特透水模板布	0	0	0	0	A
GCSQ 透水模板布	0	0	0	0	A
GDHQ 透水模板布	0	0	0	0	A
GYSQ 透水模板布	0	0	0	0	A

表 11.19　木模板直角面 C50 河砂混凝土表面直观观测结果(粘贴类脱模材料)

脱模材料	n	$S/\%$	$F/\%$	$M/\%$	评定等级
玻璃贴纸	1	0	0	0	A
福特斯透水模板布	0	0	0	0	A
布耐特透水模板布	0	0	0	0	A
GCSQ 透水模板布	0	0	0	0	A
GDHQ 透水模板布	0	0	0	0	A
GYSQ 透水模板布	0	0	0	0	A

表 11.20　木模板俯角面 C50 河砂混凝土表面直观观测结果(粘贴类脱模材料)

脱模材料	n	S/%	F/%	M/%	评定等级
玻璃贴纸	1	0	0	0	A
福特斯透水模板布	0	0	0	0	A
布耐特透水模板布	0	0	0	0	A
GCSQ 透水模板布	0	0	0	0	A
GDHQ 透水模板布	0	0	0	0	A
GYSQ 透水模板布	0	0	0	0	A

由表 11.17～表 11.20 可见：

（1）采用混凝土表面质量提升技术措施后，混凝土表面直径大于 3 mm 的气孔数量可由 25 个减至 0 个，蜂窝麻面、色差等缺陷的出现概率明显降低。

（2）玻璃贴纸和透水模板布对混凝土表面质量的改善效果优于水性脱模剂和油性脱模剂。

（3）透水模板布的改善效果优于玻璃贴纸。

（4）油性脱模剂相比水性脱模剂对混凝土表面质量的改善效果好。

（5）涂抹类材料在钢模表面涂抹相比木模对混凝土表观质量的改善效果好，同一脱模材料在直角面模板上涂抹相比俯角面对混凝土表观质量的改善效果好。

（6）涂抹类材料对机制砂 C50 混凝土表面的改善效果比河砂 C50 混凝土好。

11.3.2　模筑混凝土表面回弹统计分析

实验室内模筑混凝土养护至 28 d(采用透水模板布时回弹检测龄期为 7 d)进行回弹检测。每一种脱模材料按照 2 个直角面 10 个测区(单个测区面积：150 mm×150 mm)作为一个评价单元，8 个俯角面 8 个测区(单个测区面积：150 mm×150 mm)作为另一个评价单元。测区分布示意图见图 11.12、图 11.13。

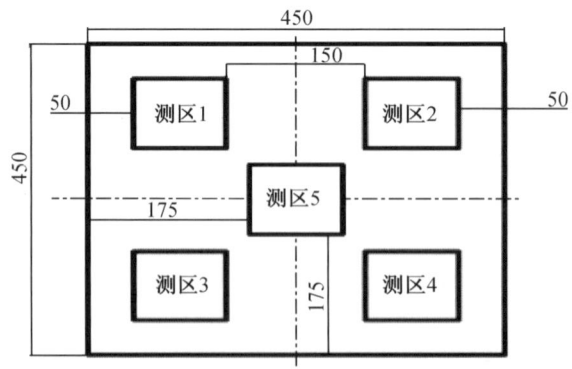

图 11.12　实验室内模筑混凝土直角面测区分布

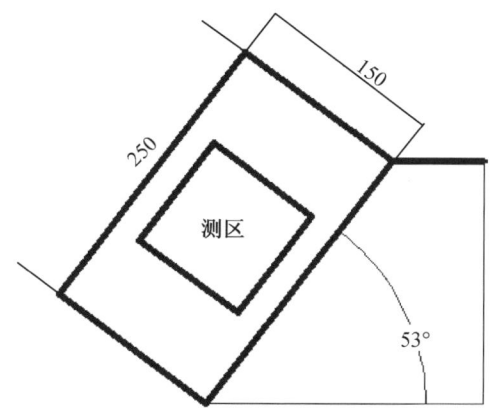

图 11.13　实验室内模筑混凝土俯角面测区分布

同条件养护的 C50 机制砂、河砂混凝土 7 d 和 28 d 抗压强度分别见表 11.21 和表 11.22。

表 11.21　C50 机制砂混凝土同条件养护试件抗压强度(清机油涂刷试模)

试模类型	抗压强度/MPa	
	7 d	28 d
150 mm×150 mm×150 mm 钢模	34.7	44.9
150 mm×150 mm×150 mm 塑料模	33.7	43.7

表 11.22　C50 河砂混凝土同条件养护试件抗压强度(清机油涂刷试模)

试模类型	抗压强度/MPa	
	7 d	28 d
150 mm×150 mm×150 mm 钢模	35.4	45.3
150 mm×150 mm×150 mm 塑料模	34.8	44.6

不同材质模板上使用脱模材料后机制砂 C50 混凝土表面回弹统计分析结果见表 11.23。

表 11.23　实验室内直角面 C50 机制砂混凝土表面回弹统计分析

脱模材料	钢模		木模	
	回弹推定强度标准差/MPa	回弹推定强度/MPa	回弹推定强度标准差/MPa	回弹推定强度/MPa
佛山盈智水性脱模剂	2.7	49.9	2.6	48.1

续表 11.23

脱模材料	钢模		木模	
	回弹推定强度标准差/MPa	回弹推定强度/MPa	回弹推定强度标准差/MPa	回弹推定强度/MPa
科之杰水性脱模剂	3.1	48.7	2.8	48.4
佛山油性脱模剂	1.9	49.6	1.9	49.4
宜宾鑫荣油性脱模剂	1.9	49.4	1.5	49.6
清机油脱模剂	4.3	45.4	4.1	44.9
Point-M 油性脱模剂	2.4	49.1	2.5	48.4
科之杰油性脱模剂	2.3	49.0	2.4	48.6
装饰用玻璃贴纸	1.5	50.9	1.4	50.4
Formtex 透水模板布	0.7	58.8	0.8	56.6
Bunett 透水模板布	1.0	56.8	0.9	55.7
GCSQ 透水模板布	1.5	54.2	1.5	54.6
GDHQ 透水模板布	1.4	53.8	1.5	53.1
GYSQ 透水模板布	1.6	53.1	1.5	52.4

由表 11.23 可见,采用 4 种表面质量提升技术措施(油性脱模剂、水性脱模剂、玻璃贴纸和透水模板布)后,混凝土表面的回弹推定强度标准差均明显减小,回弹推定强度明显提高。在钢模上试样混凝土专用脱模材料相比清机油,回弹推定强度标准差至少降低 1.2 MPa,回弹推定强度至少提高 3.3 MPa。在木模上试样混凝土专用脱模材料相比清机油,回弹推定强度标准差至少降低 1.3 MPa,回弹推定强度至少提高 3.2 MPa。据表 11.23 绘制回弹推定强度检测分析柱状图,见图 11.14 和图 11.15。

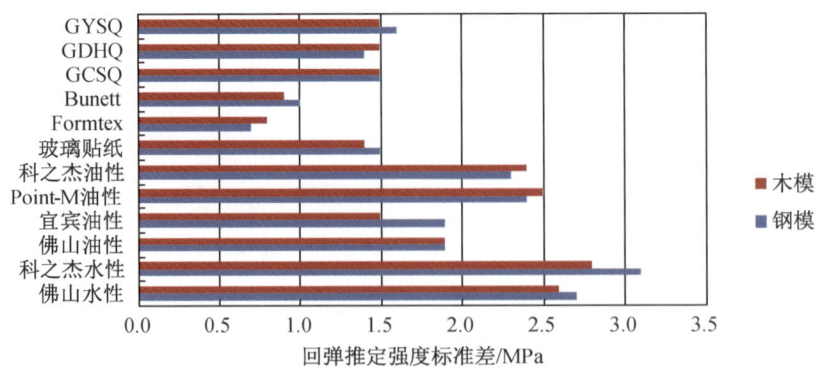

图 11.14 脱模材料对 C50 机制砂混凝土表面回弹推定强度标准差的影响

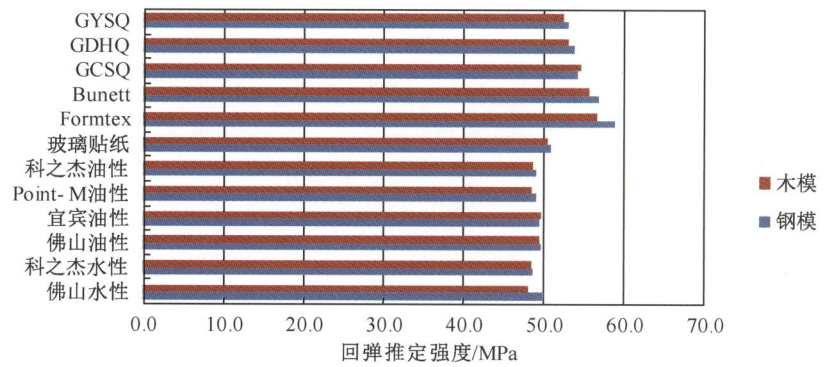

图 11.15　脱模材料对 C50 机制砂混凝土表面回弹推定强度的影响

由图 11.14 和图 11.15 可见,不同材质模板上使用专用脱模材料后,机制砂 C50 混凝土表面回弹推定强度标准差明显降低,回弹推定强度显著提高。

相比清机油,水性脱模剂可以使混凝土表面回弹推定强度标准差降低 1.2～1.6 MPa,回弹推定强度提高 3.2～4.5 MPa。

相比水性脱模剂,油性脱模剂(除清机油外)可以使混凝土表面回弹推定强度标准差降低约 1.0 MPa,回弹推定强度几乎相同。

相比油性脱模剂和水性脱模剂,玻璃贴纸和透水模板布可使混凝土表面回弹推定强度标准差降低 1.0～2.0 MPa,回弹推定强度提高 0.8～10.0 MPa,透水模板布对混凝土表面回弹推定强度和均匀性改善效果优于玻璃贴纸。

实验室内钢制模板直角面和木制模板直角面 C50 机制砂混凝土表面的回弹统计分析结果表明,脱模材料对混凝土的改善效果与混凝土模板的材质无关。

不同材质模板上使用脱模材料后 C50 河砂混凝土表面回弹统计分析结果见表 11.24。

表 11.24　实验室内直角面 C50 河砂混凝土表面回弹统计分析

脱模材料	钢模		木模	
	回弹推定强度标准差/MPa	回弹推定强度/MPa	回弹推定强度标准差/MPa	回弹推定强度/MPa
佛山盈智水性脱模剂	3.2	48.1	3.3	48.6
科之杰水性脱模剂	3.4	48.4	3.5	48.6
佛山油性脱模剂	2.2	48.8	2.3	48.4
宜宾鑫荣油性脱模剂	2.1	48.4	2.3	47.9
清机油脱模剂	4.8	44.7	5.1	45.3

续表 11.24

脱模材料	钢模		木模	
	回弹推定强度标准差/MPa	回弹推定强度/MPa	回弹推定强度标准差/MPa	回弹推定强度/MPa
Point-M 油性脱模剂	3.0	48.5	2.9	47.9
科之杰油性脱模剂	2.5	49.2	2.6	48.7
装饰用玻璃贴纸	1.9	52.9	2.0	53.4
Formtex 透水模板布	1.2	58.8	1.0	58.3
Bunett 透水模板布	1.4	57.1	1.3	56.4
GCSQ 透水模板布	1.5	56.1	1.6	55.4
GDHQ 透水模板布	1.7	54.6	1.7	52.1
GYSQ 透水模板布	1.6	53.5	1.5	51.4

由表 11.24 可见,直角面模板上采用 4 种表面质量提升技术措施(油性脱模剂、水性脱模剂、玻璃贴纸和透水模板布)后,混凝土表面的回弹推定强度标准差均明显减小,回弹推定强度明显提高。相比清机油,在钢模上试样混凝土回弹推定强度标准差至少降低 1.4 MPa,回弹推定强度至少提高 3.4 MPa,在木模上试样混凝土回弹推定强度标准差至少降低 1.6 MPa,回弹推定强度至少提高 2.6 MPa。据表 11.24 绘制回弹推定强度检测分析柱状图,见图 11.16 和图 11.17。

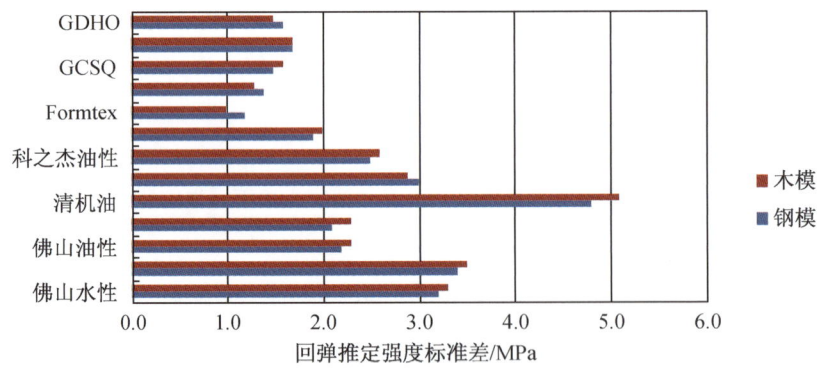

图 11.16 脱模材料对 C50 河砂混凝土表面回弹推定强度标准差的影响

由图 11.16 和图 11.17 可见,不同材质模板上使用专用混凝土脱模材料后,河砂 C50 混凝土表面回弹推定强度标准差明显降低,回弹推定强度显著提高。

相比清机油,水性脱模剂可以使混凝土表面回弹推定强度标准差降低 1.4～1.8 MPa,回弹推定强度提高 3.3～3.7 MPa。

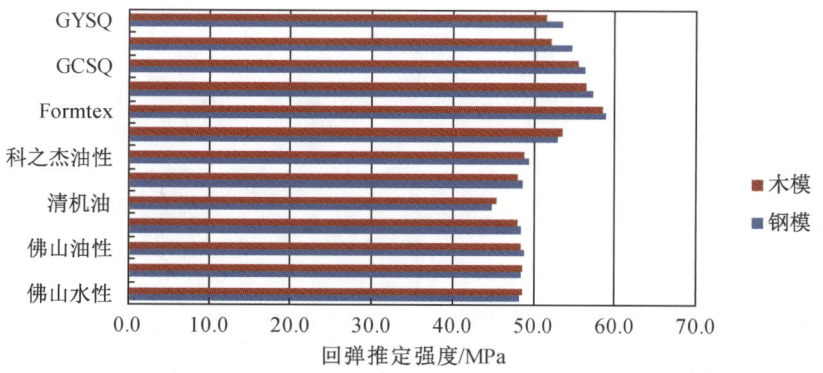

图 11.17　脱模材料对 C50 河砂混凝土表面回弹推定强度的影响

相比水性脱模剂，油性脱模剂（除清机油外）可以使混凝土表面回弹推定强度标准差降低 1.0 MPa，回弹推定强度几乎相等。

相比油性脱模剂和水性脱模剂，玻璃贴纸和透水模板布可以使混凝土表面回弹推定强度标准差降低 1.0~2.0 MPa，回弹推定强度提高 5.0~15.0 MPa。透水模板布对混凝土表面回弹推定强度和均匀性改善效果优于玻璃贴纸。

实验室内钢制模板直角面和木制模板直角面河砂 C50 混凝土表面的回弹统计分析结果表明，脱模材料对混凝土的改善效果与混凝土模板的材质无关。

C50 河砂混凝土对比 C50 机制砂混凝土的回弹统计分析结果发现，混凝土脱模材料对混凝土表面回弹推定强度标准差的降低程度和回弹推定强度的提高程度几乎一致。

锥台形模板 C50 混凝土表面回弹测试结果见表 11.25。

表 11.25　锥台形模板 C50 混凝土表面回弹统计分析

脱模材料	机制砂 C50		河砂 C50	
	回弹推定强度标准差/MPa	回弹推定强度/MPa	回弹推定强度标准差/MPa	回弹推定强度/MPa
佛山盈智水性脱模剂	3.6	47.4	3.7	47.8
科之杰水性脱模剂	3.8	46.9	3.6	47.3
佛山油性脱模剂	3.1	47.8	2.8	47.3
宜宾鑫荣油性脱模剂	2.9	47.4	3.1	46.8
清机油脱模剂	4.9	43.8	5.2	44.9
Point-M 油性脱模剂	3.4	47.3	3.3	47.9

续表 11.25

脱模材料	机制砂 C50		河砂 C50	
	回弹推定强度标准差/MPa	回弹推定强度/MPa	回弹推定强度标准差/MPa	回弹推定强度/MPa
科之杰油性脱模剂	3.2	47.7	3.0	46.7
装饰用玻璃贴纸	2.5	51.3	2.5	50.3
Formtex 透水模板布	1.8	56.4	2.0	56.3
Bunett 透水模板布	2.3	52.1	2.2	53.7
GCSQ 透水模板布	2.4	52.1	2.3	53.5
GDHQ 透水模板布	2.4	51.6	2.5	52.4
GYSQ 透水模板布	2.4	51.5	2.4	52.2

由表 11.25 可见，俯角面模板采用 4 种表面质量提升技术措施（油性脱模剂、水性脱模剂、玻璃贴纸和透水模板布）后，混凝土表面的回弹推定强度标准差明显减小，回弹推定强度明显提高。相比清机油，回弹推定强度标准差至少降低 1.0 MPa，标准差最多可以从 4.9 MPa 降至 1.8 MPa；回弹推定强度至少提高 3.0 MPa，回弹推定强度可以从 43.8 MPa 提高至 56.4 MPa。据表 11.25 绘制回弹推定强度检测分析柱状图，见图 11.18 和图 11.19。

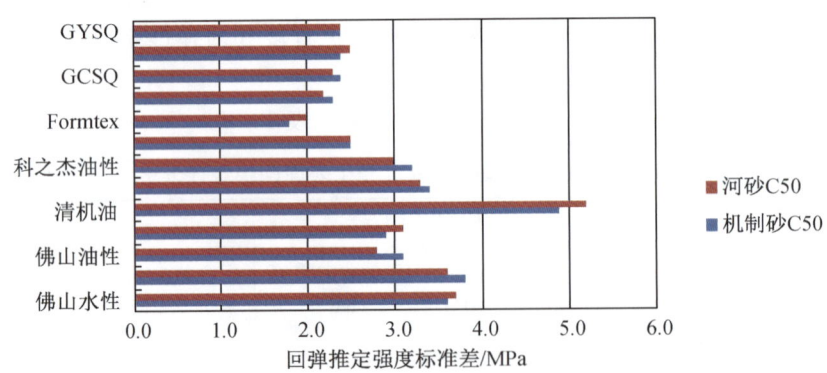

图 11.18 脱模材料对俯角面 C50 混凝土表面回弹推定强度标准差的影响

由图 11.18 和图 11.19 可见，俯角面模板采用 4 种表面质量提升技术措施（油性脱模剂、水性脱模剂、玻璃贴纸和透水模板布）后，机制砂和河砂 C50 混凝土表面回弹推定强度标准差都明显降低，回弹推定强度都显著提高。

相比清机油，水性脱模剂可以使混凝土表面回弹推定强度标准差降低 1.1~1.6 MPa，回弹推定强度提高 2.4~3.6 MPa。

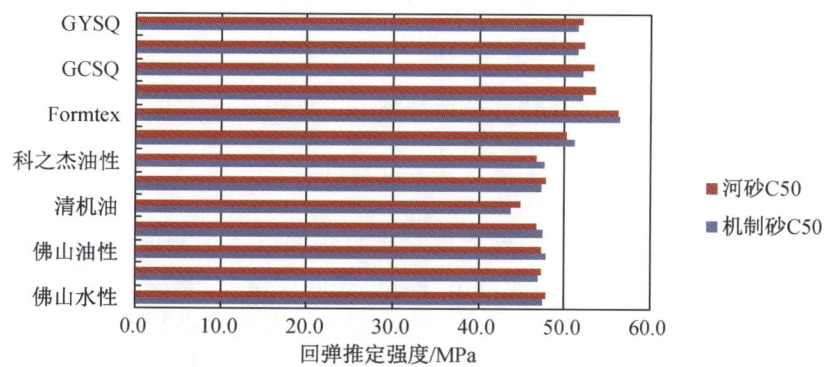

图 11.19　脱模材料对俯角面 C50 混凝土表面回弹推定强度的影响

相比水性脱模剂,油性脱模剂除清机油外可以使混凝土表面回弹推定强度标准差降低 1.0 MPa,回弹推定强度提高 1.0 MPa。

相比油性脱模剂和水性脱模剂,玻璃贴纸和透水模板布可使混凝土表面回弹推定强度标准差降低 1.0～2.0 MPa,回弹推定强度提高 5.0～10.0 MPa,透水模板布对混凝土表面回弹推定强度和均匀性改善效果优于玻璃贴纸。

实验室内俯角面模板上机制砂和河砂 C50 混凝土表面的回弹统计分析结果表明,脱模材料对混凝土表面质量的改善效果与细集料的种类无关;混凝土脱模材料对混凝土表面回弹推定强度标准差的降低程度和对回弹推定强度的提高程度也与细集料的种类无关。

综上所述,实验室内模筑混凝土表面回弹统计分析结果表明:

采用 4 种表面质量提升技术措施(油性脱模剂、水性脱模剂、玻璃贴纸和透水模板布)后,混凝土表面回弹推定强度标准差明显降低,回弹推定强度显著提高。玻璃贴纸和透水模板布对混凝土表面回弹均匀性和强度的改善效果优于水性脱模剂和油性脱模剂。

相比清机油脱模剂,采用油性脱模剂和水性脱模剂后混凝土表面的回弹推定强度标准差可降低 1.0～2.0 MPa,回弹推定强度可提高 3.0～4.0 MPa。

相比油性脱模剂和水性脱模剂,采用玻璃贴纸和透水模板布后混凝土表面的回弹推定强度标准差至少可降低 2.0～3.0 MPa,回弹推定强度可提高 4.0～10.0 MPa。与玻璃贴纸相比,透水模板布对混凝土表面回弹推定强度标准差的降低程度更大,回弹推定强度提高幅度更大,可以使标准差由 2.5 MPa 降低至 1.8 MPa,回弹推定强度由 50.3 MPa 提高至 56.4 MPa。

4 种表面质量提升技术措施(油性脱模剂、水性脱模剂、玻璃贴纸和透水模板布)对混凝土表面回弹推定强度标准差及回弹推定强度的改善效果受模板材质和细集料品种的影响较小。

水性脱模剂能显著提高混凝土表面回弹推定强度,降低推定强度标准差,但受雨水制约明显,雨淋后水性脱模剂极易流失,基本失效。

11.3.3 模筑混凝土表面气孔特征参数分析

11.3.3.1 模筑混凝土直角面表面气孔参数统计分析

根据第 10 章中的表征步骤,模筑混凝土直角面以 2 个测面为一统计单元,俯角面以 8 个测面为一统计单元,统计出混凝土表面单位面积气孔个数(N)、气孔平均直径($\overline{D}$)、单位长度导线切割的气孔个数(n_i)和气孔间距系数(K)。

不同脱模材料在不同材质模板直角面上使用后,C50 机制砂混凝土表面气孔特征参数统计结果见表 11.26 和表 11.27。

表 11.26 钢模直角面 C50 机制砂模筑混凝土气孔参数统计结果

脱模材料	$N/(个 \cdot m^{-2})$	$\overline{D}$/mm	$n_i/(个 \cdot m^{-1})$	$K/\times 10^{-3}$ mm
佛山水性脱模剂	2 138	0.8	42	2 198
科之杰水性脱模剂	2 501	1.0	46	2 084
佛山油性脱模剂	2 104	0.6	20	2 678
宜宾油性脱模剂	1 973	0.6	21	3 708
清机油脱模剂	19 027	1.6	199	332
Point-M 油性脱模剂	1 941	0.6	35	2 248
科之杰油性脱模剂	1 911	0.6	40	2 934
玻璃贴纸	447	0.3	15	4 284
Formtex 透水模板布	0	0.0	0	$+\infty$
Bunett 透水模板布	0	0.0	0	$+\infty$
GCSQ 透水模板布	0	0.0	0	$+\infty$
GDHQ 透水模板布	0	0.0	0	$+\infty$
GYSQ 透水模板布	0	0.0	0	$+\infty$

表 11.27 木模直角面 C50 机制砂模筑混凝土气孔参数统计结果

脱模材料	$N/(个 \cdot m^{-2})$	$\overline{D}$/mm	$n_i/(个 \cdot m^{-1})$	$K/\times 10^{-3}$ mm
佛山水性脱模剂	2 106	0.9	46	2 163
科之杰水性脱模剂	2 490	1.0	53	2 071
佛山油性脱模剂	1 984	0.6	24	2 657

续表 11.27

脱模材料	N/(个·m^{-2})	$\overline{D}$/mm	n_i/(个·m^{-1})	K/×10^{-3} mm
宜宾油性脱模剂	1 965	0.7	18	3 697
清机油脱模剂	18 987	2.0	211	325
Point-M 油性脱模剂	1 917	0.8	41	2 237
科之杰油性脱模剂	1 897	0.7	36	2 903
玻璃贴纸	454	0.2	13	4 296
Formtex 透水模板布	0	0.0	0	$+\infty$
Bunett 透水模板布	0	0.0	0	$+\infty$
GCSQ 透水模板布	0	0.0	0	$+\infty$
GDHQ 透水模板布	0	0.0	0	$+\infty$
GYSQ 透水模板布	0	0.0	0	$+\infty$

由表 11.26 和表 11.27 可见,采用 4 种表面质量提升技术措施(油性脱模剂、水性脱模剂、玻璃贴纸和透水模板布)后,机制砂 C50 混凝土表面单位面积气孔个数、单位长度导线切割的孔个数明显减少,气孔平均直径明显减小,气孔间距系数明显增大,混凝土表面质量明显改善。据表 11.26 和表 11.27 绘制混凝土表面气孔参数柱状图,见图 11.20~图 11.23。

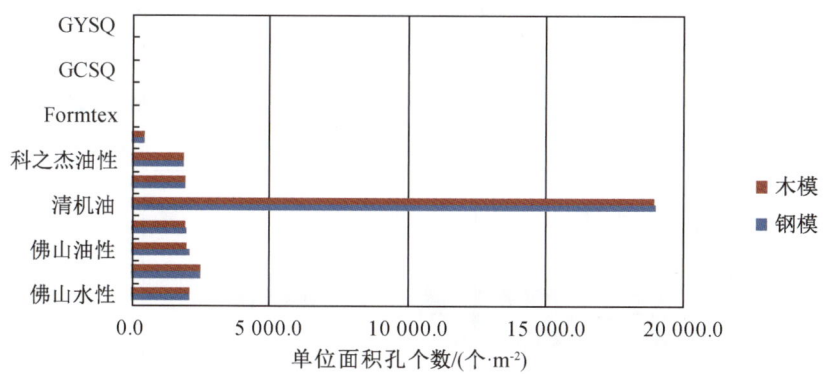

图 11.20 脱模材料对直角面 C50 机制砂混凝土表面单位面积孔个数的影响

由图 11.20~图 11.23 可见,混凝土模板上使用混凝土专用脱模材料后,机制砂 C50 混凝土表面单位面积气孔个数可以从约 19 000 个减少至 0,气孔平均直径可以从 1.6~2.0 mm 减小至 0,单位长度导线切割的气孔个数可以从约 200 个/m 减少至 0,气孔间距系数至少增加 6 倍。

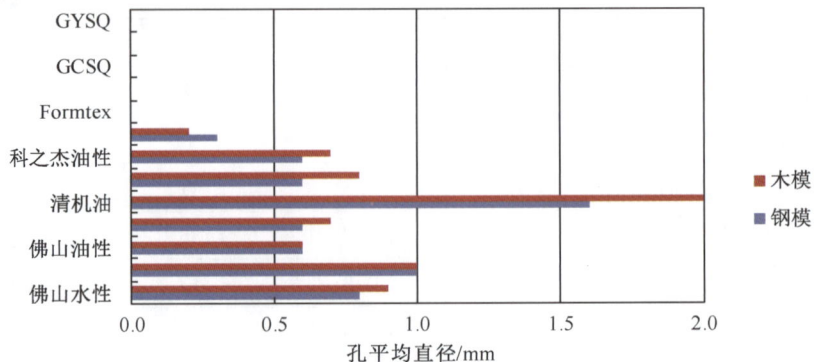

图 11.21 脱模材料对直角面 C50 机制砂混凝土表面气孔平均直径的影响

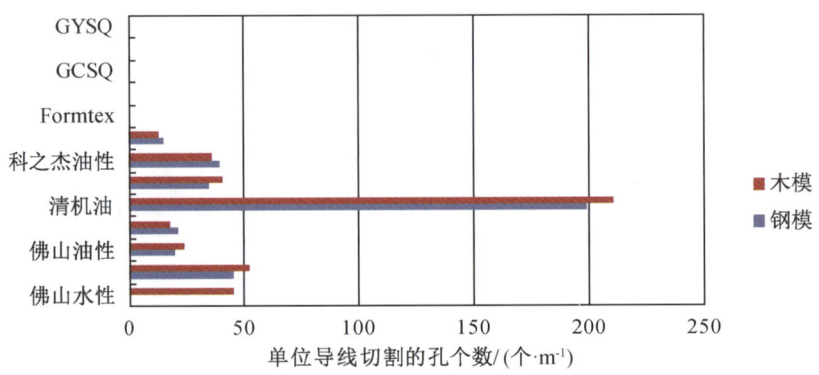

图 11.22 脱模材料对直角面 C50 机制砂混凝土表面单位长度导线切割的孔个数的影响

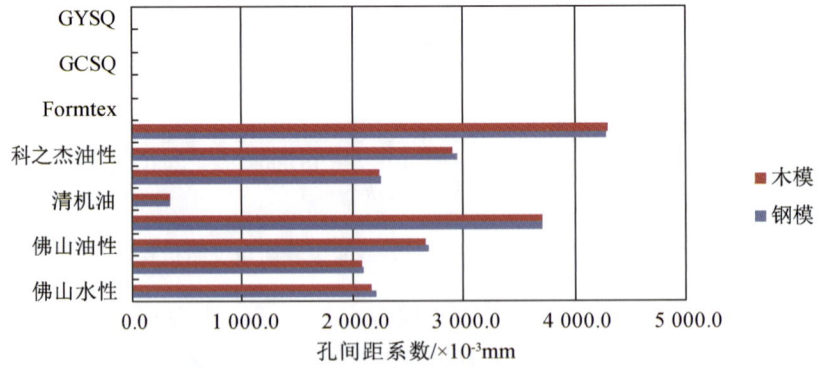

图 11.23 脱模材料对直角面 C50 机制砂混凝土表面气孔间距系数的影响

相比清机油，水性脱模剂在不同材质直角面模板上使用后，机制砂 C50 混凝土表面单位面积气孔个数从 19 000 个减少至 2 100 个，气孔平均直径从 1.8 mm 减小至 0.9 mm，单位长度导线切割的气孔个数从 210 个减少至 50 个，气孔间距系数从 0.32 增加至 2.08。

相比水性脱模剂，油性脱模材料（除清机油外）在不同材质直角面模板上使用后，机制砂 C50 混凝土表面单位面积气孔个数从 2 100 个减少至 1 900 个，气孔平均直径从 0.9 mm 减小至 0.6 mm，单位长度导线切割的气孔个数从 50 个减少至 18 个，气孔间距系数从 2.08 增加至 3.70。

相比油性脱模材料，粘贴类脱模材料在不同材质直角面模板上使用后，玻璃贴纸使机制砂 C50 混凝土表面单位面积气孔个数从 1 900 个减少至 450 个，气孔平均直径从 0.6 mm 减小至 0.2 mm，单位长度导线切割的气孔个数从 18 个/m 减少至 13 个/m，气孔间距系数从 3.70 增加至 4.80。透水模板布可以完全消除混凝土表面的孔。

脱模材料在直角面钢制混凝土模板和木制模板上使用后，混凝土表面气孔参数几乎一致，表明脱模材料对混凝土表面气孔参数的影响与模板材质无关。

不同脱模材料在不同材质直角面模上使用后，C50 河砂混凝土使用后混凝土表面气孔特征参数统计结果见表 11.28 和表 11.29。

表 11.28　钢模直角面 C50 河砂模筑混凝土气孔参数统计结果

脱模材料	$N/(个·m^{-2})$	$\overline{D}/mm$	$n_i/(个·m^{-1})$	$K/×10^{-3}$ mm
佛山水性脱模剂	2 202	1.2	53	2 264
科之杰水性脱模剂	2 551	1.4	53	2 126
佛山油性脱模剂	2 125	1.0	32	2 705
宜宾油性脱模剂	1 993	0.8	34	3 745
清机油脱模剂	19 408	2.4	229	339
Point-M 油性脱模剂	1 912	0.8	44	2 256
科之杰油性脱模剂	1 898	0.6	36	3 022
玻璃贴纸	496	0.4	10	4 413
Formtex 透水模板布	0	0.0	0	$+\infty$
Bunett 透水模板布	0	0.0	0	$+\infty$
GCSQ 透水模板布	0	0.0	0	$+\infty$
GDHQ 透水模板布	0	0.0	0	$+\infty$
GYSQ 透水模板布	0	0.0	0	$+\infty$

表 11.29　木模直角面 C50 河砂模筑混凝土气孔参数统计结果

脱模材料	$N/(个 \cdot m^{-2})$	$\overline{D}/mm$	$n_i/(个 \cdot m^{-1})$	$K/\times 10^{-3}$ mm
佛山水性脱模剂	2 169	1.1	46	2 228
科之杰水性脱模剂	2 540	1.3	51	2 112
佛山油性脱模剂	2 004	1.0	33	2 684
宜宾油性脱模剂	1 985	0.9	35	3 734
清机油脱模剂	19 367	2.5	221	332
Point-M 油性脱模剂	1 988	0.9	46	2 245
科之杰油性脱模剂	1 884	0.7	39	2 990
玻璃贴纸	518	0.4	12	4 425
Formtex 透水模板布	0	0.0	0	$+\infty$
Bunett 透水模板布	0	0.0	0	$+\infty$
GCSQ 透水模板布	0	0.0	0	$+\infty$
GDHQ 透水模板布	0	0.0	0	$+\infty$
GYSQ 透水模板布	0	0.0	0	$+\infty$

由表 11.28 和表 11.29 可见,模板上采用 4 种表面质量提升技术措施(油性脱模剂、水性脱模剂、玻璃贴纸和透水模板布)后,河砂混凝土表面单位面积气孔个数明显减少,气孔平均直径明显减小,单位长度导线切割的气孔个数显著减少,气孔间距系数明显增大,混凝土表面质量明显改善。

据表 11.28 和表 11.29 绘制混凝土表面气孔参数柱状图,见图 11.24~图 11.27。

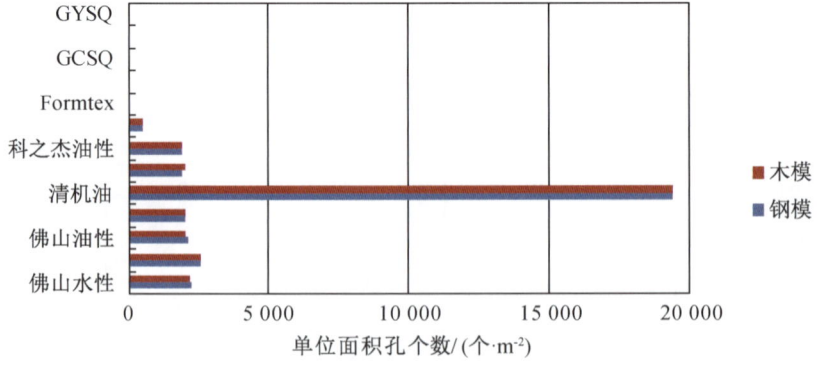

图 11.24　脱模材料对直角面 C50 河砂混凝土表面单位面积孔个数的影响

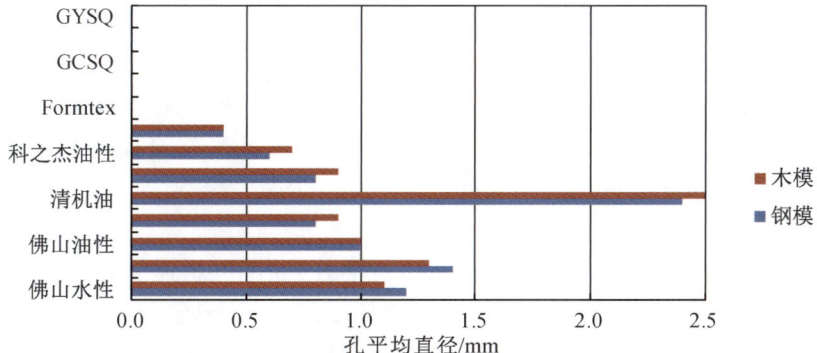

图 11.25　脱模材料对直角面 C50 河砂混凝土表面气孔平均直径的影响

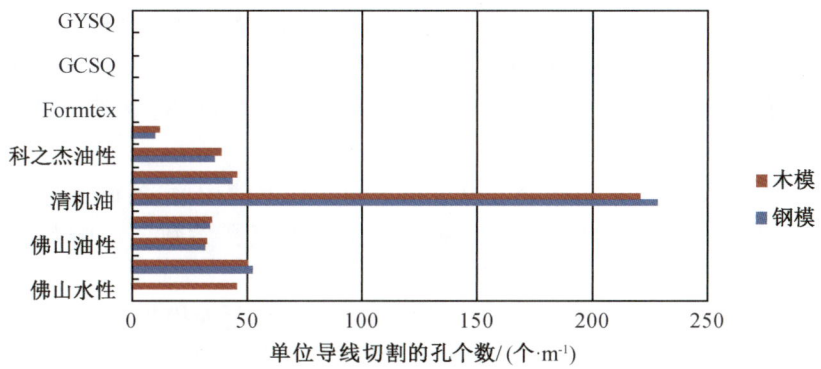

图 11.26　脱模材料对 C50 河砂混凝土表面单位长度导线切割气孔个数的影响

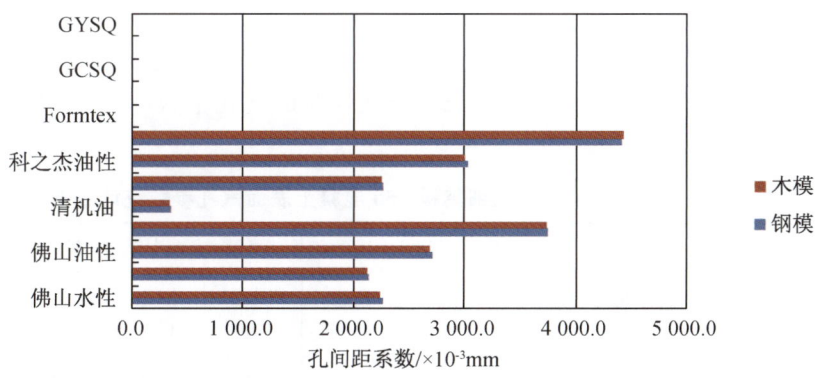

图 11.27　脱模材料对直角面 C50 河砂混凝土表面气孔间距系数的影响

由图 11.24~图 11.27 可见,混凝土模板上使用混凝土专用脱模材料后,河砂 C50 混凝土表面单位面积气孔个数可以从约 19 000 个减少至 0,气孔平均直径可以从 2.4 mm 减小至 0,单位长度导线切割的气孔个数可以从约 220 个/m 减少至 0,气孔间距系数至少增加 6 倍。

相比清机油,水性脱模剂在不同材质直角面模板上使用后,河砂 C50 混凝土表面单位面积气孔个数从 19 400 个减少至 2 200 个,气孔平均直径从 2.4 mm 减小至 1.2 mm,单位长度导线切割的气孔个数从 220 个减少至 50 个,气孔间距系数从 0.34 增加至 2.12。

相比水性脱模剂,油性脱模材料(除清机油外)在不同材质直角面模板上使用后,河砂 C50 混凝土表面单位面积气孔个数从 2 200 个减少至 1 890 个,气孔平均直径从 1.2 mm 减小至 0.8 mm,单位长度导线切割气孔个数从 50 个减少至 32 个,气孔间距系数从 2.12 增加至 3.70。

相比油性脱模材料,粘贴类脱模材料在不同材质直角面模板上使用后,玻璃贴纸使河砂 C50 混凝土表面单位面积气孔个数从 1 890 个减少至 500 个,气孔平均直径从 0.8 mm 减小至 0.4 mm,单位长度导线切割气孔个数从 32 个/m 减少至 11 个/m,气孔间距系数从 3.70 增加至 4.42。透水模板布可以完全消除混凝土表面的气孔。

脱模材料在直角面钢制混凝土模板和木制模板上使用后,河砂 C50 混凝土表面气孔参数几乎一致,表明脱模材料对混凝土表面气孔参数的影响与模板材质无关。

脱模材料在不同类细集料 C50 混凝土不同类型直角面模板上使用后,混凝土表面气孔参数几乎一致,表明脱模材料对混凝土表面气孔参数不受模板类型、细集料种类的影响。

11.3.3.2　模筑混凝土俯角面表面气孔参数的统计分析

模筑混凝土俯角面以 8 个测面为统计单元,对木模模筑混凝土俯角面表面气孔个数(N)、气孔平均直径($\overline{D}$)、单位长度导线切割的气孔个数(n_i)、气孔间距系数(K)进行统计,结果见表 11.30。

表 11.30　锥台形模板不同细集料 C50 混凝土表面气孔参数统计结果

脱模材料	N/(个·m^{-2})		$\overline{D}$/mm		n_i/(个·m^{-1})		K/×10^{-3} mm	
	机制砂 C50	河砂 C50	机制砂 C50	河砂 C50	机制砂 C50	河砂 C50	机制砂 C50	河砂 C50
佛山水性	4 719	4 861	1.7	1.8	305	311	690	711
科之杰水性	5 459	5 533	2.0	2.0	317	330	649	689
佛山油性	2 276	2 234	1.4	1.6	125	128	1 734	1 759

续表 11.30

脱模材料	$N/(个·m^{-2})$		$\overline{D}/mm$		$n_i/(个·m^{-1})$		$K/\times 10^{-3}$ mm	
	机制砂 C50	河砂 C50	机制砂 C50	河砂 C50	机制砂 C50	河砂 C50	机制砂 C50	河砂 C50
宜宾油性	2 269	2 292	1.6	1.5	128	129	1 706	1 723
清机油	21 981	22 100	2.6	2.8	949	958	153	155
P-M 油性	4 212	4 376	1.7	1.8	256	163	890	898
科之杰油性	3 348	3 381	1.6	1.6	145	146	1 011	1 021
玻璃贴纸	744	767	0.6	0.6	72	77	1 970	2 029
Formtex	0	0.0	0.0	0.0	0	0.0	$+\infty$	$+\infty$
Bunett	0	0.0	0.0	0.0	0	0.0	$+\infty$	$+\infty$
GCSQ	0	0.0	0.0	0.0	0	0.0	$+\infty$	$+\infty$
GDHQ	0	0.0	0.0	0.0	0	0.0	$+\infty$	$+\infty$
GYSQ	0	0.0	0.0	0.0	0	0.0	$+\infty$	$+\infty$

由表 11.30 可见，采用 4 种表面质量提升技术措施（油性脱模剂、水性脱模剂、玻璃贴纸和透水模板布）后，混凝土表面单位面积气孔个数明显减少，气孔平均直径显著减小，单位长度导线切割气孔个数明显减少，气孔间距系数明显增大，混凝土表面质量明显改善。

据表 11.30 绘制模板上使用不同脱模材料后混凝土表面气孔参数柱状图，见图 11.28～图 11.31。

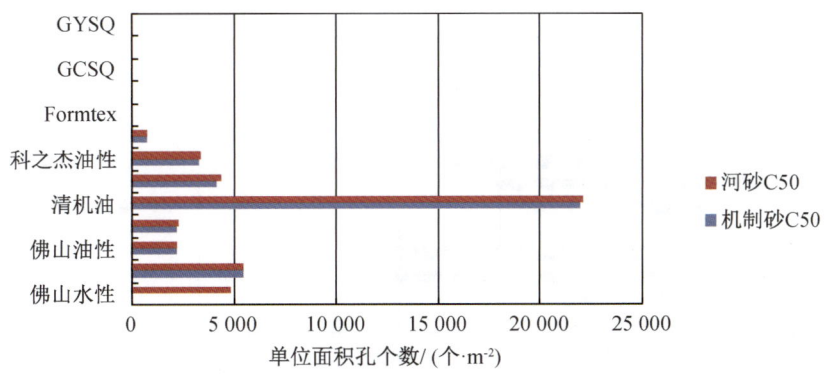

图 11.28　脱模材料对俯角面 C50 混凝土表面单位面积气孔个数的影响

木模俯角面模板上使用混凝土专用脱模材料后，不同细集料 C50 混凝土表面

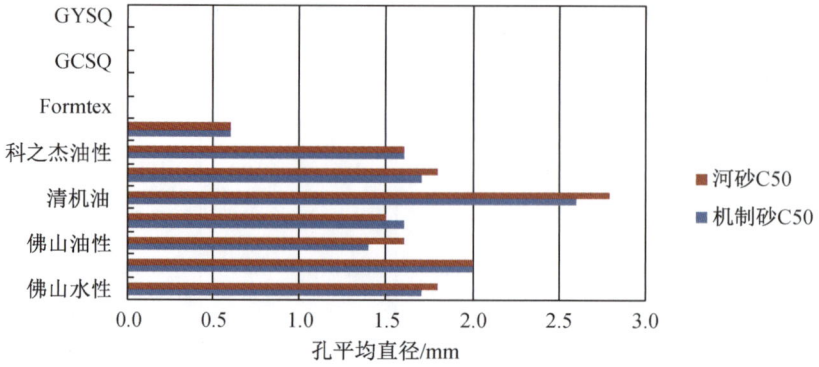

图 11.29 脱模材料对俯角面 C50 混凝土表面气孔平均直径的影响

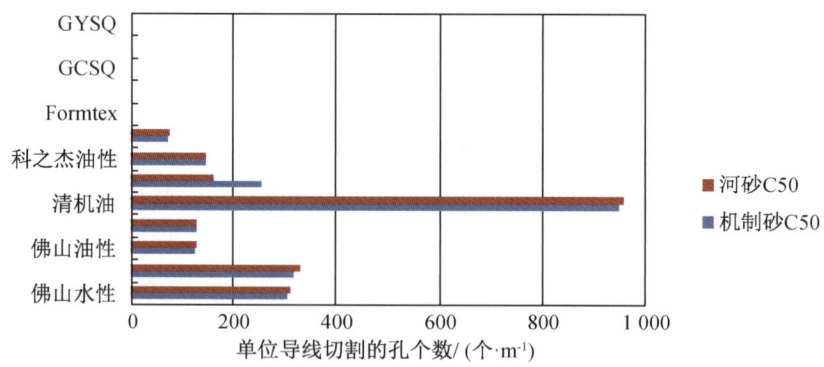

图 11.30 脱模材料对俯角面 C50 混凝土表面单位长度导线切割气孔个数的影响

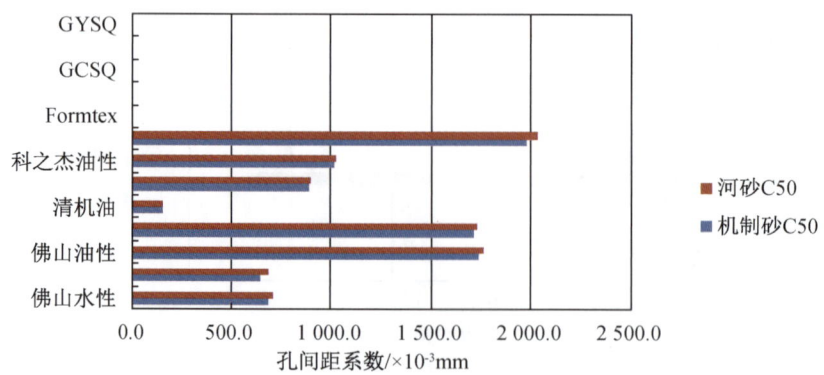

图 11.31 脱模材料对俯角面 C50 混凝土表面气孔间距系数的影响

气孔参数几乎一致,混凝土表面单位面积气孔个数可以从 22 000 个减少至 0,气孔平均直径可以从 2.7 mm 减小至 0,单位长度导线切割气孔个数可以从 950 个/m 减少至 0,气孔间距系数至少增加 6 倍。

相比清机油,水性脱模剂在俯角面模板上使用后,C50 混凝土表面单位面积气孔个数从 22 000 个减少至 4 800 个,气孔平均直径从 2.7 mm 减小至 2.0 mm,单位长度导线切割气孔个数从 950 个/m 减少至 310 个/m,气孔间距系数从 0.15 增加至 0.70。

相比水性脱模剂,油性涂抹类脱模材料(除清机油外)在俯角面模板上使用后,河砂 C50 混凝土表面单位面积气孔个数从 4 800 个减少至 2 250 个,气孔平均直径从 2.0 mm 减小至 1.5 mm,单位长度导线切割气孔个数从 310 个减少至 125 个,气孔间距系数从 0.70 增加至 1.70。

相比油性脱模材料,粘贴类脱模材料在俯角面模板上使用后,玻璃贴纸使 C50 混凝土表面单位面积气孔个数从 2 250 个减少至 750 个,气孔平均直径从 1.5 mm 减小至 0.6 mm,单位长度导线切割气孔个数从 125 个/m 减少至 75 个/m,气孔间距系数从 1.70 增加至 2.00。透水模板布可以完全消除混凝土表面的孔。

脱模材料在不同种类细集料 C50 混凝土俯角面模板上使用后,混凝土表面气孔参数几乎一致,表明脱模材料对混凝土表面气孔参数不受细集料种类的影响。

第 12 章
混凝土表面质量提升技术工程示范应用

云南省昭通市大山包一级公路,起点始于昭通市昭阳区守望乡与贵州省毕节市威宁县中水镇交界的烟堆山,经守望、凤凰、永丰、苏家院、龙树,止于鲁甸县新街集镇,顺接 G356 线鲁甸县新街至昭阳区大山包直达炎山乡通阳大桥连接沿江公路终点,项目建设里程 55.635 km,工程估算总投资 34.32 亿元,全部按一级公路设计速度 60 km/h、路基宽 24.5 m 标准建设。

全线 T 梁采用公路 I 级荷载等级,设计使用年限为 100 年,共有 16 m 和 30 m 两种低高度密肋式预应力混凝土简支 T 梁,全线共计有 1 500 余片梁板。梁板混凝土设计强度等级为 C50,重力密度为 2.60 kN/m³,弹性模量为 3.45×10^4 MPa,耐久性满足《公路钢筋混凝土及预应力混凝土桥涵设计规范》(JTG D62—2004)中 I 类环境下关于结构混凝土耐久性的基本要求。16 m T 型中梁净高 0.939 m,宽 1.05 m,马蹄部位倾角约 37°。30 m T 型中梁高 1.8 m,宽 1.8 m,马蹄部位倾角约 37°。全线设计文件对混凝土品质要求为:强度满足要求,箍筋净钢筋保护层厚度不低于 20 mm,主筋钢筋净保护层厚度不低于 30 mm,混凝土表面色泽均匀,无蜂窝麻面,无露筋,无明显气孔孔洞等。

常规施工工艺条件下,混凝土容易出现表面多气孔、局部色差明显的现象,马蹄部位的变截面处混凝土气孔多、孔径大、密集程度高。预制 T 梁混凝土表面主要缺陷聚集在马蹄变截面处,该部位由于混凝土振捣时气泡难以逸出,容易形成蜂窝麻面,通过优化施工工艺、加强振捣仍然无法有效提升该部位的表观质量。部分典型图片见图 12.1 和图 12.2。

针对预制 T 梁混凝土表面气泡数量多、色差明显等质量问题,大山包一级公路项目部决定应用混凝土表面质量提升技术,改善混凝土表面质量,提高混凝土耐久性。考虑到现场实际施工进度,采用宜宾油性、佛山油性、科之杰油性三种脱模剂在昭通市大山包一级公路甘河水库大桥左幅 6-1T 梁和右幅 6-2T 梁进行示范应用;考虑到透水模板布粘贴工艺要求较高,只选用国产 GCSQ 透水模板布在昭通市大山包一级公路牛街子 1 号大桥右幅 4-4T 梁进行示范应用。

图 12.1　某梁马蹄部位混凝土表面大量气孔聚集　　　图 12.2　某梁表面色差明显

12.1　表面质量提升技术在甘河水库大桥中的应用

12.1.1　甘河水库大桥工程简介

甘河水库大桥位于守望乡八仙村,为甘河水库建设,是土建一合同段重点控制工程之一。桥梁全长 246 m,上部采用预应力简支 T 梁,下部采用桩柱式桥墩,肋板式桥台。桥梁跨径为 8×30 m,桥宽 2×12 m,最大墩高 13.5 m。甘河水库大桥设计平面图见图 12.3,建成后的甘河水库大桥见图 12.4。

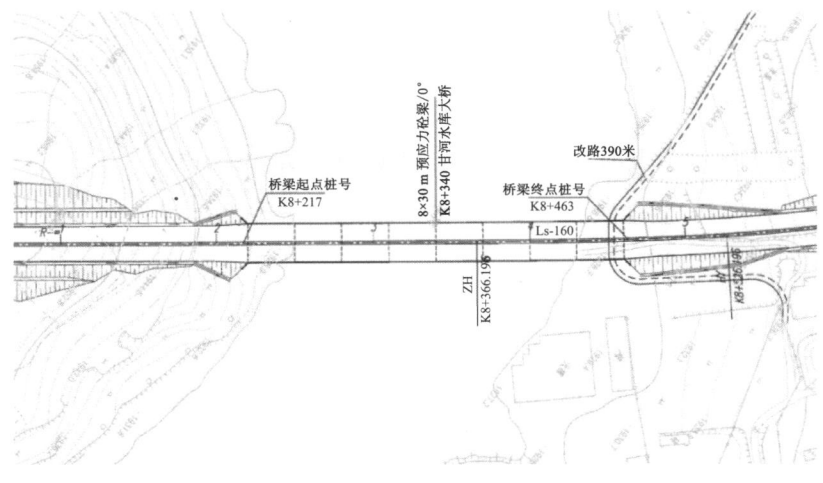

图 12.3　甘河水库大桥设计平面图

图 12.4　甘河水库大桥建成实体图

12.1.2　甘河水库大桥预制梁表面质量提升示范应用

项目组于 2017 年 4 月 2 日在甘河水库大桥左幅 6-1T 梁、右幅 6-2T 梁中进行混凝土表面质量提升技术工程示范应用。

在混凝土模板打磨结束并检查合格后,采用人工滚筒涂刷脱模剂 1～2 次。6-1T 梁沿大里程方向右半模涂刷清机油,左半模涂刷佛山油性脱模剂(见图 12.5),右幅 6-2T 梁沿大里程方向右半模涂刷宜宾油性脱模剂,左半模涂刷科之杰油性脱模剂。采用常规的成型工艺和吊斗倾翻倒料的方式浇筑混凝土,C50 机制砂混凝土坍落度控制值为(200±20)mm,实际施工配合比见表 12.1。浇筑现场混凝土拌合物性能检测结果及同条件养护 5 d 标准混凝土立方体试件抗压强度测试结果见表 12.2。

表 12.1　试验梁用机制砂 C50 混凝土配合比

混凝土类型	水泥 /(kg·m^{-3})	粉煤灰 /(kg·m^{-3})	细集料 /(kg·m^{-3})	2♯粗集料 /(kg·m^{-3})	3♯粗集料 /(kg·m^{-3})	水 /(kg·m^{-3})	外加剂 /(kg·m^{-3})
机制砂 C50	440	50	721	812	271	156	4.90

表 12.2　试验梁用机制砂 C50 混凝土部分性能试验结果

入模坍落度/mm	含气量/%	5 d 同条件养护混凝土试件抗压强度/MPa
200	5.4	40.6

甘河水库大桥左幅 6-1、右幅 6-2 T 梁使用混凝土专用脱模剂后，混凝土表面质量较清机油（图 12.6）明显改善。左幅 6-1T 梁第 3、4 横隔板之间使用科之杰油性脱模剂后混凝土表观质量提升效果见图 12.7；右幅 6-2T 梁 1、2 横隔板之间使用宜宾油性脱模剂后混凝土表观质量提升效果见图 12.8，3、4 横隔板之间使用清机油、佛山油性脱模剂后混凝土表观质量提升效果见图 12.9、图 12.10。

图 12.5　甘河水库大桥左幅 6-1T 梁左半模涂刷脱模剂

图 12.6　甘河水库大桥左幅 6-1T 梁右半模第 3、4 横隔板之间的腹板（清机油）

图 12.7　甘河水库大桥左幅 6-1T 梁左半模第 3、4 横隔板之间的腹板（科之杰油性）

图 12.8　甘河水库大桥右幅 6-2T 梁左半模第 1、2 横隔板之间的腹板（宜宾油性）

图 12.9　甘河水库大桥右幅 6-2T 梁右半模第 1、2 横隔板之间的腹板（清机油）

图 12.10　甘河水库大桥右幅 6-2T 梁左半模第 1、2 横隔板之间的腹板（佛山油性）

12.1.3 甘河水库大桥预制梁表面质量提升效果量化表征

2017年4月3日脱模后,立即对试验梁腹板和马蹄部混凝土进行直观描述、气孔特征参数分析和回弹统计分析。试验梁混凝土表面直观描述和气孔参数分析检测中,腹板和马蹄位置每两个横隔板之间选择3个测区,腹板位置单个测区面积为450 mm×450 mm;马蹄部位单个测区面积为150 mm×150 mm;试验梁回弹统计分析中腹板和马蹄部位半模各10个测区。

(1) 试验梁模筑混凝土外观质量分级

脱模后对试验梁进行直观观测和描述,统计直径≥3 mm气孔个数n、有色差测区数占总测区个数百分比$S(\%)$、有蜂窝麻面的测区数占测区总个数的百分比$F(\%)$、观测者距测区水平距离为3 m时有可见缺陷的测区数占测区总个数的百分比$M(\%)$,并按混凝土外观质量等级划分标准(参见表6.1)进行等级评定,其统计分析及等级评定结果见表12.3和表12.4。

表12.3 试验梁腹板部位混凝土表面质量直观观测

脱模材料	n	$S/\%$	$F/\%$	$M/\%$	评定等级
佛山油性	234	0	0	0	A
宜宾油性	245	0	0	0	A
科之杰油性	373	0	0	0	A
清机油	974	25	33	8	C

表12.4 试验梁马蹄部位混凝土表面质量直观观测

脱模材料	n	$S/\%$	$F/\%$	$M/\%$	评定等级
佛山油性	266	0	0	0	A
宜宾油性	275	0	0	0	A
科之杰油性	414	0	0	0	A
清机油	1 034	20	50	12	C

由表12.3和表12.4可见,与清机油相比,模筑混凝土使用专用脱模剂后其表观质量得到明显改善,直径大于等于3 mm的气孔个数明显减少,一定距离无可见孔洞,色泽均匀,不易出现蜂窝麻面。

(2) 试验梁回弹统计分析

试验梁在成型、养护5 d后,采用回弹仪进行回弹检测,试验梁半模混凝土腹板位置、马蹄部位分别选取10个测区进行回弹检测,统计分析结果见表12.5。

表 12.5 试验梁混凝土表面回弹统计分析

测区位置	脱模材料	清机油脱模剂	佛山油性脱模剂	宜宾油性脱模剂	科之杰油性脱模剂
腹板	回弹推定强度标准差/MPa	3.2	2.0	2.2	2.5
腹板	回弹推定强度/MPa	40.2	43.2	44.6	43.4
马蹄	回弹推定强度标准差/MPa	3.6	2.3	2.5	2.7
马蹄	回弹推定强度/MPa	38.2	41.3	42.5	41.3

由表 12.5 可见,模板上使用专用混凝土脱模剂后腹板混凝土回弹推定强度标准差下降 0.7~1.2 MPa,马蹄部回弹推定强度标准差下降 0.9~1.3 MPa;回弹推定强度至少提高 3.0 MPa。

(3) 试验梁混凝土表面气孔特征参数分析

按照前文中测区分布要求,脱模后对试验梁各测区进行图像摄取、着色处理,导入 Image-ProPlus 进行分析,分析结果见表 12.6 和表 12.7。

表 12.6 试验梁腹板部位混凝土表面气孔参数分析

脱模材料	$N/(个·m^{-2})$	$\overline{D}$/mm	$n_i/(个·m^{-1})$	$K/\times 10^{-3}$ mm
清机油脱模剂	19 327	1.5	199	32
佛山油性脱模剂	1 104	0.6	43	350
宜宾油性脱模剂	1 114	0.5	51	343
科之杰油性脱模剂	2 138	0.4	72	289

表 12.7 试验梁马蹄部位混凝土表面气孔参数分析

脱模材料	$N/(个·m^{-2})$	$\overline{D}$/mm	$n_i/(个·m^{-1})$	$K/\times 10^{-3}$ mm
清机油脱模剂	28 541	2.3	306	21
佛山油性脱模剂	1 156	0.8	66	118
宜宾油性脱模剂	1 169	0.6	66	106
科之杰油性脱模剂	1 962	0.6	80	77

由表 12.6 和表 12.7 可见,在试验梁模板上使用脱模剂后,腹板位置混凝土表面单位面积气孔个数由 19 327 个/m² 减少至 1 104 个/m²,气孔平均直径由 1.5 mm 减小至 0.4 mm,单位长度导线切割的气孔个数由 199 个/m 减少至 43 个/m,气孔间距系数由 0.032 增加至 0.35。马蹄部混凝土表面单位面积气孔个数由 28 541 个/m² 减少至 1 156 个/m²,气孔平均直径由 2.3 mm 减小至 0.6 mm,单位长度导线切割的

气孔个数由 306 个/m 减少至 66 个/m，气孔间距系数由 0.021 增大至 0.118。综上所述，脱模剂在试验梁模板上使用后对混凝土表面质量提升效果显著。

12.2 表面质量提升技术在牛街子 1 号大桥中的应用

12.2.1 牛街子 1 号大桥工程简介

牛街子 1 号大桥位于苏家院镇双河村，为跨越凤苏路及山谷而设。桥梁起止桩号为 K24+273～K24+582，左幅中心桩号为 K24+364，右幅中心桩号为 K24+351。桥梁全长 156 m，跨径为 4×30 m，上部采用预应力简支梁，梁板混凝土设计强度等级为 C50 混凝土，下部采用桩柱式桥墩、柱式桥台，混凝土设计强度等级为 C30，桥宽 2×12 m，最大墩高为 23 m。牛街子 1 号大桥纵断面设计图见图 12.11，建成实体图见图 12.12。

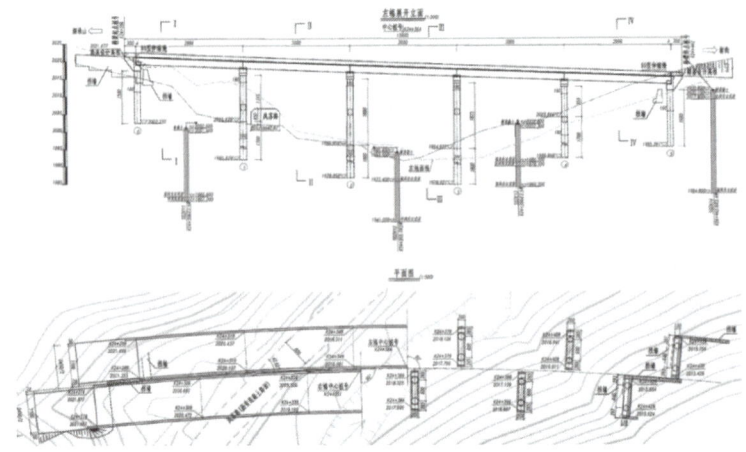

图 12.11 牛街子 1 号大桥纵断面

图 12.12 牛街子 1 号大桥建成实体图

12.2.2 牛街子1号大桥预制梁表面质量提升示范应用

项目组于2017年5月24日在昭通市大山包一级公路工程土建二标牛街子1号大桥右幅4-4T梁开展透水模板布实体工程应用试验,考虑到透水模板布粘贴工艺复杂、施工精细化要求高,试验梁上只试用了国产GCSQ型透水模板布。试验梁沿大里程方向左半模涂刷清机油,右半模粘贴GCSQ型透水模板布。测区布置与甘河水库大桥试验梁上的测区布置一致,但测区数量增加一倍。混凝土表面质量的表征仍然从直观观测描述、回弹统计分析和孔特征参数分析等三个方面进行,进一步验证脱模材料对混凝土表面质量提升作用的大小。

试验梁用C50河砂混凝土配合比及部分实测性能指标见表12.8和表12.9。

表12.8 试验梁用河砂C50混凝土配合比

混凝土类型	水泥/(kg·m^{-3})	粉煤灰/(kg·m^{-3})	细集料/(kg·m^{-3})	2#粗集料/(kg·m^{-3})	3#粗集料/(kg·m^{-3})	水/(kg·m^{-3})	外加剂/(kg·m^{-3})
河砂C50	480	—	710	778	333	149	5.28

表12.9 试验梁用河砂C50混凝土部分性能试验检测结果

入模坍落度/mm	含气量/%	5 d同条件养护混凝土试件抗压强度/MPa
180	5.8	39.6

牛街子1号大桥预制梁透水模板布现场粘贴施工情况见图12.13。

图12.13 透水模板布在牛街子1号大桥中的应用(透水模板布粘贴施工)

2017年5月24日试验梁成形后,2017年5月26日拆模,随即进行直观观测。与清机油相比,透水模板布对混凝土表面质量改善显著,可以完全消除混凝土表面的气孔,对比情况见图12.14和图12.15。透水模板布在牛街子1号大桥右幅

4-4T梁上使用后，混凝土表观质量显著提升，可以彻底解决马蹄部位混凝土的外观缺陷，提升效果显著。

图 12.14　试验梁脱模后腹板混凝土表观质量(清机油)

图 12.15　试验梁脱模后腹板混凝土表观质量(透水模板布)

12.2.3　牛街子1号大桥预制梁表面质量提升效果量化表征

试验梁上直观描述和孔参数分析检测中，腹板和马蹄位置每两个横隔板之间选择3个测区，腹板位置单个测区面积为 450 mm×450 mm；马蹄部单个测区面积为 150 mm×150 mm；试验梁回弹统计分析中腹板和马蹄部位半模各10个测区。

（1）试验梁混凝土表面回弹统计分析

试验梁常规养护至5 d后，试验梁半模混凝土腹板位置、马蹄部位分别选取10个测区采用回弹仪进行回弹检测，统计分析结果见图12.16和图12.17。

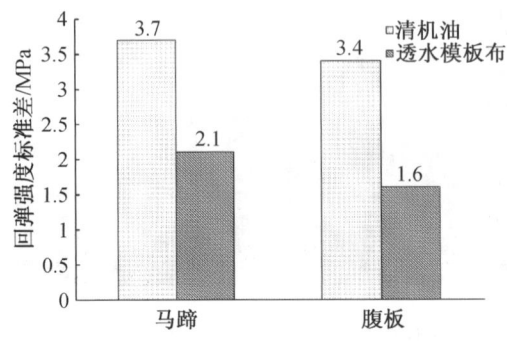

图 12.16　试验梁回弹推定强度标准差统计结果　　图 12.17　试验梁回弹推定强度统计结果

由图12.16和图12.17可见，透水模板布对混凝土表面质量的提升尤为显著，它能提高混凝土表面的密实性、均匀性。试验梁腹板混凝土表面回弹推定强度标准差由 3.4 MPa 降低至 1.6 MPa，回弹推定强度由 41.2 提高至 55.7 MPa；马蹄部位混凝土表面回弹推定强度标准差由 3.7 MPa 降低至 2.1 MPa，回弹推定强度由 40.5 MPa 提高至 55.2 MPa。

（2）试验梁混凝土表面气孔特征参数分析

试验梁拆模后随即在半模混凝土腹板位置、马蹄部位按照前文测区布置要求，进行图像摄取、着色处理，随后导入 Image-ProPlus 进行分析，分析结果见表 12.10 和表 12.11。

表 12.10　试验梁腹板部位混凝土表面气孔参数分析

脱模材料	$N/(个 \cdot m^{-2})$	$\overline{D}/mm$	$n_i/(个 \cdot m^{-3})$	$K/\times 10^{-3}$ mm
清机油	21 881	2.2	219	30
GCSQ 透水模板布	0	0.0	0	$+\infty$

表 12.11　试验梁马蹄部位混凝土表面气孔参数分析

脱模材料	$N/(个 \cdot m^{-2})$	$\overline{D}/mm$	$n_i/(个 \cdot m^{-1})$	$K/\times 10^{-3}$ mm
清机油	25 163	2.2	270	24
GCSQ 透水模板布	0	0.0	0	$+\infty$

由表 12.10 和表 12.11 可见，透水模板布可以完全消除混凝土表面的气孔，混凝土表面质量明显提升。

第 4 篇

滇东北地区公路工程混凝土强度原位测试技术

第 13 章
常见混凝土强度原位测试技术

　　为加强混凝土工程的质量控制,工程实体需采取必要的质量评定。目前,测试标准养护混凝土试件的抗压强度是最主要的方式。如《公路桥涵施工技术规范》(JTG/T F50—2011)指出,评定混凝土强度时应检验标准养护条件下的 28 d 抗压强度。然而,标准养护试件毕竟不完全等同于工程实体,代表性并不充分,这主要体现在以下三个方面:成型工艺、养护条件和样本量。

　　在成型工艺方面,混凝土试件中没有钢筋等预埋件,操作方便,极易插捣或振捣密实;且制备试件时视野开阔,一般不会出现过振现象,拌合物均匀,浆体对骨料的包裹性好,离析概率小,密实度高。

　　在养护条件方面,标准养护条件下混凝土所处环境的温度、相对湿度均不同于工程实体。标准养护试件的养护温度为(20±2)℃,相对湿度≥95%。而工程实体温度则伴随环境温度呈规律性变化,夏季偏高,春季、秋季、冬季偏低。温度变化会显著影响水泥的水化进程,例如,30℃条件下水泥的水化速率是 20℃下的 2.4 倍。由此可见,若温度差异大,工程实体强度将显著不同于标准养护试件强度。为减小温度对标准养护试件强度测值代表性的影响,采用同条件养护试件不失为一种相对有效的强度评定方式。然而,同条件养护虽可在一定程度上缩小温度差距,却也很难完全代表工程实体温度,这在大体积混凝土施工中尤其明显,混凝土结构体型大、导热性差,胶凝材料水化热传导不良,容易在工程实体内部积聚,内部温度将明显高于环境温度。除了温度以外,相对湿度差异也对强度影响明显,当孔隙内饱和蒸气压低于 85% 时,水泥将中止水化,强度几乎不再增长。标准养护混凝土试件和同条件养护混凝土试件所处环境的相对湿度都容易保证,一般会高于工程实体,会造成一定的强度偏差。

　　在样本量方面,少量取样只能近似反映工程实体强度。如浇筑大体积结构物时每 200 m³ 混凝土取样 2 组,200 m³ 混凝土估计要运输 20 车预拌混凝土,即使 2 组抗压强度试件从不同的罐车中抽取,也至多代表 2 车混凝土的质量,只能代表结构物 10% 混凝土的强度,很难全面反映整个构件的工程质量。

综上所述,采用标准养护或同条件养护试件间接检验工程实体强度具有一定的局限性。因此,如果直接在工程实体上对混凝土强度进行测试、评判,将弥补多因素影响下工程实体与标准养护试件强度存在较大差异的缺陷。多角度、全方位的工程实体检验具有显著的工程指导意义。

工程实体强度检验通常称为混凝土强度原位测试技术,按照检验方法对实体结构的破损程度分为三类:破损法、非破损法和破损-非破损综合法。常见的破损法有钻芯法、拔出法和射钉法,非破损法主要有回弹法和超声-回弹综合法。破损法和非破损法相对比较成熟,在工程中使用较广。随着研究的不断深入,近年来,学者们提议将破损法和非破损法综合使用,并提出了一系列的破损-非破损综合法,后面我们将列举几种比较有代表性的方法。

13.1 破损法

13.1.1 钻芯法

钻芯法是一种从结构或构件中钻取圆柱状试件并在特定龄期测试混凝土强度的方法。它的起源可以追溯到20世纪30年代,由苏联、丹麦、英国、美国等国家最早使用。我国于20世纪80年代初开始引入钻芯法,并先后在天津、上海、西安、南京、成都、山西等地试用近10年,在检验工程质量、处理工程事故等方面发挥了重要作用,积累了丰富的工程经验。1988年中国工程建设标准化委员会委托中国建筑科学研究院组织编制相应技术规程,形成我国第一部钻芯法技术规程《钻芯法检测混凝土强度技术规程》(CECS 03:88)。经过多年总结,钻芯法已于2007年再次修订,方法更科学、更成熟。2016年,钻芯法已由协会标准正式上升为行业标准《钻芯法检测混凝土强度技术规程》(JGJ/T 384—2016),在全国范围内推广应用。

13.1.1.1 基本原理

为评定工程实体的混凝土强度,在构件上钻取、截取规定尺寸的混凝土芯样,再按规定方法测试其强度。

13.1.1.2 实施要点

(1) 芯样尺寸

抗压强度测试宜采用直径为100 mm的芯样,不宜小于骨料最大粒径的3倍;也可使用小直径芯样,直径不小于70 mm,不宜小于骨料最大粒径的2倍。抗压强度测试芯样的高径比宜为1:1,不应小于1。抗压强度芯样的高径比小于要求高径比的0.95或大于1.05时,不得使用。抗压强度芯样内不宜含有钢筋,如有,钢筋直径不得大于10 mm。芯样高度可用钢板尺或钢卷尺测量,精确至1.0 mm。芯样直径为 6 次测值的平均值,分别为芯样上部、中部、下部各 2 次,采用游标卡尺测量,精确至 0.5 mm。

(2) 芯样数量

当推定检验批混凝土抗压强度时,直径 100 mm 的芯样试件的最小样本量不宜小于 15 个,小直径芯样试件的最小样本量不宜小于 20 个。当推定单个构件混凝土抗压强度时,芯样试件的数量不宜少于 3 个,钻芯如对构件的服役性能影响较大时,应钻取不少于 2 个小尺寸芯样。

(3) 芯样平整度

平整度可用钢板尺或角尺紧靠在芯样试件承压面(线)上,一面转动钢板尺,一面用塞尺测量钢板尺与芯样试件承压面(线)之间的缝隙,取最大缝隙为芯样试件的平整度。当芯样试件端面的不平整度在每 100 mm 长度内超过 0.1 mm 时,不得使用。

(4) 芯样垂直度

垂直度应用游标量角器测量芯样试件两个端面与母线的夹角,取最大值作为芯样试件的垂直度,精确至 0.1°。当抗压强度芯样试件端面与轴线的不垂直度超过 1°时,则不予使用。

(5) 芯样试验

芯样试件应在自然干燥状态下进行抗压试验。当结构工作条件比较潮湿,需要确定潮湿状态下混凝土的抗压强度时,芯样试件宜在(20±5)℃的清水中浸泡 40～48 h,从水中取出后应去除表面水渍,并立即进行试验。

(6) 强度推定

单个构件的混凝土抗压强度推定值不再进行数据舍弃,而按照混凝土抗压强度值中的最小值进行确定。检验批的混凝土抗压强度推定值应计算推定区间,推定区间的上限值和下限值应按公式(13-1)～(13-4)计算。

$$f_{cu,e1} = f_{cu,cor,m} - k_1 s_{cu} \tag{13-1}$$

$$f_{cu,e2} = f_{cu,cor,m} - k_2 s_{cu} \tag{13-2}$$

$$f_{cu,cor,m} = \frac{\sum_{i=1}^{n} f_{cu,cor,i}}{n} \tag{13-3}$$

$$s_{cu} = \sqrt{\frac{\sum_{i=1}^{n}(f_{cu,cor,i} - f_{cu,cor,m})^2}{n-1}} \tag{13-4}$$

式中:$f_{cu,cor,m}$——芯样试件抗压强度平均值(MPa),精确至 0.1 MPa;

$f_{cu,cor,i}$——单个芯样试件抗压强度值(MPa),精确至 0.1 MPa;

$f_{cu,e1}$ ——混凝土抗压强度推定上限值(MPa),精确至 0.1 MPa;
$f_{cu,e2}$ ——混凝土抗压强度推定下限值(MPa),精确至 0.1 MPa;
k_1、k_2 ——推定区间上限值系数和下限值系数,可查表求得;
s_{cu} ——芯样试件抗压强度样本的标准差(MPa),精确至 0.01 MPa。

13.1.1.3 优缺点

(1) 优点

采用钻芯法推定工程实体的抗压强度时,芯样来源于工程实体构件,能够反映实体的真实情况,几乎可以排除一切可能的温湿度、骨料品种等因素的影响,数据的可靠性强,可为工程事故分析、构件质量评定提供直接证据。

(2) 缺点

钻芯法的缺点是破坏性极强,很难全面、系统地测试。虽然能够得到较可靠的检验成果,却不能大面积开展测试,试件强度代表的工作范围常常受限。此外,钻芯后的孔洞需要妥善修复,一旦修复不当,极易导致衍生病害。因此,该方法一般非在必要时不可使用。

13.1.2 拔出法

拔出法最早可追溯到 20 世纪 30 年代,由苏联学者率先采用锚固件通过拉拔方式形成了混凝土的锥形破坏[164-165],自此之后,学术界逐渐萌生了利用拔出强度评定混凝土抗压强度的理念。在接下来的 50 年间,美国、丹麦、日本等国家[166-168]相继研究拔出法,并逐渐形成系列技术标准。我国于 20 世纪 80 年代开始引入拔出法,并由铁道部科学研究院在 1994 年组织编制我国第一部拔出法技术规程《后装拔出法检测混凝土强度技术规程》(CECS 69:94)。2011 年完成第一次修订,将预埋拔出法和后装拔出法同时列入规程,修订标准《拔出法检测混凝土强度技术规程》(CECS 69:2011)现已实施。

13.1.2.1 基本原理

拔出法可按照锚固件安装的时间分为预埋拔出法和后装拔出法,它是一种通过拉拔安装在混凝土中的锚固件,测定极限拔出力,并根据预先建立的极限拔出力与混凝土抗压强度之间的相关关系推定混凝土抗压强度的检测方法。

13.1.2.2 实施要点

(1) 预先确定极限拉拔力与抗压强度的关系曲线。
(2) 测点布置

采用后装拔出法时,可采用圆环式拔出仪或三点式拔出仪进行试验。如按单个构件检测,应在构件上均匀布置 3 个测点。当拔出力最大值、最小值与中间值的偏差小于 15% 时,仅布置 3 个测点即可。当拔出力最大值、最小值与中间值的偏差超过 15% 时,应在最小值附近再加两个测点。如同批构件按批抽样检测时,每个构件宜布置 1 个测点,且最小样本量不宜少于 15 个。

采用预埋式拔出法时,应采用圆环式拔出仪进行试验。预埋件的布点数量和位置应预先规划确定。对单个构件进行强度检测时,应至少设置 3 个预埋点。如对同批构件评定时,最小样本容量不宜少于 15 个,每个构件预埋点数宜为 1 个。

(3) 锚固件尺寸

圆环式后装拔出法检测装置的反力支承内径宜为 55 mm,锚固件的锚固深度宜为 25 mm,钻孔直径宜为 18 mm,锚固力主要源于胀簧和胀杆。

圆环式预埋拔出法检测装置的反力支承内径宜为 55 mm,锚固件的锚固深度宜为 25 mm,拉杆直径宜为 10 mm,锚盘直径宜为 25 mm。

三点式后装拔出法检测装置的反力支承内径宜为 120 mm,锚固件的锚固深度宜为 35 mm,钻孔直径宜为 22 mm。

当骨料最大粒径不大于 40 mm 时,宜优先选用圆环式拔出法检测装置。

(4) 混凝土强度换算

圆环式后装拔出法的强度换算可按式(13-5)计算。

$$f_{cu}^c = 1.55F + 2.35 \tag{13-5}$$

三点式后装拔出法的强度换算可按式(13-6)计算。

$$f_{cu}^c = 2.76F - 11.54 \tag{13-6}$$

圆环式预埋拔出法的强度换算可按式(13-7)计算。

$$f_{cu}^c = 1.28F - 0.64 \tag{13-7}$$

式中:f_{cu}^c ——混凝土强度换算值(MPa),精确至 0.1 MPa;

F ——拔出力代表值(kN),精确至 0.1 kN。

(5) 单个构件的强度推定

当构件 3 个拔出力中的最大拔出力和最小拔出力与中间值之差的绝对值均小于中间值的 15% 时,取最小值作为该构件拔出力代表值。当超过中间值的 15% 时,加测的 2 个拔出力值和最小拔出力值一起取平均值,再与前一次的拔出力中间值比较,取小值作为该构件拔出力代表值。

(6) 检验批构件的强度推定

检验批混凝土强度推定值可按式(13-8)~式(13-10)计算。

$$f_{cu,e} = m_{f_{cu}^c} - 1.645\, S_{f_{cu}^c} \tag{13-8}$$

$$m_{f_{cu}^c} = \frac{1}{n} \sum_{i=1}^{n} f_{cu,i}^c \tag{13-9}$$

$$S_{f_{cu}^c} = \sqrt{\frac{\sum_{i=1}^{n}(f_{cu,i}^c - m_{f_{cu}^c})^2}{n-1}} \tag{13-10}$$

式中：$S_{f_{cu}^c}$——检验批中构件混凝土强度换算值的标准差（MPa），精确至 0.01 MPa；

m——批抽检的构件数；

n——批抽检测点的总数；

$f_{cu,i}^c$——第 i 个测点混凝土强度换算值（MPa）；

$m_{f_{cu}^c}$——批抽检构件混凝土强度换算值的平均值（MPa），精确至 0.1 MPa。

13.1.2.3 优缺点

（1）优点

与钻芯法相比，无论是后装拔出法还是预埋拔出法，对工程实体的损伤均较小，锚固件埋入构件内部，在一定程度上反映了混凝土内部的强度水平。

（2）缺点

拔出法操作复杂，需要预先确定极限拔出力和抗压强度的相关关系曲线，工作量大。数据根据事先确定的关系曲线推算，为间接性试验结果，可靠性不如钻芯法。极限拔出力测试需要确保拉杆方向与混凝土界面保持垂直，这对预埋或后装拉杆工艺要求较高，容易出现偏心受拉，影响试验结果的准确性。

13.1.3 射钉法

射钉法又称为贯入阻力试验法，最早由美国材料试验协会提出，并于 1982 年列为正式标准 *Standard test method for penetration resistance of hardened concrete*（ASTM C 803—1982），现行标准为 ASTM C 803—2017。我国最先由水利部电力工业部第二工程局和交通部公路科学研究所在 20 世纪 80 年代开始研究射钉法，并于 1991 年通过鉴定，填补了我国硬化混凝土强度测试技术方面的一项空白[169-170]。该方法在 2000 年正式列入《砌体工程现场检测技术标准》（GB/T 50315—2000），主要用于检验砂浆强度。在检验混凝土强度方面，射钉法尚未全面展开。

13.1.3.1 基本原理

射钉法检验混凝土强度主要通过精确控制的动力将特制的钢钉射入混凝土

中,根据贯入阻力大小来推定混凝土的抗压强度。

射钉法采用钢钉作为贯入介质、火药作为驱动能量。驱动能量一部分用于抵消射钉与混凝土之间的摩擦,另一部分用于混凝土的压缩变形。由于射钉能量全部被混凝土吸收,因此,只要初始动能固定、射钉的尺寸形状不变,射钉的贯入深度就取决于混凝土的力学性质。通常采用射钉的外露部分与混凝土的抗压强度建立关系,用于最终强度推定。

13.1.3.2 实施要点

(1) 确定射钉外露长度与混凝土抗压强度的关系曲线

试验组数不少于 30 对。射钉试验中混凝土试件的标准尺寸为 400 mm×400 mm×400 mm,射钉点按梅花形布置,每组 5 个射钉,取平均外露长度作为试验结果。混凝土抗压强度试件尺寸为 150 mm×150 mm×150 mm,与射钉试验用试件应在同条件养护、标准养护和自然干燥养护分别建立相关关系。

每支射钉枪均需单独标定曲线,曲线的相关系数应不小于 0.90,回归变异系数不宜超过 15%。

(2) 射钉枪参数

射钉枪需要精确控制射出能量,且射出能量足以保证射钉进入混凝土。射钉材质主要为淬火的合金钢,尖端锋利,顶端平整,射钉表面需要镀铬或镀锌。子弹根据能量大小分为黑色子弹、红色子弹和黄色子弹三类。根据混凝土的强度等级选择子弹,应确保射钉能够射入混凝土,但不能完全进入混凝土内部。

(3) 操作控制

混凝土强度不得低于 5 MPa,厚度不得小于 150 mm,射钉间距离不小于 140 mm,与混凝土边缘相距不小于 100 mm,混凝土表面应平整。

射钉试验结束后,应检验射钉嵌入是否牢固,不牢固的射钉不能作为试验结果,应予舍弃。

(4) 强度推定

每组发射 3 个射钉,取 3 个测点的算术平均值作为射钉长度代表值,再依据预先确定的射钉外露长度和抗压强度关系曲线推定混凝土强度。

(5) 安全

射钉枪要设计保险装置,使用前混凝土表面必须平整,防止射钉飞出。使用前后射钉枪严禁对向人,以免误射,造成不必要的伤害。

13.1.3.3 优缺点

(1) 优点

射钉法检验操作比钻芯法、拔出法简单,对混凝土的损伤小,强度推定值与钻芯法测试结果比较接近,精确度高于拔出法。

(2) 缺点

射钉法具有严格的适用范围,适用于抗压强度为 5~40 MPa 的混凝土,不适用于梁板等 C50 等级混凝土的现场检验。

射钉法在使用前需要标定抗压强度与射钉外露长度的关系曲线,工作量较大。此外,射钉法受骨料直径和含量的影响较大,容易出现离群值。

射钉法需要内装火药的射钉枪驱动,具有一定的安全隐患,使用时务必谨慎小心,这也是该方法未得到普遍推广的主要原因之一。近年来,随着工业技术水平的不断进步,气动式射钉枪或将取代火药式射钉枪,实现更低等级的强度评定,操作实施更便捷、更安全。

13.2 非破损法

13.2.1 回弹法

早在 20 世纪 30 年代,人们就开始探索如何利用混凝土表面硬度去表征强度,历经多年探索,1948 年瑞士科学家 Schmidt 率先研制了回弹仪。之后,该方法被日本、法国、英国、德国、美国等国家相继引入,并不断完善[171-173]。我国自 20 世纪 50 年代开始引入回弹仪,60 年代初实现批量生产,应用技术逐渐成熟。70 年代以后,研究逐步深入,制定专门规程的呼声也越来越高。1985 年,我国首部《回弹法评定混凝土抗压强度技术规程》(JGJ 23—1985)面世,在处理工程事故和保障工程质量方面发挥了积极作用。与此同时,该方法在应用中也暴露出一些新的问题,已分别于 1992 年、2001 年和 2011 年经历 3 次修订,现行版本为《回弹法检测混凝土抗压强度技术规程》(JGJ/T 23—2011),应用较为广泛。

13.2.1.1 工作原理

回弹法主要利用回弹仪检验混凝土强度,它是根据预定混凝土表面硬度和抗压强度的相关关系曲线,实测混凝土表面硬度,进而推定混凝土强度的一种方法。混凝土表面硬度测试时,先用弹击锤弹击混凝土表面,弹击锤势必反弹,再以一定能量的弹击拉簧吸收混凝土的反弹能量,记录弹击锤的回弹刻度,即回弹值,结合事先确定的关系曲线,即可推定混凝土强度。

13.2.1.2 实施要点

(1) 确定回弹测强曲线

回弹测强曲线是指混凝土抗压强度和回弹值的相关关系曲线,按照曲线应用的范围分为统一测强曲线、地区测强曲线和专用测强曲线 3 类。由于回弹法推定混凝土的抗压强度受地区的相对湿度、骨料品种、水泥品质、掺合料掺量、胶凝材料用量等因素的影响,鼓励使用地区测强曲线甚至专用测强曲线。

(2) 检验频率

按批量检验时,应随机抽取构件,抽检数量不宜少于同批构件总数的 30% 且不宜少于 10 件。当检验批构件数量大于 30 个时,抽样构件数量可适当调整。

按单个构件检验时,一般构件的测区数不宜少于 10 个。当受检构件大于 30 个且不需要单个构件的推定强度或受检构件某一方向尺寸不大于 4.5 m 且另一方向尺寸不大于 0.3 m 时,每个构件的测区数量可适当减少,但不应少于 5 个。

(3) 混凝土表面测试要求

测区面宜选择能使回弹仪处于水平方向的混凝土浇筑侧面,尽可能布置在两个对称的可测面上,如必须设置在同一测面上时,应均匀设置。在构件的重要部位及薄弱部位应布置测区,并避开预埋件。测区的面积不宜超过 0.04 m²。测区应具有代表性,表面不得有疏松层、涂层、蜂窝、麻面等。

(4) 回弹值测量

每个测区读取 16 个回弹值,每个测点的回弹值读数应精确至 1。测点宜在测区内均匀分布,相邻两测点的净距离不宜小于 20 mm,测点距外露钢筋、预埋件的距离不宜小于 30 mm,测点不应在气孔或外露石子上,同一测点应只弹击一次。

(5) 回弹值修正

在回弹仪非水平方向回弹、未在浇筑侧面回弹、混凝土发生碳化等条件下,回弹值均需要修正。修正方法详见《回弹法检测混凝土抗压强度技术规程》(JGJ/T 23—2011)。

碳化深度测点数不应少于构件测区数的 30%,应取其平均值作为构件每个测区的碳化深度值。当碳化深度极差超过 2.0 mm 时,应测试每个测区的碳化深度。

(6) 回弹值计算

计算测区平均回弹推定强度时,应从测区 16 个回弹值中剔除 3 个最大值和 3 个最小值,其余 10 个回弹值按式(13-11)计算。

$$R_\mathrm{m} = \frac{\sum_{i=1}^{n} R_i}{10} \tag{13-11}$$

式中:R_m ——测区平均回弹值,精确至 0.1;

R_i ——第 i 个测点的回弹值。

非水平方向检测混凝土浇筑侧面时,测区的平均回弹值按式(13-12)修正。

$$R_\mathrm{m} = R_{\mathrm{m}\alpha} + R_{\mathrm{a}\alpha} \tag{13-12}$$

式中:$R_{\mathrm{m}\alpha}$ ——非水平方向检测时测区的平均回弹值,精确至 0.1;

$R_{a\alpha}$——非水平方向检测时回弹值修正值。

水平方向检测混凝土的浇筑表面或浇筑底面时,测区的平均回弹值按式(13-13)和(13-14)修正。

$$R_m = R_m^t + R_a^t \qquad (13\text{-}13)$$

$$R_m = R_m^b + R_a^b \qquad (13\text{-}14)$$

式中:R_m^t、R_m^b——水平方向检测混凝土的表面、底面时,测区的平均回弹值,精确至 0.1;

R_a^t、R_a^b——混凝土浇筑表面、底面的回弹修正值。

当回弹仪为非水平方向且测试面为混凝土的非浇筑侧面时,应先对回弹值进行角度修正,并应对修正后的回弹值进行浇筑面修正。

13.2.1.3 优缺点

(1) 优点

回弹法检验混凝土强度是一种典型的无损检测方法,操作方便,与抗压强度的相关性好,具有广阔的应用空间。

(2) 缺点

回弹法推定混凝土抗压强度需要制定较为准确的测强曲线。《回弹法检测混凝土抗压强度技术规程》(JGJ/T 23—2011)中虽列出了全国统一测强曲线,但统一曲线主要依据北京、天津、杭州、合肥、南京、成都、陕西、广州、武汉、湘潭、重庆和哈尔滨等 12 个地区的土建工程,很难适应全国范围内的建设工程。而且近年来,我国砂石骨料的岩性、水泥的强度水平、掺合料及混合材的品质等均发生了较大变动,区域性差异大,加剧了统一测强曲线的不适用性,建立地区或专用测强曲线已是大势所趋。

13.2.2 超声-回弹综合法

超声-回弹综合法旨在综合使用超声法和回弹法两种非破损检测手段,可在一定程度上弥补单一检测方法的缺陷和不足。研究工作最早可追溯到 1966 年,由罗马尼亚率先提出综合应用超声法和回弹法推算混凝土的抗压强度,并于 1971 年颁布第一部《超声-回弹综合法确定混凝土强度技术规程》,世界各国的工程界对此十分重视,相继颁布相关标准。我国在 1988 年正式颁布《超声回弹综合法检测混凝土强度技术规程》(CECS 02:88),已于 2005 年重新修订。该方法的研究和应用已日趋成熟。

13.2.2.1 工作原理

超声-回弹综合法主要利用回弹仪检验混凝土表面硬度、超声波测试混凝土内部密实度,并通过幂函数公式将两种检测手段综合为一个技术指标,建立综合技术指标与抗压强度的相关关系曲线,再根据实测回弹值、超声波速推定混凝土的抗压强度。

13.2.2.2 实施要点

(1) 确定超声-回弹综合测强曲线

超声-回弹综合测强曲线是指混凝土抗压强度与回弹值和超声波速的相关关系曲线。与回弹法相似,测强曲线分为统一测强曲线、地区测强曲线和专用测强曲线 3 类。但统一测强曲线的应用范围与回弹法不同,使用前必须经过验证,若相对误差超过 15%,则应另行建立专用或地区测强曲线。

(2) 测点布置

回弹测点布置方法与回弹法相同。超声测点应布置在回弹测试的同一测区内,每一测区布置 3 个测点。超声测试宜优先选用对测或角测;当构件不具备对测或角测条件时,可采用单面平测。

(3) 测量与修正

回弹值的测量和修正与回弹法相同。

超声测试时,声时测量应精确至 $0.1\,\mu s$,测距测量应精确至 $1.0\,mm$,且测量误差不应超过 $\pm 1\%$。声速计算应精确至 $0.01\,km/s$。

当在混凝土浇筑方向的侧面对测时,测区混凝土中声速代表值应根据该测区中 3 个测点的声速值按式(13-15)计算。

$$v = \frac{1}{3} \sum_{i=1}^{3} \frac{l_i}{t_i - t_0} \tag{13-15}$$

式中:v——测区混凝土中声速代表值(km/s);

l_i——第 i 个测点的超声测距(mm);

t_i——第 i 个测点的声时读数(μs);

t_0——声时初读数(μs)。

当在混凝土浇筑的顶面或底面测试时,测区声速代表值应按式(13-16)修正。

$$v_a = \beta \cdot v \tag{13-16}$$

式中:v_a——修正后的测区混凝土中声速代表值(km/s);

β——超声测试面的声速修正系数,平测、对测或角测条件下,该系数需适当调整。

(4) 抗压强度换算

结构或构件中第 i 个测区的混凝土抗压强度换算值,在修正回弹代表值和声速代表值后,优先选用专用测强曲线或地区测强曲线换算而得。

当无专用和地区测强曲线时,如统一测强曲线能够通过验证,则可按式(13-17)和(13-18)换算抗压强度,分别适用于粗骨料为卵石和碎石。

$$f_{cu,i}^{c} = 0.005\ 6\ v_{ai}^{1.439} R_{ai}^{1.769} \tag{13-17}$$

$$f_{cu,i}^{c} = 0.016\ 2\ v_{ai}^{1.656} R_{ai}^{1.410} \tag{13-18}$$

式中:$f_{cu,i}^{c}$——第 i 个测区混凝土抗压强度换算值(MPa),精确至 0.1 MPa。

当结构或构件的测区抗压强度换算值中出现小于 10.0 MPa 的值时,该构件的混凝土抗压强度推定值取小于 10 MPa。

(5) 抗压强度换算值修正

当结构或构件所采用的材料及其龄期与制定测强曲线所采用材料及龄期有较大差异时,应采用同条件立方体试件或从结构或构件测区中钻取的混凝土芯样试件的抗压强度进行修正。试件数量不应少于 4 个。计算混凝土的抗压强度换算值应乘以修正系数 η。

采用同条件养护立方体抗压强度试件修正时,η 的计算如式(13-19)。

$$\eta = \frac{1}{n} \sum_{i=1}^{n} (f_{cu,i}^{0} / f_{cu,i}^{c}) \tag{13-19}$$

采用混凝土芯样试件修正时,η 的计算如式(13-20)。

$$\eta = \frac{1}{n} \sum_{i=1}^{n} (f_{cor,i}^{0} / f_{cu,i}^{c}) \tag{13-20}$$

式中:$f_{cu,i}^{c}$——对应于第 i 个立方体试件或芯样试件的混凝土抗压强度换算值(MPa),精确至 0.1 MPa;

$f_{cu,i}^{0}$——第 i 个混凝土立方体(边长 150 mm)试件的抗压强度实测值(MPa),精确至 0.1 MPa;

$f_{cor,i}^{0}$——第 i 个混凝土芯样(ϕ100 mm×100 mm)试件的抗压强度实测值(MPa),精确至 0.1 MPa。

(6) 抗压强度推定

当结构或构件中的测区数不少于 10 个时,各测区混凝土抗压强度换算值的平均值和标准差分别按式(13-21)和(13-22)计算。抗压强度推定值 $f_{cu,e}$ 按式(13-23)计算。

$$m_{f_{cu}^{c}} = \frac{1}{n} \sum_{i=1}^{n} f_{cu}^{i} \tag{13-21}$$

$$S_{f_{cu}^{c}} = \sqrt{\frac{\sum_{i=1}^{n} (f_{cu,i}^{c})^{2} - n (m_{f_{cu}^{c}})^{2}}{n-1}} \tag{13-22}$$

$$f_{\text{cu,e}} = m_{f_{\text{cu}}^c} - 1.645\, S_{f_{\text{cu}}^c} \tag{13-23}$$

当测区数少于 10 个时，抗压强度推定值 $f_{\text{cu,e}}$ 按式(13-24)计算。

$$f_{\text{cu,e}} = f_{\text{cu,min}}^c \tag{13-24}$$

式中：$f_{\text{cu},i}^c$ ——结构或构件第 i 个测区的混凝土抗压强度换算值(MPa)；

　　　$m_{f_{\text{cu}}^c}$ ——结构或构件测区混凝土抗压强度换算值的平均值(MPa)，精确至 0.1 MPa；

　　　$S_{f_{\text{cu}}^c}$ ——结构或构件测区混凝土抗压强度换算值的标准差(MPa)，精确至 0.01 MPa；

　　　n——测区数，对单个检测的构件，取一个构件的测区数；对批量检测的构件，取被抽检构件测区数之总和；

　　　$f_{\text{cu,min}}^c$ ——结构或构件最小的测区混凝土抗压强度换算值(MPa)，精确至 0.1 MPa。

13.2.2.3 优缺点

(1) 优点

超声-回弹综合法兼具回弹法和超声法的技术优势，既能反映混凝土的表面硬度，又可探测混凝土内部的密实情况，能够全面反映强度水平，物理意义明确。

(2) 缺点

需要同时精确测量回弹值和超声波速，工作量大。综合使用两种检验手段，变量数量增加，不确定度变大，操作难度增加。

13.3 破损-非破损综合法

破损法检测数据直观、可靠，却容易对混凝土本体造成难以修复的损伤；非破损法虽然能够避免混凝土构件发生明显破坏，但是，其结果常常受到工程技术人员质疑，尤其在评定工程实体时，常常出现破损法和非破损法测试结果出入较大的情况，容易造成判断依据混乱的局面。在这样的背景下，破损-非破损综合法应运而生，特别在评定既有结构混凝土强度时颇具实用性[174]，既能发挥非破损法对结构基本无损伤的技术优势，连续、全面布置测点，也可通过破损法测值对非破损法测强曲线进行标定，确保强度量值准确。

目前，常用的破损-非破损综合法中典型的破损法有钻芯法和拔出法，典型的非破损法有回弹法和超声法，组合成的综合法主要是回弹-钻芯综合法、超声-回弹-钻芯综合法、超声-拔出综合法和回弹-超声-拔出综合法，物理意义明确，理论性强，具有较大的推广应用价值。

第 14 章
滇东北地区混凝土强度的回弹表征

滇东北地区泛指曲靖市和昭通市全部地区及昆明市寻甸县和东川区,素有"滇黔钥匙"之称,其地理位置如图14.1所示(红色部分)。近年来,随着西部大开发战略的深入推进,滇东北地区的基础设施建设迎来了高峰期。仅昭通地区在"十三五"期间就规划了12条累计808 km的高速公路。截至2018年12月3日,昭乐、格巧、昭泸、都香、宜毕、大永、镇赫、宜昭等10条高速公路陆续开工建设,目前,规划的12条高速公路已建成1条,在建9条,余下2条也在紧锣密鼓的筹备中。

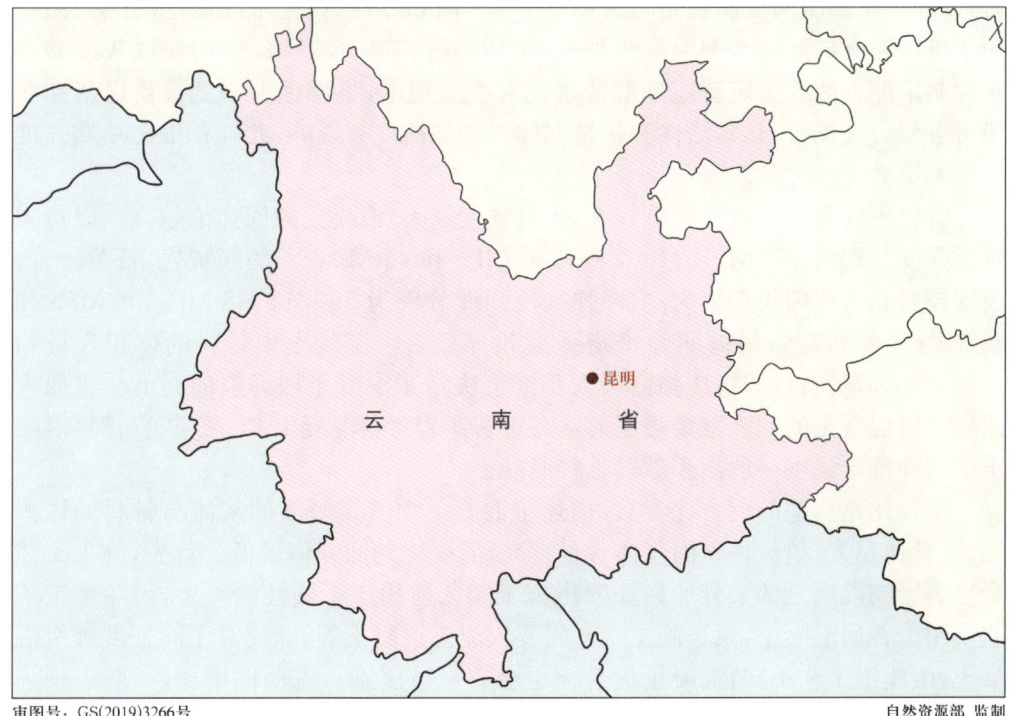

审图号:GS(2019)3266号　　　　　　　　　　　　　　　　自然资源部 监制

图 14.1　滇东北地区分布示意图(云南省)

为确保滇东北地区工程建设可以优质、高效地开展,科学的质量评定方法势必不可缺少。混凝土是建设中最重要的建筑材料之一,其质量好坏直接关系到工程实体能否安全、持久。抗压强度是表征混凝土承载能力的关键技术指标,如何准确、高效、无损评价工程实体强度一直是工程界迫切需要解决的技术难题。回弹法作为一种典型的无损检测技术,深受工程技术人员青睐,在工程质量评定与过程控制中发挥着举足轻重的作用。然而,在工程应用中,回弹法推定强度常常与同条件养护试件抗压强度、钻芯法推定抗压强度出入较大,推定强度值失真。回弹法所依据测强曲线的不适用性是出现此问题的根本原因。这是因为回弹法推定强度通常采用全国统一测强曲线,建立统一测强曲线时仅参照全国几个典型地区的回弹测试结果,而滇东北地区的地材品质与所选区域并不等同,所适用的测强曲线也应有所不同。

采用回弹法表征混凝土抗压强度时,回弹值主要受 3 个因素影响,即浆体硬度、骨料硬度和浆骨比。

浆体硬度主要受水胶比、胶凝材料活性和孔隙率 3 个因素影响,浆体硬度越大,混凝土的回弹值越高。其中,胶凝材料活性与地材品质的关联性较大。当水泥熟料组成或者混合材的掺加比例、活性等与制定统一测强曲线所用材料差异较大时,回弹推定强度所受影响是显著的[175-177]。例如,依据高铝水泥制定的测强曲线用于推定普通硅酸盐水泥混凝土强度,早期强度偏高;反过来,应用粉煤灰硅酸盐水泥制定测强曲线推定普通硅酸盐水泥混凝土强度,早期强度偏低。粉煤灰和矿粉可近似看成混合材,其活性和掺量同样对测强曲线有影响,尤其在推定早期强度时影响更大[178]。

骨料硬度受骨料岩性影响较大,骨料硬度越大,混凝土的回弹值越高。以母岩抗压强度分别为 160 MPa、110 MPa、110 MPa 和 45 MPa[179]的凝灰岩、石英砂岩、英安斑岩和石英闪长玢岩为例,回弹推定强度分别为 55 MPa、38 MPa、38 MPa 和 20 MPa,4 种岩性骨料的回弹推定强度差异显著。混凝土中骨料的体积含量约 70%~80%,骨料母岩抗压强度很大程度上决定了混凝土回弹值的高低。正如玄武岩骨料混凝土的回弹推定强度通常高于石灰岩骨料混凝土[180],石灰岩骨料混凝土的回弹推定强度一般高于砂岩骨料混凝土[181]。

浆骨比是典型的配合比参数,描述了混凝土中特定硬度的浆体与骨料的体积比,浆骨比越大,单位体积内浆体含量越高,混凝土的回弹值越低。首先,施工工艺会显著影响混凝土的浆骨比。如碾压施工工艺适用于干硬性混凝土,吊斗施工工艺多用于普通混凝土,泵送施工工艺需要大流态混凝土等,即使对于同强度等级混凝土,因施工工艺不同,混凝土配合比也会有显著区别。流动性增加,一般表现为混凝土坍落度变大。制备同强度等级、不同流态混凝土,通常在水胶比不变的情况下调整水和胶凝材料用量。根据经验,用水量变化 5 kg,混凝土坍落度变化

20 mm,坍落度的显著差异本质上是浆骨比发生明显变化,对回弹值影响较大。国家统一测强曲线对普通混凝土和泵送混凝土分别制定适宜曲线,旨在消除因流动性差异引起浆骨比变化对回弹值的影响。其次,骨料级配会影响混凝土的浆骨比。按照《水工混凝土配合比设计规程》(DL/T 5330—2015)规定:粗骨料存在最佳级配,一般以紧密堆积密度较大时为宜。说明合理级配时,粗骨料的空隙率应尽可能小,包裹骨料所需浆体量就会减小,浆骨比降低。相同空隙率时,采用间断级配和连续级配骨料对应混凝土的浆骨比一般也不同,连续级配时,各级骨料可对上一级骨料发挥"滚珠"作用,在较少胶材时达到同样的流动性,从而影响浆骨比。在采用机制砂取代河砂时,机制砂粒径范围通常是两头宽、中间窄,即粗颗粒、细颗粒多,中间颗粒少,级配不良,所需润滑作用的浆体量大,混凝土的浆骨比高。再次,骨料粒形也会显著影响浆骨比。以碎石和卵石为例,碎石棱角性强,滚动摩擦阻力大,所制备混凝土在与卵石混凝土保持相同工作性时需要更大的砂率、更多的胶凝材料,浆骨比提高,回弹值降低。机制砂与河砂相比,颗粒粒形不规则、圆度低,尤其在采用石屑砂作为机制砂时,粒形更差。对于 0.315 mm 以下的细骨料颗粒,河砂颗粒更加坚硬,能更好地发挥滚珠作用,相同砂率条件下,机制砂需要更多的浆体弥补粒形的不足,浆骨比较高。最后,骨料最大粒径也会影响浆骨比。骨料最大粒径越大,骨料体系的总比表面积越小,骨料所需包裹浆体量越小,浆骨比变小。采用机制砂制备混凝土时,砂率通常高于河砂,以石粉为主的微细惰性填料含量会增加,所需浆体量增加,浆骨比变大。

综上所述,浆体硬度、骨料硬度、浆骨比是影响混凝土回弹推定强度的关键技术指标。它们受掺合料(混合材)活性、水泥化学组成、骨料岩性、骨料粒径、骨料粒形、混凝土配合比等多因素影响,国家统一测强曲线不能完全反映滇东北地区的地材特点和施工技术水平,不能完全适用于滇东北地区。因此,制定滇东北地区测强曲线已是大势所趋。

14.1 滇东北地区混凝土工程特征

滇东北地区山高谷深,工程建设难度大,公路工程桥隧比高。例如,麻昭高速公路桥隧比为 50.79%,其中大关县境内 45 km 桥隧比高达 85.47%;宜毕高速公路威信至镇雄段桥隧比为 58.34%;宜昭高速公路一期工程桥隧比为 74.6%,二期工程桥隧比为 85%;都香高速公路桥隧比为 72.4%;格巧高速公路桥隧比为 74.31%;昭乐高速公路桥隧比为 81.85%。桥梁和隧道是两类关键控制工程,混凝土是构建桥隧工程主体最重要的建筑材料之一,可见,滇东北地区混凝土工程量大、质量要求高。准确、快速、无损探测工程实体混凝土强度是加快滇东北地区施工进度的重要保障,也是优化工程质量评定方法的重要课题。

14.1.1 混凝土的性能特征

滇东北地区公路工程混凝土的设计坍落度普遍在 100 mm 以上,一般采用混凝土罐车运输,按照《混凝土泵送施工技术规程》(JGJ/T 10—2011)规定(见表 14.1),坍落度 100 mm 以上的混凝土均可泵送施工,即为泵送混凝土。可见,制定滇东北地区混凝土回弹测强曲线时不必再单列普通混凝土,统一归类为泵送混凝土即可。

表 14.1 泵送混凝土入泵坍落度与泵送高度关系表

最大泵送高度/m	50	100	200	400	400 以上
入泵坍落度/mm	100～140	150～180	190～220	230～260	—
入泵扩展度/mm	—	—	—	450～590	600～740

通过对滇东北地区典型公路工程调研发现,混凝土强度等级最低为回填混凝土 C10,最高为现浇梁板混凝土 C55。公路工程中混凝土的强度等级主要有 C10、C20、C30、C35、C40、C45、C50 和 C55 共 8 个强度等级。

14.1.2 原材料的品质特征

14.1.2.1 骨料母岩特性

滇东北地区主要分布两类岩石:石灰岩和玄武岩。石灰岩分布较广,玄武岩集中在昭通市彝良县境内。玄武岩质地坚硬,密度大,吸水率高,破碎后针片状含量高,级配不连续,所制备粗骨料容易与浆体分离,坍落度损失快,构件自重大,胶材用量高,不是制备大流态"泵送混凝土"的优选骨料。

目前,滇东北地区的公路工程混凝土仍以石灰岩骨料为主,镇雄、威信、大山包、麻柳湾、彝良、曲靖等地的石灰岩性能如表 14.2 所示,可见,石灰岩的饱水抗压强度主要在 77.8～96.1 MPa 范围内,能够满足 C50～C55 等高强混凝土的制备需求,强度值极差较小,差异不显著。

表 14.2 滇东北地区石灰岩母岩性能调研结果

取样地点	饱水抗压强度/MPa	软化系数
镇雄	81.6～96.1	0.87～0.96
威信	80.4～90.6	0.83～0.88
大山包	77.8～84.7	0.83～0.94
麻柳湾	78.5～87.8	0.84～0.94

续表 14.2

取样地点	饱水抗压强度/MPa	软化系数
彝良	82.3～88.5	0.85～0.92
曲靖	83.8～95.7	0.85～0.96

注：按照《公路工程岩石试验规程》(JTG E41—2005)检测。

14.1.2.2 粗骨料品质特征

滇东北地区混凝土工程量大、粗骨料消耗多，卵石资源不丰富，石灰岩人工碎石是最主要的粗骨料。石灰岩粗骨料一般分为三级配，通常称之为1#料、2#料和3#料，粒径范围主要分为两种。第一种：1#碎石为19～31.5 mm，2#碎石为9.5～19 mm，3#碎石为4.75～9.5 mm；第二种：1#碎石为16～31.5 mm，2#碎石为9.5～16 mm，3#碎石为4.75～9.5 mm。镇雄、威信、大山包、麻柳湾、彝良、曲靖等地石灰岩粗骨料性能见表14.3。

表14.3 滇东北地区石灰岩粗骨料性能调研结果

项目	表观密度/(kg·m^{-3})	空隙率/%	含泥量/%	针片状/%	压碎值/%	吸水率/%
镇雄	2 712	45	0.8	3.0	21.8	0.6
威信	2 725	46	0.6	2.7	20.6	0.5
大山包	2 703	46	0.6	3.3	22.3	0.8
麻柳湾	2 724	45	0.9	3.0	21.6	0.6
彝良	2 731	47	0.7	2.5	21.3	0.8
曲靖	2 712	46	0.8	2.9	22.4	0.8

由表14.3可知，滇东北地区同规格石灰岩粗骨料性能差别不大，碎石表观密度为2 703～2 731 kg/m³，空隙率为45%～47%，含泥量约为0.6%～0.9%，针片状含量为2.5%～3.3%，压碎指标为20.6%～22.4%，吸水率约为0.5%～0.8%。

14.1.2.3 细骨料品质特征

河砂和机制砂是滇东北地区公路工程混凝土的主要细骨料。但是，近年来我国生态环境保护意识不断加强，水利部逐年削减河砂可开采量，特别是自2018年全面建立湖长制、河长制以来，严打非法采砂，专项整治河道采砂，滇东北地区建材市场的河砂交易量逐年减少，价格上涨幅度较大。目前，滇东北地区河砂价格约140元/t，机制砂价格约60元/t，二者差别明显，基于经济成本考虑，机制砂现为滇东北地区最主要的细骨料,而河砂一般只用于高强梁板混凝土(C50 和 C55)。

巧家、会泽等地河砂性能见表 14.4。可见,巧家河砂和会泽河砂的性能相近,表观密度为 2 740~2 760 kg/m³,空隙率为 40%~42%,含泥量约为 0.6%,坚固性约为 4.0%,细度模数为 2.8~3.0。

表 14.4 滇东北地区河砂性能调研结果

检测参数	表观密度/(kg·m⁻³)	空隙率/%	含泥量/%	坚固性/%	细度模数
巧家	2 740	42	0.6	4.0	3.0
会泽	2 760	40	0.6	4.0	2.8

镇雄、威信、大山包、麻柳湾、彝良、曲靖等地石灰岩机制砂性能见表 14.5。可见,这 6 个地区生产的石灰岩机制砂性能相近,表观密度为 2 669~2 703 kg/m³,空隙率为 42%~44%,石粉含量为 7.4%~9.1%,压碎值为 22%~23%,细度模数为 3.0~3.3。

表 14.5 滇东北地区石灰岩机制砂性能调研结果

项目	表观密度/(kg·m⁻³)	空隙率/%	石粉含量/%	压碎值/%	细度模数
镇雄	2 669	44	8.7	22	3.0
威信	2 680	42	7.8	23	3.2
大山包	2 675	43	7.6	22	3.3
麻柳湾	2 693	44	8.3	23	3.1
彝良	2 695	43	9.1	23	3.0
曲靖	2 703	43	7.4	22	3.0

14.1.2.4 水泥品质特征

滇东北地区的混凝土工程主要采用 P·O 42.5 水泥,典型厂家的水泥性能见表 14.6。可见,4 个水泥厂家的 P·O 42.5 水泥性能相近,标准稠度用水量为 25.8%~27.2%,比表面积为 334~348 m²/kg,28 d 抗压强度为 44.9~47.8 MPa,28 d 抗折强度为 7.2~8.1 MPa。采用 P·O 52.5 水泥制备 C50 和 C55 等高强混凝土是传统手段,考虑到 P·O 52.5 水泥和 P·O 42.5 水泥主要差别在于混合材掺量不同,即熟料含量不同。因此,采用 P·O 42.5 水泥、不使用掺合料,或者掺加少量优质掺合料已成为未来的发展趋势,毕竟 P·O 42.5 水泥品质稳定,有利于混凝土的生产控制。

表 14.6　滇东北地区 P·O 42.5 水泥性能调研结果

项目	标准稠度用水量/%	比表面积/(m²·kg⁻¹)	凝结时间/min		抗压强度/MPa		抗折强度/MPa	
			初凝	终凝	3 d	28 d	3 d	28 d
昭通得云建材有限公司	26.2	340	126	182	26.4	46.4	6.3	7.6
华新水泥(昭通)有限公司	25.8	334	118	172	23.6	45.6	5.9	7.4
四川筠连西南水泥有限公司	27.2	348	122	190	24.8	47.8	6.0	8.1
四川嘉华股份有限公司	26.7	343	113	178	25.7	44.9	6.2	7.2

14.1.2.5　粉煤灰品质特征

粉煤灰能够改善混凝土的抗裂性和和易性。为避免劣质粉煤灰对混凝土的不利影响,滇东北地区通常选用优质粉煤灰,典型的Ⅰ级粉煤灰性能见表 14.7,可见,3 种粉煤灰的性能相近,均可满足国家标准《用于水泥和混凝土中的粉煤灰》(GB/T 1596—2017)的相关要求。

表 14.7　滇东北地区Ⅰ级粉煤灰性能调研结果

项目	细度/%	密度/(g·cm⁻³)	需水量比/%	烧失量/%
宜宾能顺环保科技有限公司	8.3	2.56	92	2.7
四川宜宾元亨商贸有限公司	8.6	2.47	93	2.5
昆明和兴顺商贸有限公司	9.2	2.52	94	2.8

14.2　滇东北地区混凝土回弹测强曲线

滇东北地区混凝土地材品质与制定全国统一测强曲线时差别较大,有必要制定地区测强曲线,提高混凝土强度原位测试的及时性和准确性。通过分析混凝土回弹值的三大影响因素(即浆体硬度、骨料硬度和浆骨比)发现,滇东北地区混凝土主要采用石灰岩骨料,骨料岩性和破碎方式差别不大,性能相近,可不必进一步细化分类。浆体硬度的情况与骨料硬度相似,即使水泥化学组成、掺合料或混合材活性等因素不同,但制备同强度等级混凝土时都会调整水胶比和含气量,确保浆体硬度相当。在进行上述配合比调整时,浆骨比通常会发生显著变化,它是影响混凝土回弹推定强度表征准确度的关键技术指标。根据滇东北地区公路工程混凝土的施工工艺特征分析,施工方式虽然涵盖泵送、溜槽、吊斗等,但普遍采用泵送混凝土(坍落度≥100 mm),只因采用罐车运输时坍落度过小混凝土无法出罐。泵送混凝土和普通混凝土的区别主要体现在浆骨比不同,但在滇东北地区恰恰可以忽略。

与制定国家统一测强曲线时不同,滇东北地区大力推广使用石灰岩机制砂。机制砂级配、粒形均不如河砂,包裹所需浆体量较高,混凝土浆骨比较大;另外,机制砂粉体含量高、硬度低,不利于混凝土的流动性,浆体需求量大。因此,以机制砂和河砂作为主要区分,分别制定测强曲线具有现实意义,特别符合滇东北地区混凝土工程的实际应用。

14.2.1 地区回弹测强曲线的制定方法

(1) 制作混凝土试件时,按照《回弹法检测混凝土抗压强度技术规程》(JGJ/T 23—2011)规定,不得少于 5 个强度等级。对于机制砂混凝土,设计了 C10、C20、C30、C35、C40、C45、C50 和 C55 等 8 个强度等级;对于河砂混凝土,设计了 C30、C35、C40、C45、C50 和 C55 等 6 个强度等级,共制备 7 d、14 d、28 d、56 d、90 d 和 120 d 的同条件养护试件,如图 14.2 所示。

图 14.2 滇东北地区测强曲线研究用混凝土试件

(2) 混凝土试件(尺寸:150 mm×150 mm×150 mm)同条件养护至规定龄期后,回弹值 R_m 和抗压强度 f_{cu} 测试分步进行,先将混凝土试件放置于压力试验机的上下承压板之间,确保成型侧面作为承压面,见图 14.3。在测试回弹值之前,先加载至 80 kN 并保持恒压,在试件相对的两个侧面上进行回弹,每面测试 8 个点,测点分布如图 14.4 所示。回弹值测试结束后,将压力机卸载,并按照《公路工程水泥及水泥混凝土试验规程》(JTG E30—2005)测试混凝土的抗压强度。

(3) 抗压破坏后,测试各龄期混凝土试件的碳化深度值 d_m。

(4) 建立回弹测强曲线时,结合实测 R_m、f_{cu} 和 d_m 以及三者之间的经典函数关系(见式 14-21),基于最小二乘法原理进行参数拟合,从而确定回弹值-抗压强度的相关关系。

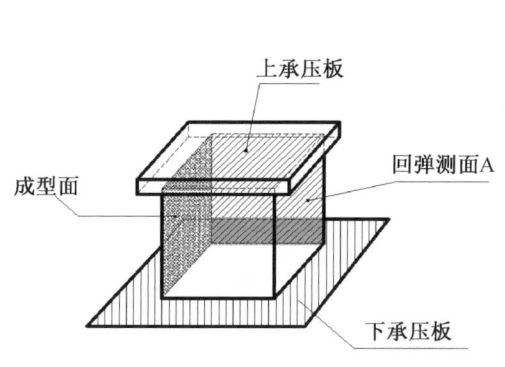 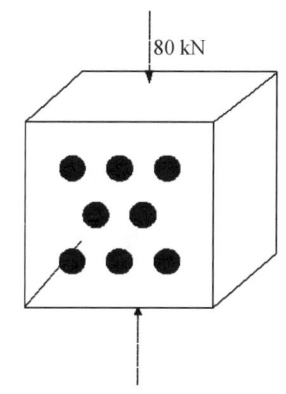

图 14.3　混凝土试件抗压试验示意图　　图 14.4　回弹测点分布示意图

$$f_{cu}^{c} = a R_{m}^{b} \cdot 10^{d_m} \tag{14-1}$$

(5) 按照《回弹法检测混凝土抗压强度技术规程》(JGJ/T 23—2011)规定,当回归方程式的强度平均相对误差不大于±14%,强度相对标准差不大于17%时,所建立地区测强曲线可在特定区域进行推广,见式(14-2)、式(14-3)。

$$\delta = \pm \frac{1}{n} \sum_{i=1}^{n} \left| \frac{f_{cu,i}^{c}}{f_{cu,i}} - 1 \right| \times 100 \tag{14-2}$$

$$e_r = \sqrt{\frac{1}{n-1} \sum_{i=1}^{n} \left(\frac{f_{cu,i}^{c}}{f_{cu,i}} - 1 \right)^2} \times 100 \tag{14-3}$$

式中:δ——回归方程式的强度平均相对误差(%),精确至 0.1;

e_r——回归方程式的强度相对标准差(%),精确至 0.1;

$f_{cu,i}$——第 i 个试块的抗压强度(MPa),精确至 0.1 MPa;

$f_{cu,i}^{c}$——由同一试块的平均回弹值 R_m 及平均碳化深度值 d_m 按回归方程式算出的混凝土的强度换算值(MPa),精确至 0.1 MPa;

n——制定回归方程的试件数量。

14.2.2　石灰岩机制砂混凝土的地区回弹测强曲线

14.2.2.1　机制砂混凝土配合比

在滇东北地区的混凝土工程质量控制中,C30 以下(不含 C30)混凝土坍落度一般控制在(160±20 mm)范围内,C30 及 C30 以上混凝土坍落度一般控制在(180±20)mm 范围内。C10~C55 机制砂混凝土的配合比见表 14.8。

表 14.8 机制砂混凝土的配合比

强度等级	水泥 /(kg·m⁻³)	粉煤灰 /(kg·m⁻³)	机制砂 /(kg·m⁻³)	1♯料 /(kg·m⁻³)	2♯料 /(kg·m⁻³)	3♯料 /(kg·m⁻³)	水 /(kg·m⁻³)	减水剂 /(kg·m⁻³)
C10	280	0	940	282	564	94	190	2.80
C20	320	0	882	287	574	95	179	3.20
C30	324	36	843	297	593	99	158	4.32
C35	362	40	840	0	925	103	152	4.75
C40	328	82	809	0	875	154	148	4.92
C45	352	88	776	0	876	154	154	5.28
C50	445	50	668	0	1 024	114	154	6.19
C55	390	120	702	0	988	110	130	6.76

注:1♯、2♯、3♯骨料粒径分别为 19~31.5 mm、9.5~19 mm、4.75~9.5 mm,各混凝土的实测性能见表 14.9。

表 14.9 机制砂混凝土的物理力学性能

强度等级	坍落度/mm	含气量/%	28 d 抗压强度/MPa
C10	160	3.1	26.3
C20	180	3.2	35.6
C30	190	2.9	48.5
C35	200	2.8	52.8
C40	180	3.2	56.4
C45	200	2.8	60.2
C50	200	3.2	63.7
C55	200	2.7	69.7

注:抗压强度为标准养护测试结果。

14.2.2.2 机制砂混凝土回弹值及抗压强度

7~120 d 龄期范围内、C10~C55 机制砂混凝土的回弹值、抗压强度、碳化深度测试结果见表 14.10~表 14.15。

表14.10 机制砂混凝土同条件养护 7 d 的回弹值、抗压强度和碳化深度

强度等级	试件编号	回弹值 R_m	抗压强度 f_{cu}/MPa	碳化深度 d_m/mm
C10	−1	26.7	25.0	0.0
	−2	26.0	24.7	0.0
	−3	28.4	26.8	0.0
C20	−1	27.9	34.7	0.0
	−2	25.2	30.6	0.0
	−3	24.0	28.3	0.0
C30	−1	35.0	48.4	0.0
	−2	37.7	51.1	0.0
	−3	36.5	50.9	0.0
C35	−1	37.5	46.6	0.0
	−2	38.3	49.2	0.0
	−3	36.9	45.0	0.0
C40	−1	26.1	40.2	0.0
	−2	25.6	38.2	0.0
	−3	27.6	40.4	0.0
C45	−1	30.2	48.0	0.0
	−2	28.5	46.8	0.0
	−3	31.4	50.3	0.0
C50	−1	35.2	54.3	0.0
	−2	35.7	55.6	0.0
	−3	35.2	54.4	0.0
C55	−1	38.9	49.6	0.0
	−2	40.1	51.8	0.0
	−3	38.6	50.0	0.0

表 14.11　机制砂混凝土同条件养护 14 d 的回弹值、抗压强度和碳化深度

强度等级	试件编号	回弹值 R_m	抗压强度 f_{cu}/MPa	碳化深度 d_m/mm
C10	－4	25.8	24.3	0.0
	－5	25.8	24.6	0.0
	－6	25.4	24.5	0.0
C20	－4	24.9	28.5	0.0
	－5	28.9	37.5	0.0
	－6	26.1	34.5	0.0
C30	－4	34.4	45.0	0.0
	－5	34.5	45.2	0.0
	－6	36.0	49.2	0.0
C35	－4	34.5	41.7	0.0
	－5	36.1	44.2	0.0
	－6	35.5	43.4	0.0
C40	－4	31.4	45.9	0.0
	－5	31.2	45.1	0.0
	－6	28.2	41.3	0.0
C45	－4	31.2	50.3	0.0
	－5	32.7	52.3	0.0
	－6	33.6	53.7	0.0
C50	－4	36.2	57.6	0.0
	－5	38.6	59.3	0.0
	－6	36.9	59.7	0.0
C55	－4	44.2	60.9	0.0
	－5	42.2	58.7	0.0
	－6	44.2	60.5	0.0

表 14.12　机制砂混凝土同条件养护 28 d 的回弹值、抗压强度和碳化深度

强度等级	试件编号	回弹值 R_m	抗压强度 f_{cu}/MPa	碳化深度 d_m/mm
C10	－7	30.3	31.9	0.0
C10	－8	33.1	33.4	0.0
C10	－9	29.4	31.6	0.0
C20	－7	31.5	42.3	0.0
C20	－8	27.0	33.3	0.0
C20	－9	28.2	36.5	0.0
C30	－7	35.0	48.1	0.0
C30	－8	39.1	52.7	0.0
C30	－9	36.7	49.2	0.0
C35	－7	41.1	51.7	0.0
C35	－8	41.2	52.6	0.0
C35	－9	41.3	53.9	0.0
C40	－7	43.2	57.6	0.0
C40	－8	43.9	58.6	0.0
C40	－9	42.8	57.3	0.0
C45	－7	44.1	58.7	0.0
C45	－8	43.7	57.2	0.0
C45	－9	42.0	55.2	0.0
C50	－7	44.9	70.4	0.0
C50	－8	44.6	68.8	0.0
C50	－9	43.1	66.5	0.0
C55	－7	41.0	54.9	0.0
C55	－8	43.1	60.7	0.0
C55	－9	45.6	63.8	0.0

表 14.13　机制砂混凝土同条件养护 60 d 的回弹值、抗压强度和碳化深度

强度等级	试件编号	回弹值 R_m	抗压强度 f_{cu}/MPa	碳化深度 d_m/mm
C10	−10	29.1	30.4	0.0
C10	−11	26.7	25.3	0.0
C10	−12	30.2	30.8	0.0
C20	−10	29.1	38.6	0.0
C20	−11	26.4	35.5	0.0
C20	−12	29.4	38.6	0.0
C30	−10	36.1	50.6	0.0
C30	−11	34.2	46.2	0.0
C30	−12	37.2	50.8	0.0
C35	−10	43.7	57.4	0.0
C35	−11	43.3	57.2	0.0
C35	−12	43.7	58.4	0.0
C40	−10	39.1	53.8	0.0
C40	−11	41.9	56.0	0.0
C40	−12	42.8	56.6	0.0
C45	−10	42.2	55.3	0.0
C45	−11	43.3	56.0	0.0
C45	−12	45.4	59.8	0.0
C50	−10	43.8	66.5	0.0
C50	−11	44.3	67.2	0.0
C50	−12	46.4	71.9	0.0
C55	−10	45.5	63.2	0.0
C55	−11	44.8	61.6	0.0
C55	−12	46.5	65.8	0.0

表 14.14 机制砂混凝土同条件养护 90 d 的回弹值、抗压强度和碳化深度

强度等级	试件编号	回弹值 R_m	抗压强度 f_{cu}/MPa	碳化深度 d_m/mm
C10	－13	35.8	35.2	0.0
C10	－14	37.4	36.1	0.0
C10	－15	37.4	36.8	0.0
C20	－13	30.2	41.1	0.0
C20	－14	31.3	42.6	0.0
C20	－15	32.3	44.4	0.0
C30	－13	45.4	61.1	0.0
C30	－14	43.2	56.3	0.0
C30	－15	42.1	55.6	0.0
C35	－13	47.5	64.6	0.0
C35	－14	47.0	61.0	0.0
C35	－15	44.7	59.8	0.0
C40	－13	42.3	56.1	0.0
C40	－14	44.7	60.1	0.0
C40	－15	46.2	59.2	0.0
C45	－13	45.4	58.3	0.0
C45	－14	46.4	60.3	0.0
C45	－15	45.9	60.1	0.0
C50	－13	46.5	73.0	0.0
C50	－14	44.8	68.9	0.0
C50	－15	48.4	76.4	0.0
C55	－13	46.8	66.1	0.0
C55	－14	46.9	67.4	0.0
C55	－15	42.7	61.2	0.0

表 14.15　机制砂混凝土同条件养护 120 d 的回弹值、抗压强度和碳化深度

强度等级	试件编号	回弹值 R_m	抗压强度 f_{cu}/MPa	碳化深度 d_m/mm
C10	－16	38.2	37.4	0.0
	－17	35.5	35.9	0.0
	－18	38.4	38.6	0.0
C20	－16	31.6	43.4	0.0
	－17	32.7	43.0	0.0
	－18	31.5	42.9	0.0
C30	－16	46.0	61.5	0.0
	－17	46.5	63.1	0.0
	－18	47.1	65.1	0.0
C35	－16	49.0	66.6	0.0
	－17	47.3	63.6	0.0
	－18	45.9	60.7	0.0
C40	－16	42.3	53.6	0.0
	－17	42.7	57.9	0.0
	－18	41.3	54.5	0.0
C45	－16	47.5	61.3	0.0
	－17	46.6	60.7	0.0
	－18	45.9	59.6	0.0
C50	－16	46.7	73.2	0.0
	－17	47.6	71.0	0.0
	－18	48.3	77.9	0.0
C55	－16	47.1	68.4	0.0
	－17	44.3	60.5	0.0
	－18	45.3	62.7	0.0

14.2.2.3 机制砂混凝土回弹测强曲线

C10、C20、C30、C35、C40、C45、C50 和 C55 共 8 种机制砂混凝土的主要配合比参数见表 14.16,可见,区别主要体现在浆体硬度(水胶比)和浆骨比不同。

表 14.16 机制砂混凝土主要配合比参数

强度等级	胶凝材料用量/(kg·m^{-3})	水胶比	砂率/%	浆骨比
C10	280	0.68	50	1∶2.5
C20	320	0.56	48	1∶2.4
C30	360	0.44	46	1∶2.5
C35	402	0.38	45	1∶2.4
C40	410	0.36	44	1∶2.4
C45	440	0.35	43	1∶2.2
C50	495	0.31	37	1∶2.1
C55	510	0.25	39	1∶2.2

7~120 d 龄期范围内,碳化深度实测值为 0 mm,依据最小二乘法原理和式(14-1)可建立各强度等级(C10~C55)机制砂混凝土的回弹值和抗压强度函数关系式,结果见图 14.5~图 14.12。

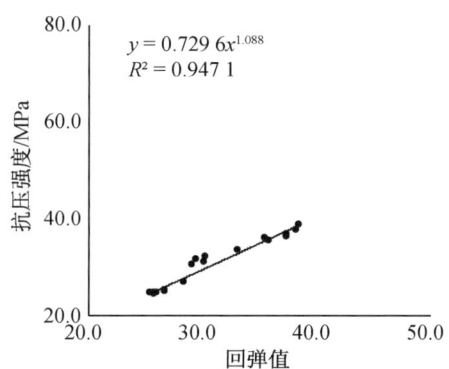

图 14.5 C10 机制砂混凝土的回弹值和抗压强度的幂函数拟合结果

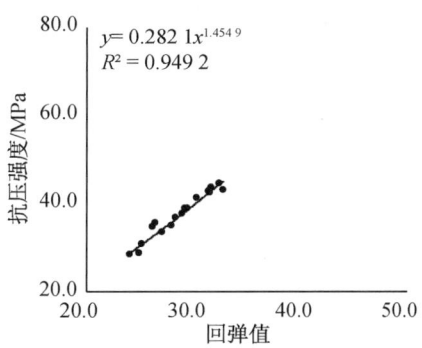

图 14.6 C20 机制砂混凝土的回弹值和抗压强度的幂函数拟合结果

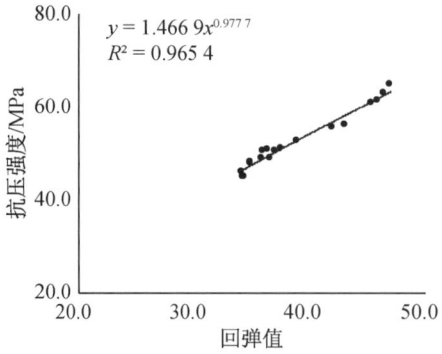

图 14.7 C30 机制砂混凝土的回弹值和抗压强度的幂函数拟合结果

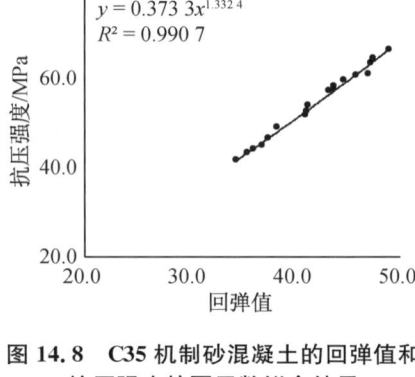

图 14.8 C35 机制砂混凝土的回弹值和抗压强度的幂函数拟合结果

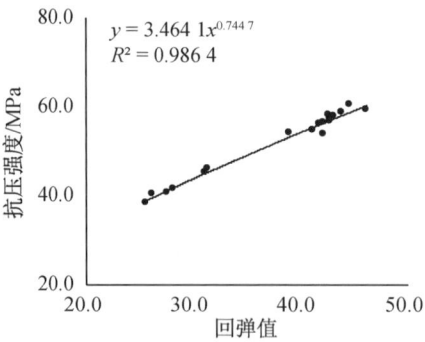

图 14.9 C40 机制砂混凝土的回弹值和抗压强度的幂函数拟合结果

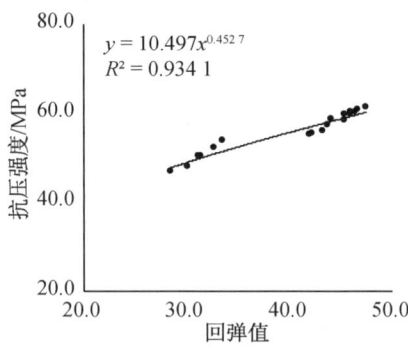

图 14.10 C45 机制砂混凝土的回弹值和抗压强度的幂函数拟合结果

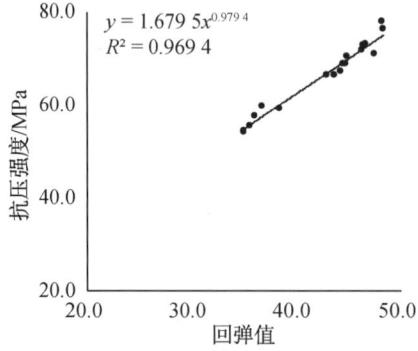

图 14.11 C50 机制砂混凝土的回弹值和抗压强度的幂函数拟合结果

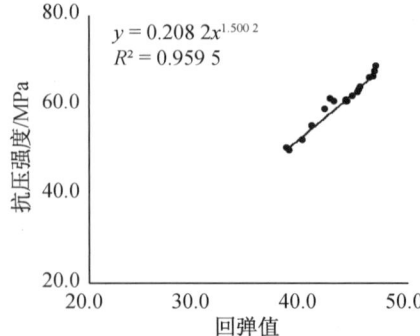

图 14.12 C55 机制砂混凝土的回弹值和抗压强度的幂函数拟合结果

由图 14.5~图 14.12 可知,各强度等级(C10~C55)机制砂混凝土的回弹值和抗压强度幂函数相关系数的平方 R^2 均大于 0.90,回弹值和抗压强度的幂函数相关性较好。

结合幂函数曲线的相关特点,将 C10~C55 机制砂混凝土的回弹值和抗压强度汇总见图 14.13。根据最小二乘法原理,所有强度等级混凝土的回弹值和抗压强度的相关系数为 $R=0.89(R^2=0.794\,1)$,具有明显的幂函数相关关系。幂函数回归方程的强度平均相对误差 δ 和强度相对标准差 e_r 计算结果见表 14.17。可见,所建立测强曲线推定混凝土强度平均相对误差为 9.3%,小于 14%,相对标准差为 12.9%,小于 17%,能够满足制定地区测强曲线的相关要求,即根据此幂函数可建立滇东北地区机制砂混凝土的回弹测强曲线(见附录 A),适用混凝土强度等级范围为 C10~C55。

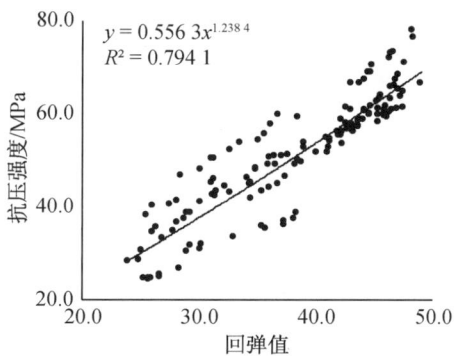

图 14.13 C10~C55 机制砂混凝土的回弹值和抗压强度的幂函数拟合结果

表 14.17 机制砂混凝土的强度平均相对误差和强度相对标准差

项目	滇东北地区机制砂混凝土回弹测强曲线
强度平均相对误差 δ/%	9.3
强度相对标准差 e_r/%	12.9

14.2.3 河砂混凝土的地区回弹测强曲线

14.2.3.1 河砂混凝土配合比

滇东北地区河砂通常用于制备高强混凝土,据此确定 C30、C35、C40、C45、C50 和 C55 共 6 个强度等级河砂混凝土用于制定滇东北地区河砂混凝土回弹测强曲线,混凝土配合比见表 14.18。

表 14.18　河砂混凝土的配合比

强度等级	水泥 /(kg·m⁻³)	粉煤灰 /(kg·m⁻³)	河砂 /(kg·m⁻³)	1#料 /(kg·m⁻³)	2#料 /(kg·m⁻³)	3#料 /(kg·m⁻³)	水 /(kg·m⁻³)	减水剂 /(kg·m⁻³)
C30	315	35	832	305	610	101	152	3.15
C35	333	37	828	0	949	105	148	4.44
C40	308	77	804	0	958	107	142	3.92
C45	320	80	821	0	708	381	140	4.00
C50	435	45	732	0	769	329	149	5.76
C55	400	100	748	0	1 077	126	126	6.00

注：1#、2#、3#骨料粒径分别为 19～31.5 mm、9.5～19 mm、4.75～9.5 mm，各混凝土的实测性能见表 14.19。

表 14.19　河砂混凝土的物理力学性能

强度等级	坍落度/mm	含气量/%	28 d 抗压强度/MPa
C30	160	2.7	42.7
C35	170	3.2	48.6
C40	190	3.5	53.2
C45	200	3.4	57.1
C50	200	3.3	62.3
C55	200	3.1	68.9

注：抗压强度为标准养护条件下的测试结果。

14.2.3.2　河砂混凝土回弹值及抗压强度

7～120 d 龄期范围内、C30～C55 河砂混凝土的回弹值、抗压强度、碳化深度测试结果见表 14.20～表 14.25。

表 14.20　河砂混凝土同条件养护 7 d 的回弹值、抗压强度和碳化深度

强度等级	试件编号	回弹值 R_m	抗压强度 f_{cu}/MPa	碳化深度 d_m/mm
C30	－1	21.7	24.7	0.0
	－2	20.2	25.9	0.0
	－3	18.3	18.9	0.0

续表 14.20

强度等级	试件编号	回弹值 R_m	抗压强度 f_{cu}/MPa	碳化深度 d_m/mm
C35	−1	27.0	34.9	0.0
	−2	24.5	31.2	0.0
	−3	25.9	32.9	0.0
C40	−1	26.4	30.2	0.0
	−2	24.9	29.3	0.0
	−3	27.0	32.5	0.0
C45	−1	38.8	49.9	0.0
	−2	38.9	50.6	0.0
	−3	38.5	48.8	0.0
C50	−1	33.6	45.5	0.0
	−2	35.5	48.2	0.0
	−3	35.4	47.9	0.0
C55	−1	35.4	50.9	0.0
	−2	34.2	46.9	0.0
	−3	35.9	51.6	0.0

表 14.21 河砂混凝土同条件养护 14 d 的回弹值、抗压强度和碳化深度

强度等级	试件编号	回弹值 R_m	抗压强度 f_{cu}/MPa	碳化深度 d_m/mm
C30	−4	28.4	33.9	0.0
	−5	24.6	28.4	0.0
	−6	22.9	27.5	0.0
C35	−4	27.4	35.5	0.0
	−5	27.8	35.4	0.0
	−6	27.5	37.8	0.0
C40	−4	28.6	35.6	0.0
	−5	30.1	37.7	0.0
	−6	30.5	38.5	0.0

续表 14.21

强度等级	试件编号	回弹值 R_m	抗压强度 f_{cu}/MPa	碳化深度 d_m/mm
C45	−4	42.8	53.6	0.0
	−5	43.2	55.7	0.0
	−6	42.5	53.1	0.0
C50	−4	34.2	46.9	0.0
	−5	36.0	50.6	0.0
	−6	34.6	47.8	0.0
C55	−4	35.4	50.8	0.0
	−5	34.2	47.6	0.0
	−6	35.9	50.7	0.0

表 14.22　河砂混凝土同条件养护 28 d 的回弹值、抗压强度和碳化深度

强度等级	试件编号	回弹值 R_m	抗压强度 f_{cu}/MPa	碳化深度 d_m/mm
C30	−7	28.5	33.3	0.0
	−8	28.1	32.9	0.0
	−9	31.4	34.4	0.0
C35	−7	27.4	34.0	0.0
	−8	27.4	35.3	0.0
	−9	31.5	39.6	0.0
C40	−7	29.0	37.2	0.0
	−8	28.8	36.3	0.0
	−9	27.3	33.0	0.0
C45	−7	41.8	52.1	0.0
	−8	44.1	59.7	0.0
	−9	41.0	50.6	0.0
C50	−7	42.0	57.7	0.0
	−8	44.9	63.4	0.0
	−9	44.8	62.3	0.0
C55	−7	44.0	62.6	0.0
	−8	43.6	66.6	0.0
	−9	43.9	66.1	0.0

表 14.23 河砂混凝土同条件养护 60 d 的回弹值、抗压强度和碳化深度

强度等级	试件编号	回弹值 R_m	抗压强度 f_{cu}/MPa	碳化深度 d_m/mm
C30	−10	35.5	37.4	0.0
C30	−11	33.7	35.6	0.0
C30	−12	35.0	36.3	0.0
C35	−10	34.5	41.9	0.0
C35	−11	35.2	43.1	0.0
C35	−12	39.3	45.4	0.0
C40	−10	36.7	47.7	0.0
C40	−11	36.9	47.9	0.0
C40	−12	39.4	52.1	0.0
C45	−10	44.7	58.5	0.0
C45	−11	43.4	56.6	0.0
C45	−12	42.5	53.2	0.0
C50	−10	45.0	62.1	0.0
C50	−11	44.6	61.8	0.0
C50	−12	45.7	64.9	0.0
C55	−10	46.0	68.3	0.0
C55	−11	45.3	66.4	0.0
C55	−12	45.3	65.3	0.0

表 14.24 河砂混凝土同条件养护 90 d 的回弹值、抗压强度和碳化深度

强度等级	试件编号	回弹值 R_m	抗压强度 f_{cu}/MPa	碳化深度 d_m/mm
C30	−13	37.1	42.4	0.0
C30	−14	37.5	40.0	0.0
C30	−15	37.5	40.0	0.0
C35	−13	35.8	44.2	0.0
C35	−14	37.4	43.0	0.0
C35	−15	37.4	43.8	0.0

续表 14.24

强度等级	试件编号	回弹值 R_m	抗压强度 f_{cu}/MPa	碳化深度 d_m/mm
C40	—13	40.2	55.6	0.0
	—14	37.5	50.4	0.0
	—15	38.8	50.9	0.0
C45	—13	46.7	59.3	0.0
	—14	49.3	65.7	0.0
	—15	48.3	63.3	0.0
C50	—13	44.8	62.1	0.0
	—14	47.8	71.5	0.0
	—15	45.7	65.4	0.0
C55	—13	47.5	73.6	0.0
	—14	48.5	75.5	0.0
	—15	46.2	70.7	0.0

表 14.25 河砂混凝土同条件养护 120 d 的回弹值、抗压强度和碳化深度

强度等级	试件编号	回弹值 R_m	抗压强度 f_{cu}/MPa	碳化深度 d_m/mm
C30	—16	35.8	37.4	0.0
	—17	39.1	44.7	0.0
	—18	40.5	46.3	0.0
C35	—16	39.0	44.8	0.0
	—17	42.3	46.3	0.0
	—18	40.5	45.5	0.0
C40	—16	36.2	45.4	0.0
	—17	39.1	51.7	0.0
	—18	40.5	56.3	0.0
C45	—16	47.1	61.5	0.0
	—17	47.4	62.2	0.0
	—18	47.0	60.9	0.0
C50	—16	50.0	75.3	0.0
	—17	50.2	75.4	0.0
	—18	49.8	73.6	0.0

续表 14.25

强度等级	试件编号	回弹值 R_m	抗压强度 f_{cu}/MPa	碳化深度 d_m/mm
C55	—16	45.0	64.6	0.0
	—17	44.6	63.7	0.0
	—18	42.0	60.6	0.0

14.2.3.3 河砂混凝土的回弹测强曲线

与机制砂相比,河砂品质波动小,制备混凝土的离散性小,C30～C55 河砂混凝土的主要配合比参数见表 14.26,胶材用量均低于同强度等级的机制砂混凝土。各强度等级(C30～C55)河砂混凝土的回弹值和抗压强度的幂函数拟合结果见图 14.14～图 14.19。可见,各强度等级河砂混凝土的回弹值和抗压强度的幂函数相关系数 R 均大于 0.95($R^2 \geqslant 0.94$),相关性较好。

表 14.26 河砂混凝土主要配合比参数

强度等级	胶凝材料用量/(kg·m^{-3})	水胶比	砂率/%	浆骨比
C30	350	0.43	45	1∶2.6
C35	370	0.40	44	1∶2.6
C40	385	0.37	43	1∶2.6
C45	400	0.35	43	1∶2.6
C50	480	0.31	40	1∶2.2
C55	500	0.25	38	1∶2.5

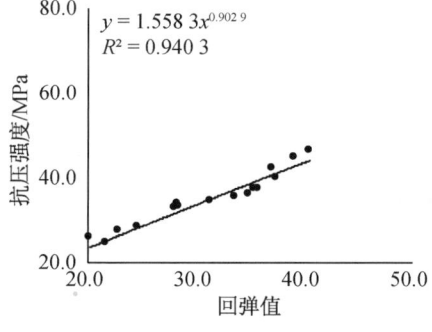

图 14.14 C30 河砂混凝土的回弹值和抗压强度的幂函数拟合结果

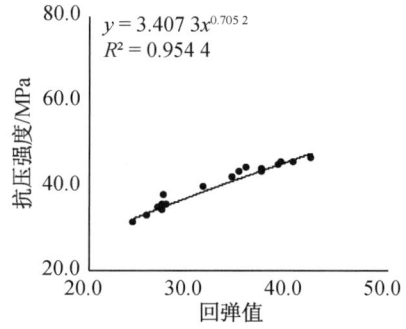

图 14.15 C35 河砂混凝土的回弹值和抗压强度的幂函数拟合结果

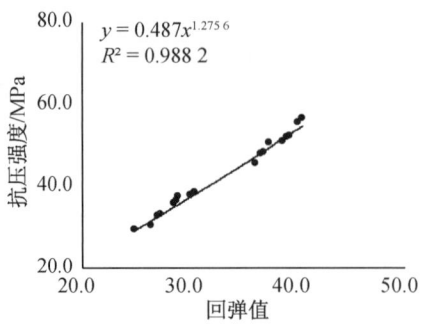

图 4.16 C40 河砂混凝土的回弹值和抗压强度的幂函数拟合结果

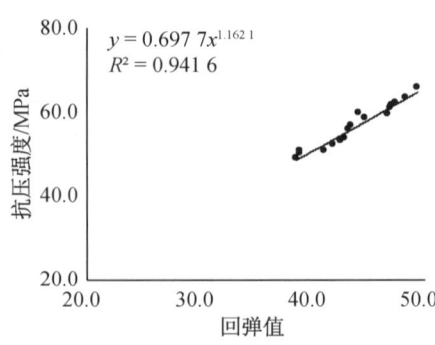

图 4.17 C45 河砂混凝土的回弹值和抗压强度的幂函数拟合结果

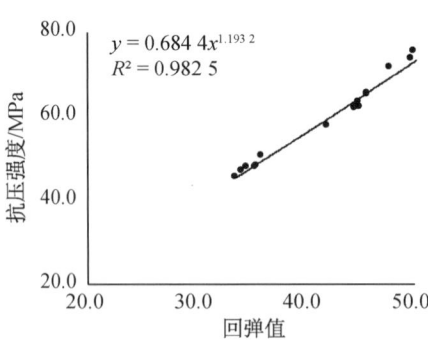

图 14.18 C50 河砂混凝土的回弹值和抗压强度的幂函数拟合结果

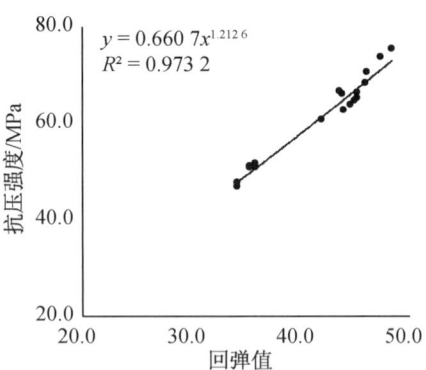

图 14.19 C55 河砂混凝土的回弹值和抗压强度的幂函数拟合结果

结合河砂混凝土的回弹值、抗压强度和碳化深度的幂函数相关特征,采用 C30、C35、C40、C45、C50 和 C55 共 6 个强度等级河砂混凝土进行回归分析,结果见图 14.20。

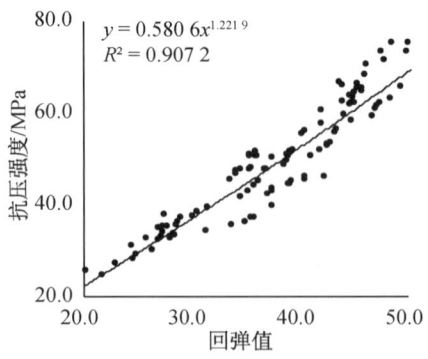

图 4.20 C30～C55 河砂混凝土的回弹值和抗压强度的幂函数拟合结果

由图 14.20 可见，C30~C55 河砂混凝土的回弹值、抗压强度和碳化深度满足幂函数相关关系，相关系数 $R=0.95$（$R^2=0.9072$），优于机制砂混凝土。推定强度的平均相对误差 δ 和强度相对标准差 e_r 的计算结果如表 14.27 所示，可见，滇东北地区河砂混凝土回弹测强曲线的强度平均相对误差和相对标准差均比机制砂混凝土地区测强曲线小。说明河砂混凝土的回弹值与抗压强度的幂函数相关性更好，波动更小。同样满足地区回弹测强曲线强度平均相对误差不超过 14%、强度相对标准差不超过 17% 的要求，可据此幂函数关系建立滇东北地区河砂混凝土的回弹测强曲线（见附录 B）。

表 14.27　河砂混凝土回弹推定强度平均相对误差和相对标准差

项目	滇东北地区河砂混凝土回弹测强曲线
强度平均相对误差 δ/%	7.0
强度相对标准差 e_r/%	8.1

第 15 章
滇东北地区回弹测强曲线的应用实例

15.1 应用工程简介——昭通市大山包一级公路

滇东北地区回弹测强曲线曾在昭通市大山包一级公路开展试行和评价。大山包一级公路地处云贵高原北部（见图15.1），始于昭阳区守望乡与贵州省毕节市威宁县中水镇交界的烟堆山，经守望、凤凰、永丰、苏家院、龙树，止于鲁甸县新街集镇，顺接G356线鲁甸县新街至昭阳区大山包直达炎山乡通阳大桥连接沿江公路终点，项目建设里程55.6 km，工程总投资约37亿元。公路沿线大多位于2 500 m以上的高海拔地区，具有连续长大纵坡、沿途陡峻、工程艰巨、施工干扰因素复杂等特点。昭通市大山包一级公路的控制性工程主要是9座桥梁和2座隧道，桥梁梁板形式均为预制T梁，隧道采用钻爆法开挖方式和复合式衬砌结构形式。

图 15.1　昭通市大山包一级公路路线分布

15.2 滇东北地区回弹测强曲线的适用性评价

在论证滇东北地区回弹测强曲线的适用性时,针对昭通市大山包一级公路的控制性工程特点,选取 2 座隧道(C30 二次衬砌混凝土)、20 个墩柱(C30 墩柱混凝土)和 30 片 T 梁(C50 梁板混凝土)进行试验,回弹推定强度和同条件养护试件强度的测试龄期均为 60 d,分析时以同条件养护试件实测抗压强度作为工程实体强度的代表值(真值)。

15.2.1 推定隧道 C30 二次衬砌混凝土强度

为验证滇东北地区测强曲线在评定隧道工程混凝土强度中的适用性,在昭通市大山包一级公路的罗马隧道和阿鲁伯隧道开展了抗压强度的推定工作,二次衬砌采用 C30 机制砂混凝土,具体配合比见表 15.1。罗马隧道试验中,隧道左右侧各选择 5 个浇筑段的二次衬砌混凝土,共设计 100 个回弹测区;阿鲁伯隧道试验中,左右侧各选择 10 个浇筑段的二次衬砌混凝土,共设计 200 个回弹测区。采用回弹法推定抗压强度时,测试同龄期(60 d)同条件养护试件的抗压强度,罗马隧道和阿鲁伯隧道采用回弹法推定抗压强度的测试结果分别见表 15.2 和表 15.3。可见,根据罗马隧道和阿鲁伯隧道混凝土配合比特点,采用滇东北地区机制砂混凝土测强曲线推定抗压强度与同条件养护试件的抗压强度比较接近,罗马隧道的绝对偏差为 2.9~5.1 MPa,相对偏差为 6%~11%;阿鲁伯隧道的绝对偏差为 0.6~4.6 MPa,相对偏差为 1%~9%。说明滇东北地区测强曲线在推定隧道二次衬砌混凝土强度时精度较高。

表 15.1 隧道 C30 二次衬砌混凝土配合比

强度等级	水泥 /(kg·m^{-3})	粉煤灰 /(kg·m^{-3})	机制砂 /(kg·m^{-3})	1#料 /(kg·m^{-3})	2#料 /(kg·m^{-3})	3#料 /(kg·m^{-3})	水 /(kg·m^{-3})	减水剂 /(kg·m^{-3})
C30	304	76	826	328	657	109	158	4.32

注:1#、2#、3#骨料粒径分别为 19~31.5 mm、9.5~19 mm、4.75~9.5 mm。

表 15.2 滇东北地区测强曲线推定罗马隧道 C30 二次衬砌混凝土的抗压强度

工程部位	滇东北地区机制砂混凝土测强曲线回弹推定强度/MPa	同条件养护试件抗压强度/MPa	强度推定绝对偏差/MPa	强度推定相对偏差/%
左侧衬砌 ZK33+113~125	42.4	45.3	2.9	6
左侧衬砌 ZK33+485~497	42.5	47.3	4.8	10
左侧衬砌 ZK33+509~521	44.1	47.9	3.8	8

续表 15.2

工程部位	滇东北地区机制砂混凝土测强曲线回弹推定强度/MPa	同条件养护试件抗压强度/MPa	强度推定绝对偏差/MPa	强度推定相对偏差/%
左侧衬砌 ZK33+593~605	43.4	47.4	4.0	9
左侧衬砌 ZK33+617~629	45.9	49.1	3.2	7
右侧衬砌 YK33+296~308	52.1	55.7	3.6	7
右侧衬砌 YK33+548~560	44.4	47.3	2.9	6
右侧衬砌 YK33+584~596	42.8	47.9	5.1	11
右侧衬砌 YK33+704~716	43.8	47.4	3.6	8
右侧衬砌 YK33+740~752	43.0	47.1	4.1	9

表 15.3　滇东北地区测强曲线推定阿鲁伯隧道 C30 二次衬砌混凝土的抗压强度

工程部位	滇东北地区机制砂混凝土测强曲线回弹推定强度/MPa	同条件养护试件抗压强度/MPa	强度推定绝对偏差/MPa	强度推定相对偏差/%
左侧衬砌 ZK38+755~743	45.7	48.3	2.6	5
左侧衬砌 ZK38+659~671	48.5	50.3	1.8	4
左侧衬砌 ZK38+470~482	43.0	47.3	4.3	9
左侧衬砌 ZK36+143~155	46.0	49.3	3.3	7
左侧衬砌 ZK38+371~383	48.5	51.3	2.8	6
左侧衬砌 ZK35+811~823	48.5	52.3	3.8	7
左侧衬砌 ZK36+119~131	53.9	53.3	0.6	1
左侧衬砌 ZK38+302~314	47.9	52.3	4.4	9
左侧衬砌 ZK36+600~612	41.9	45.3	3.4	7
左侧衬砌 ZK37+910~899	42.6	46.3	3.7	8
右侧衬砌 YK38+726~714	48.3	50.3	2.0	4
右侧衬砌 YK38+702~690	43.7	48.3	4.6	9
右侧衬砌 YK38+606~618	48.7	51.3	2.6	5
右侧衬砌 YK38+630~642	53.8	55.3	1.5	3
右侧衬砌 YK38+642~654	51.2	53.3	2.1	4
右侧衬砌 YK38+654~667	49.7	52.3	2.6	5

续表 15.3

工程部位	滇东北地区机制砂混凝土测强曲线回弹推定强度/MPa	同条件养护试件抗压强度/MPa	强度推定绝对偏差/MPa	强度推定相对偏差/%
右侧衬砌 YK36+085~097	48.8	53.3	4.5	8
右侧衬砌 YK36+121~133	47.2	49.3	2.1	4
右侧衬砌 YK38+271~283	48.6	51.3	2.7	5
右侧衬砌 YK37+850~862	47.7	51.3	3.6	7

15.2.2 推定桥梁 C30 墩柱混凝土强度

桥梁 C30 墩柱混凝土配合比见表 15.4，采用滇东北地区测强曲线进行墩柱混凝土适用性评价时，共涉及 5 座桥梁。其中，黑泥地大桥、昭鲁大道互通 A 匝道桥采用编号为"C30-1"的 C30 机制砂混凝土；昭鲁河中桥、牛街子 1 号大桥采用编号为"C30-2"的 C30 机制砂混凝土；顺山 1 号大桥采用编号为"C30-3"的 C30 机制砂混凝土。墩柱混凝土实体的回弹值和同条件养护试件强度的测试龄期均为 60 d，回弹推定抗压强度依据滇东北地区机制砂混凝土测强曲线进行，测试结果如表 15.5~表 15.9 所示。

可见，5 座桥梁墩柱混凝土的回弹推定强度与同条件养护试件抗压强度比较相近，绝对偏差为 0.4~4.2 MPa，相对偏差为 1%~8%，推定精度较高。

表 15.4 桥梁 C30 墩柱混凝土配合比

编号	水泥/(kg·m⁻³)	粉煤灰/(kg·m⁻³)	机制砂/(kg·m⁻³)	1#料/(kg·m⁻³)	2#料/(kg·m⁻³)	3#料/(kg·m⁻³)	水/(kg·m⁻³)	减水剂/(kg·m⁻³)
C30-1	311	78	847	369	580	106	159	4.29
C30-2	400	0	830	264	581	211	164	4.40
C30-3	407	0	714	470	588	118	163	4.88

注：1#、2#、3# 骨料粒径分别为 19~31.5 mm、9.5~19 mm、4.75~9.5 mm。

表 15.5 滇东北地区测强曲线推定黑泥地大桥 C30 墩柱混凝土的抗压强度

工程部位	滇东北地区机制砂混凝土测强曲线回弹推定强度/MPa	同条件养护试件抗压强度/MPa	强度推定绝对偏差/MPa	强度推定相对偏差/%
K17+602.3 左幅 1-0#墩	53.3	55.3	2.0	4
K17+602.3 左幅 1-1#墩	53.6	57.1	3.5	6

续表 15.5

工程部位	滇东北地区机制砂混凝土测强曲线回弹推定强度/MPa	同条件养护试件抗压强度/MPa	强度推定绝对偏差/MPa	强度推定相对偏差/%
K17+602.3 左幅 1-2#墩	54.7	56.4	1.7	3
K17+602.3 左幅 1-3#墩	55.8	56.3	0.5	1

表 15.6 滇东北地区测强曲线推定昭鲁河中桥 C30 墩柱混凝土的抗压强度

工程部位	滇东北地区机制砂混凝土测强曲线回弹推定强度/MPa	同条件养护试件抗压强度/MPa	强度推定绝对偏差/MPa	强度推定相对偏差/%
K18+676 左幅 1#墩	51.4	54.4	3.0	5
K18+676 左幅 3#墩	47.5	51.5	4.0	8

表 15.7 滇东北地区测强曲线推定牛街子 1 号大桥 C30 墩柱混凝土的抗压强度

工程部位	滇东北地区机制砂混凝土测强曲线回弹推定强度/MPa	同条件养护试件抗压强度/MPa	强度推定绝对偏差/MPa	强度推定相对偏差/%
K24+812 左幅 17-0#墩	47.7	50.1	2.4	5
K24+812 左幅 17-1#墩	49.9	50.3	0.4	1

表 15.8 滇东北地区测强曲线推定顺山 1 号大桥 C30 墩柱混凝土的抗压强度

工程部位	滇东北地区机制砂混凝土测强曲线回弹推定强度/MPa	同条件养护试件抗压强度/MPa	强度推定绝对偏差/MPa	强度推定相对偏差/%
K34+082 左幅 9-0#墩	47.7	50.3	2.6	5
K34+082 左幅 9-1#墩	49.3	51.3	2.0	4
K34+082 左幅 12-0#墩	48.8	51.3	2.5	5
K34+082 左幅 1-2#墩	47.7	50.1	2.4	5
K34+082 左幅 1-3#墩	48.5	52.7	4.2	8

表 15.9 滇东北地区测强曲线推定昭鲁大道互通 A 匝道桥 C30 墩柱混凝土的抗压强度

工程部位	滇东北地区机制砂混凝土测强曲线回弹推定强度/MPa	同条件养护试件抗压强度/MPa	强度推定绝对偏差/MPa	强度推定相对偏差/%
AK0+254.612 左幅 1-1#墩	45.0	48.6	3.6	7
AK0+254.612 左幅 4-0#墩	51.2	52.4	1.2	2
AK0+254.612 左幅 5-0#墩	45.9	49.7	3.8	8

15.2.3 推定桥梁 C50 梁板混凝土强度

桥梁 C50 梁板混凝土配合比见表 15.10。根据滇东北地区 C50 梁板混凝土的配合比特点,同时分析了滇东北地区测强曲线在推定 C50 机制砂混凝土和 C50 河砂混凝土抗压强度时的适用性。验证工作共涉及 4 座桥梁,其中,昭鲁大道互通主线 1 号桥采用 C50 机制砂混凝土,配合比编号为"C50-JS";昭鲁河中桥、牛街子 2 号大桥和横江大桥均采用 C50 河砂混凝土,配合比编号为"C50-HS"。机制砂混凝土和河砂混凝土分别采用滇东北地区机制砂混凝土测强曲线和 C50 河砂混凝土测强曲线进行强度推定,结果见表 15.11～表 15.14。可见,回弹推定 C50 机制砂混凝土强度的绝对偏差为 6.4～12.2 MPa,相对偏差为 9～21%;回弹推定 C50 河砂混凝土强度的绝对偏差为 1.5～6.0 MPa,相对偏差为 2%～9%,C50 河砂混凝土测强曲线推定强度的精度更高。

表 15.10 桥梁 C50 梁板混凝土配合比

编号	水泥/(kg·m^{-3})	粉煤灰/(kg·m^{-3})	机制砂/(kg·m^{-3})	河砂/(kg·m^{-3})	2#料/(kg·m^{-3})	3#料/(kg·m^{-3})	水/(kg·m^{-3})	减水剂/(kg·m^{-3})
C50-JS	441	49	723	0	814	271	152	5.39
C50-HS	447	50	0	649	964	241	149	5.96

注:2#、3#骨料粒径分别为 9.5～19 mm 和 4.75～9.5 mm。

表 15.11 滇东北地区测强曲线推定昭鲁大道互通主线 1 号桥 C50 梁板混凝土的抗压强度

工程部位	滇东北地区机制砂混凝土测强曲线回弹推定强度/MPa	同条件养护试件抗压强度/MPa	强度推定绝对偏差/MPa	强度推定相对偏差/%
K16+301.2 左幅 37-3#T 梁	60.2	68.6	8.4	12
K16+301.2 左幅 37-4#T 梁	63.9	70.3	6.4	9
K16+301.2 左幅 38-3#T 梁	62.8	71.3	8.5	12

续表 15.11

工程部位	滇东北地区机制砂混凝土测强曲线回弹推定强度/MPa	同条件养护试件抗压强度/MPa	强度推定绝对偏差/MPa	强度推定相对偏差/%
K16+301.2 左幅 38-4#T 梁	66.0	73.3	7.3	10
K16+301.2 左幅 39-3#T 梁	68.1	76.3	8.2	11
K16+301.2 左幅 39-4#T 梁	64.4	72.3	7.9	11
K16+301.2 左幅 40-3#T 梁	61.8	70.3	8.5	12
K16+301.2 左幅 40-4#T 梁	64.0	71.2	7.2	10
K16+301.2 左幅 32-1#T 梁	58.9	68.3	9.4	14
K16+301.2 左幅 32-2#T 梁	55.4	63.3	7.9	12
K16+301.2 右幅 27-1#T 梁	51.3	63.5	12.2	19
K16+301.2 右幅 27-2#T 梁	52.4	62.6	10.2	16
K16+301.2 右幅 27-4#T 梁	53.1	63.3	10.2	16
K16+301.2 右幅 21-2#T 梁	58.9	68.3	9.4	14
K16+301.2 右幅 21-3#T 梁	53.7	61.1	7.4	12
K16+301.2 右幅 21-5#T 梁	48.0	55.3	7.3	13
K16+301.2 右幅 21-7#T 梁	40.4	51.3	10.9	21

表 15.12 滇东北地区测强曲线推定昭鲁河中桥 C50 梁板混凝土的抗压强度

工程部位	滇东北地区机制砂混凝土测强曲线回弹推定强度/MPa	同条件养护试件抗压强度/MPa	强度推定绝对偏差/MPa	强度推定相对偏差/%
K18+676 右幅 3-1#T 梁	59.8	64.5	4.7	7
K18+676 右幅 3-3#T 梁	61.4	65.5	4.1	6
K18+676 右幅 3-2#T 梁	53.1	58.4	5.3	9
K18+676 右幅 4-4#T 梁	54.7	60.3	5.6	9
K18+676 右幅 4-7#T 梁	53.7	57.3	3.6	6
K18+676 右幅 5-7#T 梁	59.3	62.4	3.1	5

表 15.13　滇东北地区测强曲线推定牛街子 2 号大桥 C50 梁板混凝土的抗压强度

工程部位	滇东北地区机制砂混凝土测强曲线回弹推定强度/MPa	同条件养护试件抗压强度/MPa	强度推定绝对偏差/MPa	强度推定相对偏差/%
K24+827 右幅 10-5#T 梁	61.7	66.5	4.8	7
K24+827 右幅 12-4#T 梁	59.1	63.3	4.2	7
K24+827 右幅 13-4#T 梁	59.1	64.1	5.0	8
K24+827 右幅 15-2#T 梁	65.3	70.1	4.8	7

表 15.14　滇东北地区测强曲线推定横江大桥 C50 梁板混凝土的抗压强度

工程部位	滇东北地区机制砂混凝土测强曲线回弹推定强度/MPa	同条件养护试件抗压强度/MPa	强度推定绝对偏差/MPa	强度推定相对偏差/%
K40+638 右幅 1-2#T 梁	68.4	69.9	1.5	2
K40+638 右幅 1-3#T 梁	64.3	70.3	6.0	8
K40+638 右幅 2-2#T 梁	65.9	71.6	5.7	8

15.3　滇东北地区回弹测强曲线与国家统一测强曲线对比

为进一步表征滇东北地区测强曲线的推定精度，将其与国家统一测强曲线进行比较。先利用国家统一测强曲线对工程实体的隧道 C30 二次衬砌混凝土、桥梁 C30 墩柱混凝土、桥梁 C50 梁板混凝土进行强度推定，并与同龄期（60 d）同条件养护试件抗压强度进行对比，再将国家统一测强曲线的推定强度偏差与滇东北地区测强曲线的推定强度偏差进行比较，从而获得二者的推定精度差异。国家统一测强曲线推定强度偏差计算仍以同条件养护试件实测强度作为代表值（真值）。

15.3.1　推定隧道 C30 二次衬砌混凝土强度的对比

根据罗马隧道和阿鲁伯隧道现场实测回弹值，采用国家统一测强曲线对抗压强度进行推定，并计算了推定强度与同条件养护试件强度的偏差，结果分别见表 15.15 和表 15.16。可见，2 个隧道根据国家统一测强曲线推定的强度均明显低于同龄期（60 d）同条件养护混凝土试件的强度。罗马隧道的绝对偏差为 13.7～16.9 MPa，相对偏差为 25%～35%；阿鲁伯隧道的绝对偏差为 5.3～19.7 MPa，相对偏差为 10%～38%，明显比前文所述滇东北地区测强曲线推定强度的偏差大（罗马隧道相对偏差为 6%～11%，阿鲁伯隧道相对偏差为 1%～9%）。滇东北地区测强曲线推定强度、国家统一测强曲线推定强度、同条件养护试件实测抗压强度

(图中斜线)汇总如图 15.2 所示,可见,国家统一测强曲线推定强度整体上小于同条件养护试件强度和滇东北地区测强曲线推定强度,滇东北地区测强曲线推定强度与同条件养护试件强度比较接近。表明在推定隧道 C30 二次衬砌混凝土强度时,滇东北地区测强曲线的推定精度显著高于国家统一测强曲线。

表 15.15　国家统一测强曲线推定罗马隧道 C30 二次衬砌混凝土的抗压强度

工程部位	国家统一测强曲线推定强度/MPa	同条件养护试件抗压强度/MPa	强度推定绝对偏差/MPa	强度推定相对偏差/%
左侧衬砌 ZK33+113~125	30.5	45.3	14.8	33
左侧衬砌 ZK33+485~497	30.8	47.3	16.5	35
左侧衬砌 ZK33+509~521	32.6	47.9	15.3	32
左侧衬砌 ZK33+593~605	31.7	47.4	15.7	33
左侧衬砌 ZK33+617~629	34.7	49.1	14.4	29
右侧衬砌 YK33+296~308	42.0	55.7	13.7	25
右侧衬砌 YK33+548~560	33.0	47.3	14.3	30
右侧衬砌 YK33+584~596	31.0	47.9	16.9	35
右侧衬砌 YK33+704~716	32.2	47.4	15.2	32
右侧衬砌 YK33+740~752	31.3	47.1	15.8	34

表 15.16　国家统一测强曲线推定阿鲁伯隧道 C30 二次衬砌混凝土的抗压强度

工程部位	国家统一测强曲线推定强度/MPa	同条件养护试件抗压强度/MPa	强度推定绝对偏差/MPa	强度推定相对偏差/%
左侧衬砌 ZK38+755~743	34.3	48.3	14.0	29
左侧衬砌 ZK38+659~671	37.8	50.3	12.5	25
左侧衬砌 ZK38+470~482	31.3	47.3	16.0	34
左侧衬砌 ZK36+143~155	34.7	49.3	14.6	30
左侧衬砌 ZK38+371~383	37.6	51.3	13.7	27
左侧衬砌 ZK35+811~823	37.7	52.3	14.6	28
左侧衬砌 ZK36+119~131	44.7	53.3	8.6	16
左侧衬砌 ZK38+302~314	32.6	52.3	19.7	38
左侧衬砌 ZK36+600~612	30.1	45.3	15.2	34

续表 15.16

工程部位	国家统一测强曲线推定强度/MPa	同条件养护试件抗压强度/MPa	强度推定绝对偏差/MPa	强度推定相对偏差/%
左侧衬砌 ZK37+910~899	30.9	46.3	15.4	33
右侧衬砌 YK38+726~714	37.6	50.3	12.7	25
右侧衬砌 YK38+702~690	32.0	48.3	16.3	34
右侧衬砌 YK38+606~618	37.9	51.3	13.4	26
右侧衬砌 YK38+630~642	44.3	55.3	11.0	20
右侧衬砌 YK38+642~654	40.7	53.3	12.6	24
右侧衬砌 YK38+654~667	47.0	52.3	5.3	10
右侧衬砌 YK36+085~097	38.2	53.3	15.1	28
右侧衬砌 YK36+121~133	32.6	49.3	16.7	34
右侧衬砌 YK38+271~283	37.9	51.3	13.4	26
右侧衬砌 YK37+850~862	36.8	51.3	14.5	28

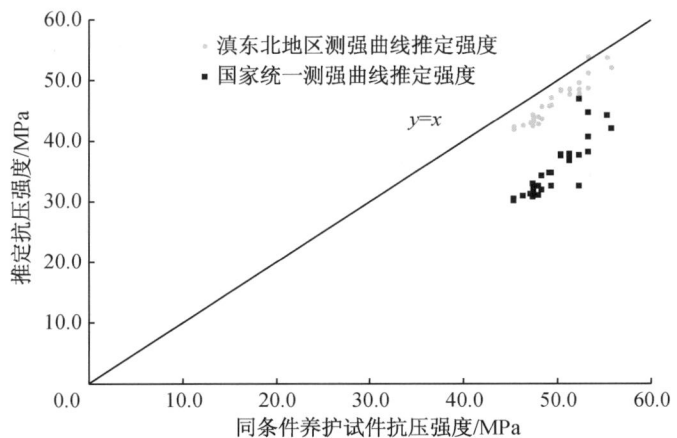

图 15.2　滇东北地区测强曲线与国家统一测强曲线推定隧道 C30 二次衬砌混凝土强度的对比

15.3.2　推定桥梁 C30 墩柱混凝土强度的对比

根据黑泥地大桥、昭鲁河中桥、牛街子 1 号大桥、顺山 1 号大桥和昭鲁大道互通 A 匝道桥墩柱混凝土的现场实测回弹值,采用国家统一测强曲线对抗压强度进行推定,并计算推定强度与同条件养护试件强度的偏差,结果分别见表 15.17～表 15.21。可见,根据国家统一测强曲线推定的 5 座桥梁墩柱混凝土强度均明显低于同龄期(60 d)同条件养护试件的强度。黑泥地大桥墩柱的绝对偏差为11.8~15.6 MPa,相对偏差为21%~27%;昭鲁河中桥墩柱的绝对偏差为15.8~17.4 MPa,相对偏差为29%~34%;牛街子1号大桥墩柱的绝对偏差为10.8~13.5 MPa,相对偏差为21%~27%;顺山1号大桥墩柱的绝对偏差为15.0~17.4 MPa,相对偏差为29%~33%;昭鲁大道互通A匝道桥墩柱的绝对偏差为14.1~17.7 MPa,相对偏差为27%~36%,明显比前文所述滇东北地区测强曲线(相对偏差1%~8%)推定强度的偏差大。滇东北地区测强曲线推定强度、国家统一测强曲线推定强度、同条件养护试件实测抗压强度(图中斜线)汇总如图15.3所示,可见,国家统一测强曲线推定强度整体上小于同条件养护试件强度和地区测强曲线推定强度,滇东北地区测强曲线推定强度与同条件养护试件强度比较接近。表明在推定桥梁C30墩柱混凝土强度时,滇东北地区测强曲线的推定精度显著高于国家统一测强曲线。

表 15.17　国家统一测强曲线推定黑泥地大桥 C30 墩柱混凝土的抗压强度

工程部位	国家统一测强曲线推定强度/MPa	同条件养护试件抗压强度/MPa	强度推定绝对偏差/MPa	强度推定相对偏差/%
K17+602.3 左幅 1-0#墩	41.1	55.3	14.2	26
K17+602.3 左幅 1-1#墩	41.5	57.1	15.6	27
K17+602.3 左幅 1-2#墩	42.9	56.4	13.5	24
K17+602.3 左幅 1-3#墩	44.5	56.3	11.8	21

表 15.18　国家统一测强曲线推定昭鲁河中桥 C30 墩柱混凝土的抗压强度

工程部位	国家统一测强曲线推定强度/MPa	同条件养护试件抗压强度/MPa	强度推定绝对偏差/MPa	强度推定相对偏差/%
K18+676 左幅 1#墩	38.6	54.4	15.8	29
K18+676 左幅 3#墩	34.1	51.5	17.4	34

表 15.19　国家统一测强曲线推定牛街子 1 号大桥 C30 墩柱混凝土的抗压强度

工程部位	国家统一测强曲线推定强度/MPa	同条件养护试件抗压强度/MPa	强度推定绝对偏差/MPa	强度推定相对偏差/%
K24+812 左幅 17-0#墩	36.6	50.1	13.5	27
K24+812 左幅 17-1#墩	39.5	50.3	10.8	21

表 15.20　国家统一测强曲线推定顺山 1 号大桥 C30 墩柱混凝土的抗压强度

工程部位	国家统一测强曲线推定强度/MPa	同条件养护试件抗压强度/MPa	强度推定绝对偏差/MPa	强度推定相对偏差/%
K34+082 左幅 9-0♯墩	34.3	50.3	16.0	32
K34+082 左幅 9-1♯墩	36.3	51.3	15.0	29
K34+082 左幅 12-0♯墩	35.6	51.3	15.7	31
K34+082 左幅 1-2♯墩	34.3	50.1	15.8	32
K34+082 左幅 1-3♯墩	35.3	52.7	17.4	33

表 15.21　国家统一测强曲线推定昭鲁大道互通 A 匝道桥 C30 墩柱混凝土的抗压强度

工程部位	国家统一测强曲线推定强度/MPa	同条件养护试件抗压强度/MPa	强度推定绝对偏差/MPa	强度推定相对偏差/%
AK0+254.612 左幅 1-1♯墩	30.9	48.6	17.7	36
AK0+254.612 左幅 4-0♯墩	38.3	52.4	14.1	27
AK0+254.612 左幅 5-0♯墩	32.0	49.7	17.7	36

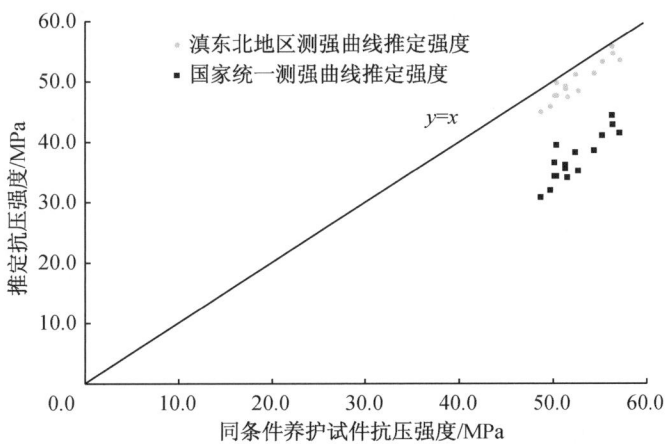

图 15.3　滇东北地区测强曲线与国家统一测强曲线推定桥梁 C30 墩柱混凝土强度的对比

15.3.3　推定桥梁 C50 梁板混凝土强度的对比

根据昭鲁大道互通主线 1 号桥、昭鲁河中桥、牛街子 2 号大桥和横江大桥 C50

梁板混凝土的现场实测回弹值，采用国家统一测强曲线对抗压强度进行推定，并计算了推定强度与同条件养护试件强度的偏差，结果分别见表15.22～表15.25。可见，国家统一测强曲线推定4座桥梁的梁板混凝土强度均明显低于同龄期(60 d)同条件养护试件强度。昭鲁大道互通主线1号桥采用C50机制砂混凝土，推定强度绝对偏差为12.1～22.4 MPa，相对偏差为16%～35%，高于前文所述滇东北地区测强曲线(9%～21%)的推定强度偏差。滇东北地区测强曲线推定强度、国家统一测强曲线推定强度、同条件养护试件实测强度(图中斜线)汇总如图15.4所示，可见，国家统一测强曲线推定强度整体上小于同条件养护试件强度和滇东北地区测强曲线推定强度，滇东北地区测强曲线推定强度与同条件养护试件强度比较接近。表明在推定桥梁C50梁板机制砂混凝土强度时，滇东北地区测强曲线的推定精度高于国家统一测强曲线。

昭鲁河中桥、牛街子2号大桥和横江大桥均采用C50河砂混凝土，国家统一测强曲线推定强度的绝对偏差为9.2～18.0 MPa，相对偏差为14%～26%，显著高于前文所述滇东北地区测强曲线(2%～9%)的推定强度偏差。滇东北地区测强曲线推定强度、国家统一测强曲线推定强度、同条件养护试件实测抗压强度(图中斜线)汇总如图15.5所示，可见，滇东北地区测强曲线推定强度与同条件养护试件强度更接近，推定桥梁C50梁板河砂混凝土抗压强度的精度更高。

表15.22 国家统一测强曲线推定昭鲁大道互通主线1号桥C50梁板混凝土的抗压强度

工程部位	国家统一测强曲线推定强度/MPa	同条件养护试件抗压强度/MPa	强度推定绝对偏差/MPa	强度推定相对偏差/%
K16+301.2 左幅 37-3#T 梁	53.0	68.6	15.6	23
K16+301.2 左幅 37-4#T 梁	58.1	70.3	12.2	17
K16+301.2 左幅 38-3#T 梁	56.6	71.3	14.7	21
K16+301.2 左幅 38-4#T 梁	61.2	73.3	12.1	17
K16+301.2 左幅 39-3#T 梁	64.2	76.3	12.1	16
K16+301.2 左幅 39-4#T 梁	58.9	72.3	13.4	19
K16+301.2 左幅 40-3#T 梁	55.1	70.3	15.2	22
K16+301.2 左幅 40-4#T 梁	58.4	71.2	12.8	18
K16+301.2 左幅 32-1#T 梁	51.1	68.3	17.2	25
K16+301.2 左幅 32-2#T 梁	46.4	63.3	16.9	27
K16+301.2 右幅 27-1#T 梁	41.1	63.5	22.4	35

续表 15.22

工程部位	国家统一测强曲线推定强度/MPa	同条件养护试件抗压强度/MPa	强度推定绝对偏差/MPa	强度推定相对偏差/%
K16+301.2 右幅 27-2#T 梁	42.5	62.6	20.1	32
K16+301.2 右幅 27-4#T 梁	43.6	63.3	19.7	31
K16+301.2 右幅 21-2#T 梁	51.1	68.3	17.2	25
K16+301.2 右幅 21-3#T 梁	44.1	61.1	17.0	28
K16+301.2 右幅 21-5#T 梁	36.7	55.3	18.6	34
K16+301.2 右幅 21-7#T 梁	36.9	51.3	14.4	28

表 15.23　国家统一测强曲线推定昭鲁河中桥 C50 梁板混凝土的抗压强度

工程部位	国家统一测强曲线推定强度/MPa	同条件养护试件抗压强度/MPa	强度推定绝对偏差/MPa	强度推定相对偏差/%
K18+676 右幅 3-1#T 梁	54.1	64.5	10.4	16
K18+676 右幅 3-3#T 梁	56.3	65.5	9.2	14
K18+676 右幅 3-2#T 梁	44.7	58.4	13.7	23
K18+676 右幅 4-4#T 梁	46.9	60.3	13.4	22
K18+676 右幅 4-7#T 梁	45.5	57.3	11.8	21
K18+676 右幅 5-7#T 梁	53.2	62.4	9.2	15

表 15.24　国家统一测强曲线推定牛街子 2 号大桥 C50 梁板混凝土的抗压强度

工程部位	国家统一测强曲线推定强度/MPa	同条件养护试件抗压强度/MPa	强度推定绝对偏差/MPa	强度推定相对偏差/%
K24+827 右幅 10-5#T 梁	56.7	66.5	9.8	15
K24+827 右幅 12-4#T 梁	52.9	63.3	10.4	16
K24+827 右幅 13-4#T 梁	53.0	64.1	11.1	17
K24+827 右幅 15-2#T 梁	62.1	70.1	8.0	11

表 15.25　国家统一测强曲线推定横江大桥 C50 梁板混凝土的抗压强度

工程部位	国家统一测强曲线推定强度/MPa	同条件养护试件抗压强度/MPa	强度推定绝对偏差/MPa	强度推定相对偏差/%
K40+638 右幅 1-2#T 梁	59.1	69.9	10.8	15
K40+638 右幅 1-3#T 梁	52.3	70.3	18.0	26
K40+638 右幅 2-2#T 梁	54.8	71.6	16.8	23

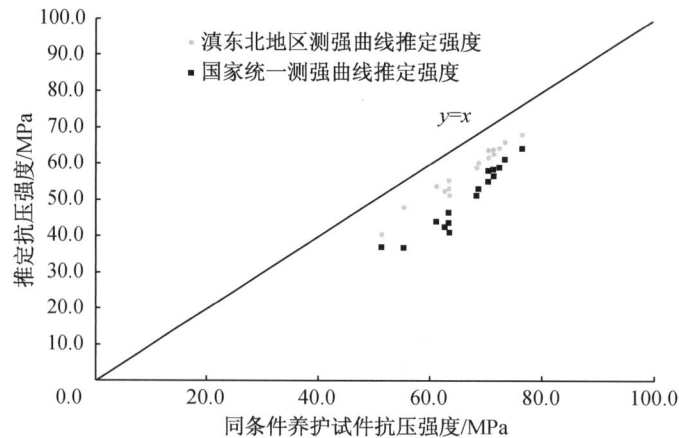

图 15.4　滇东北地区测强曲线与国家统一测强曲线推定桥梁 C50 梁板机制砂混凝土强度的对比

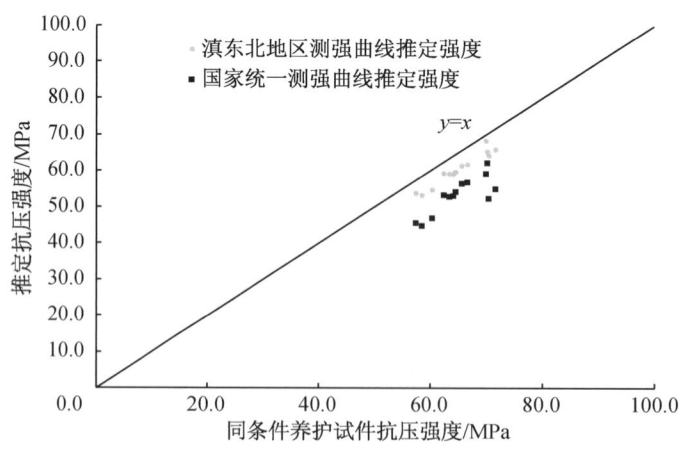

图 15.5　滇东北地区测强曲线与国家统一测强曲线推定桥梁 C50 梁板河砂混凝土强度的对比

附录 A　滇东北地区机制砂混凝土回弹测强曲线推定抗压强度表

回弹值（R_m）	推定强度/MPa	回弹值（R_m）	推定强度/MPa	回弹值（R_m）	推定强度/MPa	回弹值（R_m）	推定强度/MPa
10.0	9.6	16.2	17.5	22.4	26.1	28.6	35.4
10.2	9.9	16.4	17.8	22.6	26.4	28.8	35.7
10.4	10.1	16.6	18.0	22.8	26.7	29.0	36.0
10.6	10.4	16.8	18.3	23.0	27.0	29.2	36.3
10.8	10.6	17.0	18.6	23.2	27.3	29.4	36.6
11.0	10.8	17.2	18.9	23.4	27.6	29.6	36.9
11.2	11.1	17.4	19.1	23.6	27.9	29.8	37.2
11.4	11.3	17.6	19.4	23.8	28.2	30.0	37.5
11.6	11.6	17.8	19.7	24.0	28.5	30.2	37.9
11.8	11.8	18.0	19.9	24.2	28.8	30.4	38.2
12.0	12.1	18.2	20.2	24.4	29.1	30.6	38.5
12.2	12.3	18.4	20.5	24.6	29.4	30.8	38.8
12.4	12.6	18.6	20.8	24.8	29.7	31.0	39.1
12.6	12.8	18.8	21.0	25.0	30.0	31.2	39.4
12.8	13.1	19.0	21.3	25.2	30.3	31.4	39.7
13.0	13.3	19.2	21.6	25.4	30.6	31.6	40.0
13.2	13.6	19.4	21.9	25.6	30.9	31.8	40.4
13.4	13.8	19.6	22.2	25.8	31.2	32.0	40.7
13.6	14.1	19.8	22.4	26.0	31.4	32.2	41.0
13.8	14.4	20.0	22.7	26.2	31.7	32.4	41.3
14.0	14.6	20.2	23.0	26.4	32.0	32.6	41.6
14.2	14.9	20.4	23.3	26.6	32.4	32.8	41.9
14.4	15.1	20.6	23.6	26.8	32.7	33.0	42.3
14.6	15.4	20.8	23.9	27.0	33.0	33.2	42.6
14.8	15.7	21.0	24.1	27.2	33.3	33.4	42.9
15.0	15.9	21.2	24.4	27.4	33.6	33.6	43.2
15.2	16.2	21.4	24.7	27.6	33.9	33.8	43.5

续表附录 A

回弹值 (R_m)	推定强度 /MPa	回弹值 (R_m)	推定强度 /MPa	回弹值 (R_m)	推定强度 /MPa	回弹值 (R_m)	推定强度 /MPa
15.4	16.4	21.6	25.0	27.8	34.2	34.0	43.8
15.6	16.7	21.8	25.3	28.0	34.5	34.2	44.2
15.8	17.0	22.0	25.6	28.2	34.8	34.4	44.5
16.0	17.2	22.2	25.9	28.4	35.1	34.6	44.8
34.8	45.1	41.2	55.6	47.6	66.5	—	—
35.0	45.4	41.4	56.0	47.8	66.9	—	—
35.2	45.8	41.6	56.3	48.0	67.2	—	—
35.4	46.1	41.8	56.6	48.2	67.5	—	—
35.6	46.4	42.0	57.0	48.4	67.9	—	—
35.8	46.7	42.2	57.3	48.6	68.2	—	—
36.0	47.1	42.4	57.6	48.8	68.6	—	—
36.2	47.4	42.6	58.0	49.0	68.9	—	—
36.4	47.7	42.8	58.3	49.2	69.3	—	—
36.6	48.0	43.0	58.6	49.4	69.6	—	—
36.8	48.4	43.2	59.0	49.6	70.0	—	—
37.0	48.7	43.4	59.3	49.8	70.3	—	—
37.2	49.0	43.6	59.7	50.0	70.7	—	—
37.4	49.3	43.8	60.0	50.2	71.0	—	—
37.6	49.7	44.0	60.3	50.4	71.4	—	—
37.8	50.0	44.2	60.7	50.6	71.7	—	—
38.0	50.3	44.4	61.0	50.8	72.1	—	—
38.2	50.6	44.6	61.4	51.0	72.4	—	—
38.4	51.0	44.8	61.7	51.2	72.8	—	—
38.6	51.3	45.0	62.0	51.4	73.1	—	—
38.8	51.6	45.2	62.4	51.6	73.5	—	—
39.0	52.0	45.4	62.7	51.8	73.8	—	—
39.2	52.3	45.6	63.1	52.0	74.2	—	—

续表附录 A

回弹值 (R_m)	推定强度 /MPa	回弹值 (R_m)	推定强度 /MPa	回弹值 (R_m)	推定强度 /MPa	回弹值 (R_m)	推定强度 /MPa
39.4	52.6	45.8	63.4	52.2	74.6	—	—
39.6	53.0	46.0	63.7	52.4	74.9	—	—
39.8	53.3	46.2	64.1	52.6	75.3	—	—
40.0	53.6	46.4	64.4	52.8	75.6	—	—
40.2	53.9	46.6	64.8	53.0	76.0	—	—
40.4	54.3	46.8	65.1	53.2	76.3	—	—
40.6	54.6	47.0	65.5	53.4	76.7	—	—
40.8	54.9	47.2	65.8	53.6	77.0	—	—
41.0	55.3	47.4	66.2	53.8	77.4	—	—

注：表中推定强度由 $y=0.5563 R_m^{1.2384}$ 计算得到，适用于碳化深度为 0 的机制砂混凝土。

附录 B 滇东北地区河砂混凝土回弹测强曲线推定抗压强度表

回弹值 (R_m)	推定强度/MPa	回弹值 (R_m)	推定强度/MPa	回弹值 (R_m)	推定强度/MPa	回弹值 (R_m)	推定强度/MPa
10.0	9.7	16.2	17.4	22.4	25.9	28.6	34.9
10.2	9.9	16.4	17.7	22.6	26.2	28.8	35.2
10.4	10.2	16.6	18.0	22.8	26.5	29.0	35.5
10.6	10.4	16.8	18.2	23.0	26.8	29.2	35.8
10.8	10.6	17.0	18.5	23.2	27.1	29.4	36.1
11.0	10.9	17.2	18.8	23.4	27.3	29.6	36.4
11.2	11.1	17.4	19.0	23.6	27.6	29.8	36.7
11.4	11.4	17.6	19.3	23.8	27.9	30.0	37.0
11.6	11.6	17.8	19.6	24.0	28.2	30.2	37.4
11.8	11.8	18.0	19.8	24.2	28.5	30.4	37.7
12.0	12.1	18.2	20.1	24.4	28.8	30.6	38.0
12.2	12.3	18.4	20.4	24.6	29.1	30.8	38.3
12.4	12.6	18.6	20.7	24.8	29.4	31.0	38.6
12.6	12.8	18.8	20.9	25.0	29.6	31.2	38.9
12.8	13.1	19.0	21.2	25.2	29.9	31.4	39.2
13.0	13.3	19.2	21.5	25.4	30.2	31.6	39.5
13.2	13.6	19.4	21.7	25.6	30.5	31.8	39.8
13.4	13.8	19.6	22.0	25.8	30.8	32.0	40.1
13.6	14.1	19.8	22.3	26.0	31.1	32.2	40.4
13.8	14.3	20.0	22.6	26.2	31.4	32.4	40.7
14.0	14.6	20.2	22.8	26.4	31.7	32.6	41.0
14.2	14.9	20.4	23.1	26.6	32.0	32.8	41.3
14.4	15.1	20.6	23.4	26.8	32.3	33.0	41.6
14.6	15.4	20.8	23.7	27.0	32.6	33.2	41.9
14.8	15.6	21.0	24.0	27.2	32.9	33.4	42.2
15.0	15.9	21.2	24.2	27.4	33.2	33.6	42.6
15.2	16.1	21.4	24.5	27.6	33.5	33.8	42.9

续表附录 B

回弹值 (R_m)	推定强度 /MPa	回弹值 (R_m)	推定强度 /MPa	回弹值 (R_m)	推定强度 /MPa	回弹值 (R_m)	推定强度 /MPa
15.4	16.4	21.6	24.8	27.8	33.8	34.0	43.2
15.6	16.7	21.8	25.1	28.0	34.1	34.2	43.5
15.8	16.9	22.0	25.4	28.2	34.4	34.4	43.8
16.0	17.2	22.2	25.6	28.4	34.6	34.6	44.1
34.8	44.4	41.2	54.6	47.6	65.1	—	—
35.0	44.7	41.4	54.9	47.8	65.5	—	—
35.2	45.0	41.6	55.2	48.0	65.8	—	—
35.4	45.4	41.8	55.6	48.2	66.1	—	—
35.6	45.7	42.0	55.9	48.4	66.5	—	—
35.8	46.0	42.2	56.2	48.6	66.8	—	—
36.0	46.3	42.4	56.5	48.8	67.1	—	—
36.2	46.6	42.6	56.9	49.0	67.5	—	—
36.4	46.9	42.8	57.2	49.2	67.8	—	—
36.6	47.2	43.0	57.5	49.4	68.1	—	—
36.8	47.6	43.2	57.8	49.6	68.5	—	—
37.0	47.9	43.4	58.2	49.8	68.8	—	—
37.2	48.2	43.6	58.5	50.0	69.2	—	—
37.4	48.5	43.8	58.8	50.2	69.5	—	—
37.6	48.8	44.0	59.2	50.4	69.8	—	—
37.8	49.1	44.2	59.5	50.6	70.2	—	—
38.0	49.5	44.4	59.8	50.8	70.5	—	—
38.2	49.8	44.6	60.1	51.0	70.9	—	—
38.4	50.1	44.8	60.5	51.2	71.2	—	—
38.6	50.4	45.0	60.8	51.4	71.5	—	—
38.8	50.7	45.2	61.1	51.6	71.9	—	—
39.0	51.1	45.4	61.5	51.8	72.2	—	—
39.2	51.4	45.6	61.8	52.0	72.6	—	—

续表附录 B

回弹值 (R_m)	推定强度 /MPa	回弹值 (R_m)	推定强度 /MPa	回弹值 (R_m)	推定强度 /MPa	回弹值 (R_m)	推定强度 /MPa
39.4	51.7	45.8	62.1	52.2	72.9	—	—
39.6	52.0	46.0	62.5	52.4	73.2	—	—
39.8	52.3	46.2	62.8	52.6	73.6	—	—
40.0	52.7	46.4	63.1	52.8	73.9	—	—
40.2	53.0	46.6	63.5	53.0	74.3	—	—
40.4	53.3	46.8	63.8	53.2	74.6	—	—
40.6	53.6	47.0	64.1	53.4	74.9	—	—
40.8	53.9	47.2	64.5	53.6	75.3	—	—
41.0	54.3	47.4	64.8	53.8	75.6	—	—

注：表中推定强度由 $y=0.5806 R_m^{1.2219}$ 计算得到，适用于碳化深度为 0 的河砂混凝土。

参考文献

[1] 孙凤阁. 施工中如何处理混凝土粗骨料的级配问题[J]. 东北水利水电,1989(5):44-46.
[2] FULLER W B, THOMPSON J E. The laws of proportioning concrete[J]. Transactions of the American Society of Civil Engineers,1907,59(1):67-143.
[3] 弗朗索瓦·德拉拉尔. 混凝土混合料的配合[M]. 廖欣,叶枝荣,等译. 北京:化学工业出版社,2004.
[4] BOLOMEY J. Determination of the compressive strength of mortar sand concrete[J]. Bulletin Technique de la Suisse Romande,1927(16):22-24.
[5] MARIO C, SILVIA C, ROBERTIO T. 混凝土配合比设计[M]. 刘数华,李家正,译. 北京:中国建材工业出版社,2009.
[6] TALBOT A N, RICHART F E. The strength of concrete—its relation to the cement aggregates and water[J]. Illinois Univ Eng Exp Sta Bulletin, 1923, 137:116.
[7] 杨云芳. 公路建筑材料[M]. 北京:人民交通出版社,1998.
[8] 林绣贤. 沥青混凝土合理集料组成的计算公式[J]. 华东公路,2003(1):82-84.
[9] 傅沛兴. 现代混凝土特点与配合比设计方法[J]. 建筑材料学报,2010(6):705-710.
[10] 傅沛兴. 普通混凝土砂石级配的研究[J]. 建筑材料学报,2007(1):1-6.
[11] 谢素兰. 应用Fuller级配曲线高性能混凝土配比模式之研究[J]. 南亚学报,2006(26):81-94.
[12] 刘崇熙. 混凝土集料级配包围垛密理论[J]. 水利学报,1964(2):59-66.
[13] WEYMOUTH C A G. Effects of particle interference in mortars and concrete[J]. Rock Products,1933,36(2):26-30.
[14] 刘崇熙. 混凝土骨料韦毛氏级配法及其应用的商讨[J]. 人民长江,1956(12):34-38.
[15] 王玲玲,刘军,熊少波,等. 矿质混合料堆积与混凝土致密正填配合比设计[J]. 混凝土,2004(3):26-28.
[16] 刘军,王玲玲,王东山,等. 混凝土矿质混合料致密配比设计模式分析[J]. 哈尔滨工业大学学报,2004(3):356-358.
[17] 刘军,王玲玲,王东山,等. 矿质混合料致密配比设计模式分析[C]. 2002年中国材料研讨会论文集,2002.

[18] SHILSTONE J M. Concrete mixture optimization[J]. Concrete International, 1990, 12(6): 33-39.

[19] SHILSTONE J M. Performance-based concrete mixtures and specifications for today[J]. Concrete International, 2002(2): 80-83.

[20] 彭浩, 宋少民. 预拌混凝土配合比设计中骨料级配的优化方法研究[J]. 商品混凝土, 2014(4): 28-30, 52.

[21] British Standards Institution. BS 882: 1992 Specification for aggregates from natural sources for concrete[S]. 1992.

[22] PAN T, TUTUMLUER E. Imaging based evaluation of coarse aggregate size and shape properties affecting pavement performance[C]. Geo-Frontiers Congress, 2005.

[23] MAERZ N H. Technical and computational aspects of the measurement of aggregate shape by digital image analysis[J]. Journal of Computing in Civil Engineering, 2004(1): 10-18.

[24] KWAN A K H, MOAR C F, CHAN H C. Particle shape analysis of coarse aggregate using digital image processing[J]. Cement and Concrete Research, 1999(9): 1403-1410.

[25] BRZEZICKI J M, KASPERKIEWICZ J. Automatic image analysis in evaluation of aggregate shape[J]. Journal of Computing in Civil Engineering, 1999 (2): 123-128.

[26] 陈海洋, 汪稔, 李建国, 等. 钙质砂颗粒的形状分析[J]. 岩土力学, 2005(9): 1389-1392.

[27] GORI U, MARI M. The correlation between the fractal dimension and internal friction angle of different granular materials[J]. Soils and Foundations, 2001(6): 17-23.

[28] 胡建强, 邵海成, 周立明, 等. 统一的傅里叶分析法量化骨料形状棱角度和纹理[J]. 天津建设科技, 2010(4): 18-20.

[29] 胡江萍. 应用傅里叶分析方法描述混凝土集料形状[J]. 建材技术与应用, 2006(6): 1-4.

[30] ELISABETH T BOWMAN, KENICHI SOGA, W DRUMMOND. Particle shape characterization using fourier descriptor analysis [J]. Geotechnique, 2001(6): 545-554.

[31] BEDDOW J K, PHILP G C, VETTER A F. On relating some particle profile characteristics to the profile fourier coefficients[J]. Powder Technol, 1977(18): 19-25.

[32] RAMITHA WETTIMUNY, DAYAKAR PENUMADU. Application of fourier analysis to digital imaging for particle shape analysis[J]. Journal of Computing in Civil Engineering, 2004(1): 2-9.

[33] S JOSEPH ANTONY, MATTHEW R KUHN. Influence of particle shape on granular contact signatures and shear strength: new insights from simulations[J]. International Journal of Solids and Structures, 2004(21): 5863-5870.

[34] 叶建雄, 余林文, 颜从进, 等. 机制砂颗粒形状评价方法的相关性[J]. 土木建筑与环境工程, 2012(4): 161-164.

[35] ROUSAN T A. Evaluation of image analysis techniques for quantifying aggregate shape characteristics[J]. Construction and Building Materials, 2007, 21(5): 978-990.

[36] 汪海年, 郝培文, 肖庆一, 等. 粗集料棱角性的图像评价方法[J]. 东南大学学报(自然科学版), 2008(4): 637-641.

[37] 温喜廉,欧阳东,李建友. 细骨料颗粒形貌特征显微及微观结构研究[J]. 混凝土,2013(6):62-66.

[38] 温喜廉. 茂名高岭土尾砂循环用作建筑用砂的研究[D]. 广州:暨南大学,2009.

[39] 刘秀美,陶珍东. 机制砂的特点及其对混凝土性能的影响[J]. 粉煤灰,2012(6):15-17.

[40] 严琳,杨长辉,王冲. 粗骨料颗粒形状指数、级配对自密实混凝土工作性能的影响[J]. 混凝土,2011(1):75-77.

[41] 郑灼知,刘晓钰. 粗骨料形状系数对自密实混凝土性能的影响[J]. 商品混凝土,2016(11):49-50.

[42] 孔亮,彭仁. 颗粒形状对类砂土力学性质影响的颗粒流模拟[J]. 岩石力学与工程学报,2011(10):2112-2119.

[43] LONG L, GORDON C, et al. Design mix manual for concrete construction[M]. New York:McGraw-Hill Book Company,1982.

[44] AITCIN P C, NEVILLE A M. High performance concrete demystified[J]. Concrete International,1993,15(1):21-26.

[45] MEHTA P K. 混凝土的结构、性能与材料[M]. 祝永年,等译. 上海:同济大学出版社,1991.

[46] DETWILER R J, MEHTA P K. Chemical and physical effects of silica fume on the mechanical behavior of concrete[J]. ACI Materials Journal,1989,86(6):609-614.

[47] MEHTA P K. Advancements in concrete technology[J]. Concrete International,1999,21(6):69-76.

[48] MARK L H, NEIL W P. Selection of descriptors for particle shape characterization[J]. Particle and Particle Systems Characterization,2003,20(1):25-38.

[49] MORA C F, KWAN A K H. Sphericity, shape factor, and convexity measurement of coarse aggregate for concrete using digital image processing[J]. Cement and Concrete Research,2000,30(4):351-358.

[50] 刘清秉,项伟,M BUDHU,等. 砂土颗粒形状量化及其对力学指标的影响分析[J]. 岩土力学,2011(S1):190-197.

[51] 蒋丽滢,韩继红,张雄,等. 颗粒群特征的定量体视学分析方法[J]. 建筑材料学报,1998(4):33-37.

[52] 陈云波,徐培涛. 水泥颗粒形貌的表征及其研究方法[J]. 水泥,2003(2):17-19.

[53] 吴继敏. 应用图像分析法评价花岗岩结构特征[J]. 河海大学学报,1998(4):2-8.

[54] 陆厚根,马魁. 用两个形状指数表征粉煤灰颗粒形貌的研究[J]. 硅酸盐学报,1992(4):293-301.

[55] 王彦喆. 粗集料细观结构特征对沥青混合料性能的影响研究[D]. 西安:长安大学,2012.

[56] 刘数华,冷发光,罗季英. 建筑材料试验研究的数学方法[M]. 北京:中国建材工业出版社,2006.

[57] 漆海峰. 煤粉的流动性对比研究及其影响因素分析[D]. 上海:华东理工大学,2012.

[58] 江亦川,杨敏. 乳糖粉体学性质的初步探讨[J]. 广东药学,2002(4):19-22.

[59] 原晋濮. 混凝土冬季施工的要点[J]. 山西建筑, 2007, 33(6): 148-149.

[60] 沈悦. 京津城际铁路2号梁场冬季施工温度控制原则[J]. 铁道建筑科技, 2008(S1): 398-399.

[61] 彭子茂. 冬季混凝土工程施工方法研究[J]. 廊坊师范学院学报(自然科学版), 2010, 10(3): 61-63.

[62] 边朝朝, 孙得超, 郝峰, 等. 常见电热带的结构与原理和使用注意事项[J]. 电线电缆, 2004(6): 38-39.

[63] 李培山, 卢宗俊, 王宗昌. 混凝土防冻剂掺量和受冻临界强度[J]. 工业建筑, 2001(11): 39-41.

[64] 周波. 混凝土冬季养护几种方法的分析和探讨[J]. 技术与市场, 2014, 21(2): 61-63.

[65] 关柯, 刘长滨, 罗兆烈, 等. 建筑施工手册[M]. 4版. 北京: 中国建筑工业出版社, 2003.

[66] 丁高明. 混凝土冬季施工的难点和注意事项[J]. 科技创新导报, 2013(32): 79.

[67] 张鹏. 浅谈冬季施工混凝土结构的施工方法[J]. 山西建筑, 2008, 34(16): 159-160.

[68] LEUNG C, PHEERAPHAN T. Very high early strength of microwave cured concrete[J]. Cement and Concrete Research, 1995, 25(1): 136-146.

[69] 吴蓬, 吕宪俊, 梁志强, 等. 混凝土早强剂的作用机理及应用现状[J]. 金属矿山, 2014(12): 20-25.

[70] 冷达, 张雄, 沈中林. 减水剂和早强剂对水泥基灌浆材料性能的影响[J]. 新型建筑材料, 2008, 35(11): 21-25.

[71] 张超. 水泥基注浆材料早强剂的复配[J]. 科技风, 2010(22): 162-163.

[72] 高振国, 罗永会, 石浩. 无钠(钾)混凝土早强剂的研究及开发[J]. 低温建筑技术, 2002(3): 67-68.

[73] 陶雪兰, 汪丕明. 硫酸钠对不同强度混凝土性能的影响差异[J]. 建材技术与应用, 2011(6): 6-8.

[74] 王文婷. 无机盐类外加剂对混凝土碳化性能的影响及机理探讨[D]. 西安: 西安建筑科技大学, 2013.

[75] 姜梅芬, 吕宪俊. 混凝土早强剂的研究与应用进展[J]. 硅酸盐通报, 2014, 33(10): 2527-2533.

[76] RICHARDSON A. Strength development of plain concrete compared to concrete with a non-chloride accelerating admixture[J]. Structural Survey, 2007, 25(5): 418-423.

[77] SCHUTTER G D, LUO L. Effect of corrosion inhibiting admixtures on concrete properties[J]. Construction and Building Materials, 2004, 18(7): 483-489.

[78] ANN K Y, JUNG H S, KIM H S, et al. Effect of calcium nitrite-based corrosion inhibitor in preventing corrosion of embedded steel in concrete[J]. Cement and Concrete Research, 2006, 36(3): 530-535.

[79] 詹镇峰, 陈峭卉, 李从波, 等. 一种混凝土复合超早强剂及其使用方法: 201510894979.6[P]. 2015-12-07.

[80] 陈子川. 低温混凝土早强剂: 201110049598.X[P]. 2011-03-02.

[81] 丁庆军，何良玉，梁远博，等. 超早强微膨胀水下灌浆料的研究[J]. 武汉理工大学学报（交通科学与工程版），2014(3)：498-501.

[82] MATUSINOVIĆ T, ĆURLIN D. Lithium salts as set accelerators for high alumina cement [J]. Cement and Concrete Research, 1993, 23(4)：885-895.

[83] 陈大川，程超，黄政宇. 几种外加剂组分对硫铝酸盐水泥性能的影响[J]. 铁道科学与工程学报，2015(5)：1074-1082.

[84] 韩建国，阎培渝. 锂化合物对硫铝酸盐水泥水化历程的影响[J]. 硅酸盐学报，2010，38(4)：608-614.

[85] 要秉文，高振国，张希清，等. 晶种提高混凝土早期强度的热力学分析[J]. 低温建筑技术，2004(6)：9-10.

[86] 杨伯科. 混凝土实用新技术手册[M]. 长春：吉林科学技术出版社，1998.

[87] HARUEHANSAPONG S, PULNGERN T, CHUCHEEPSAKUL S. Effect of the particle size of nanosilica on the compressive strength and the optimum replacement content of cement mortar containing nano-SiO_2[J]. Construction and Building Materials, 2014, 50(2)：471-477.

[88] 徐迅，卢忠远. 纳米二氧化硅对硅酸盐水泥水化硬化的影响[J]. 硅酸盐学报，2007，35(4)：478-484.

[89] 戎志丹，王瑞，林发彬. 纳米超高性能水泥基复合材料微结构演变研究[J]. 深圳大学学报（理工版），2013，30(6)：611-616.

[90] 李固华，高波. 纳米微粉 SiO_2 和 $CaCO_3$ 对混凝土性能影响[J]. 铁道学报，2006，28(1)：131-136.

[91] 侯献海，步玉环，郭胜来，等. 纳米二氧化硅复合早强剂的开发与性能评价[J]. 石油钻采工艺，2016，38(3)：322-326.

[92] 黄政宇，祖天钰. 纳米 $CaCO_3$ 对超高性能混凝土性能影响的研究[J]. 硅酸盐通报，2013，32(6)：1103-1109.

[93] 钱峰. DSP 改性水泥基灌浆材料性能研究[D]. 长沙：湖南大学，2009.

[94] 孟涛，钱匡亮，钱晓倩，等. 纳米碳酸钙颗粒对水泥水化性能和界面性质的影响[J]. 稀有金属材料与工程，2008，37(S2)：667-669.

[95] BRYKOV A S, VASIL'Ev A S, Mokeev M V. Hydration of portland cement in the presence of aluminum-containing setting accelerators[J]. Russian Journal of Applied Chemistry, 2013, 86(6)：793-801.

[96] 马保国，许永和，董荣珍. 三乙醇胺对水泥初始结构和力学性能的影响[J]. 建筑材料学报，2006，9(1)：6-9.

[97] 谢兴建. 混凝土早强剂应用技术研究[J]. 新型建筑材料，2005(5)：33-35.

[98] ZHANG M S. Preparation and mechanism analysis of high-efficiency early strength agent [J]. Advanced Materials Research, 2012, 535-537：2483-2487.

[99] 许凤桐，陈瑞波，顾轲. 甲酸钙早强剂在干粉砂浆中的应用[J]. 墙材革新与建筑节能，2008(2)：56-58.

[100] 王娟,宋丹,吴廷伟. 甲酸钙在不同聚合物防水砂浆体系中的作用效果及机理分析[J]. 中国建筑防水,2013(8):23-26.

[101] HEIKAL M. Effect of calcium formate as an accelerator on the physicochemical and mechanical properties of pozzolanic cement pastes[J]. Cement and Concrete Research,2004, 34(6):1051-1056.

[102] 李彪. 尿素型混凝土复合外加剂试验研究[J]. 辽宁省交通高等专科学校学报,2000,2(3):41-43.

[103] SON S W,YEON J H. Mechanical properties of acrylic polymer concrete containing methacrylic acid as an additive[J]. Construction and Building Materials,2012,37(12):669-679.

[104] 张云理,张师恩,张莹,等. 长江中下游地区混凝土冬季施工外加剂技术[J]. 混凝土, 2002(9):45-47.

[105] 李献民,谭金海,雷成慧. 三乙醇胺在混凝土工程中的应用[J]. 电力建设,1995(2):40-41.

[106] 李习章,张京涛,王安岭. 混凝土早强组分在不同温度下的早强性能研究[C]. "第四届全国特种混凝土技术"学术交流会暨中国土木工程学会混凝土质量专业委员会年会,2013.

[107] HOU PENGKUN,WANG KEJIN,QIAN JUESHI,et al. Effects of colloidal nanoSiO$_2$ on fly ash hydration[J]. Cement and Concrete Composites,2012,34(10):1095-1103.

[108] 要秉文,丁庆军,梅世刚,等. 新型早强剂对混凝土性能的影响研究[J]. 混凝土,2005(9):49-54.

[109] XU Qinglei,MENG Tao,HUANG Miaozhou. Effects of nano-CaCO$_3$ on the compressive strength and microstructure of high strength concrete in different curing temperature[J]. Applied Mechanics and Materials,2011,121-126:126-131.

[110] 谢友均,刘伟,刘宝举,等. 青藏铁路低温早强混凝土抗压强度试验研究[J]. 桥梁建设, 2003(2):27-30.

[111] 宫长义,王惠明,李建华,等. 混凝土超早强剂:200710190542.X[P]. 2007-11-30.

[112] GUAN B,YE Q,ZHANG J,et al. Interaction between α-calcium sulfate hemihydrate and superplasticizer from the point of adsorption characteristics, hydration and hardening process[J]. Cement and Concrete Research,2010,40(2):253-259.

[113] 马存前,冉千平,毛永琳,等. 超早强型聚羧酸盐超塑化剂对混凝土早期强度发展的影响[J]. 混凝土与水泥制品,2009(5):4-6.

[114] HOUST Y F,BOWEN P,PERCHE F,et al. Design and function of novel superplasticizers for more durable high performance concrete[J]. Cement and Concrete Research, 2008,38(10):1197-1209.

[115] 李萍,周转运,蔡其全,等. 硫酸钠与聚羧酸减水剂复配对混凝土性能的影响研究[J]. 新型建筑材料,2014,41(9):38-39.

[116] 卞葆芝,张云理. 金星系列早强外加剂性能的研究[J]. 混凝土,1992(5):37-48.

[117] 张云升,范建平. 一种硅酸盐水泥混凝土的超早强剂:201510107861.4[P]. 2015-03-11.

[118] DACZKO J A, KURTZ M A, DULZER M. High early-strength fiber reinforced cementitious composition:US 6942727[P]. 2005-09-13.

[119] 王子明,孙俊. 聚羧酸高效减水剂与防冻组分复合研究[J]. 低温建筑技术,2008,30(3):1-3.

[120] 程平阶,王宁宁,王凯,等. 硫氰酸钠与聚羧酸减水剂复配对水泥水化的影响研究[J]. 硅酸盐通报,2014,33(10):2672-2678.

[121] HOUST Y F, BOWEN P, PERCHE F, et al. Design and function of novel superplasticizers for more durable high performance concrete[J]. Cement and Concrete Research,2008,38(10):1197-1209.

[122] WIDMER J, SULSER U, BURGE T A, et al. Multipurpose cement dispersing polymers for high flow and high strength concrete:US 6387176[P]. 2002-05-14.

[123] RAN Q, SOMASUNDARAN P, MIAO C, et al. Effect of the length of the side chains of comb-like copolymer dispersants on dispersion and rheological properties of concentrated cement suspensions[J]. Journal of Colloid and Interface Science,2009,336(2):624-633.

[124] PLANK J,赵霄龙,薛庆,等. 当今欧洲混凝土外加剂的研究进展[C]. 混凝土外加剂及其应用技术,2004:18-20.

[125] CERULL T. 寒冷气候下克提高混凝土早期强度的新型超塑化剂[C]. 第七届超塑化剂及其他混凝土外加剂国际会议译文集,2005.

[126] CLEMENTE P, FERRARI G, GAMBA M, et al. High early strength superplasticizer:EP1547986[P]. 2008-05-28.

[127] 唐修生,黄国泓,祝烨然,等. 早强型聚羧酸系减水剂的制备及其性能试验研究[J]. 新型建筑材料,2013,40(5):11-13.

[128] 温盛魁. 低温早强水泥浆体系的研究[D]. 北京:中国石油大学,2008.

[129] 朱江林,冯克满,王同友,等. 一种深水固井用低温早强剂:201010293396.5[P]. 2010-09-27.

[130] 齐志刚. 低温低水化热固井水泥浆体系研究[D]. 北京:中国石油大学,2009.

[131] 王成文,王瑞和,陈二丁,等.. 锂盐早强剂改善油井水泥的低温性能及其作用机理[J]. 石油学报,2011(1):140-144.

[132] 李作臣. 油井水泥低温早强剂X-1的性能评价[J]. 科学技术与工程,2010,10(16):3975-3977.

[133] 刘庆旺,徐卫强,高亭松,等. 新型油井水泥低温早强剂QZ-1性能评价[J]. 科学技术与工程,2010,10(34):8521-8523.

[134] 步玉环,侯献海,郭胜来. 低温固井水泥浆体系的室内研究[J]. 钻井液与完井液,2016,33(1):79-83.

[135] KONTOLEONTOS F, TSAKIRIDIS P E, MARINOS A. Influence of colloidal nanosilica on ultrafine cement hydration:Physicochemical and microstructural characterization[J]. Construction and Building Materials,2012,35(35):347-360.

[136] 王培铭,李楠,徐玲琳,等. 低温养护下硫铝酸盐水泥的水化进程及强度发展[J]. 硅酸盐学报,2017,45(2):242-248.

[137] ESCALANTE-GARCIA J I, SHARP J H. Variation in the composition of C-S-H gel in Portland cement pastes cured at various temperatures[J]. Journal of the American Ceramic Society,2010,82(11):3237-3241.

[138] LOTHENBACH B, MATSCHEI T, MÖSCHNER G, et al. Thermodynamic modeling of the effect of temperature on the hydration and porosity of Portland cement[J]. Cement and Concrete Research,2008,38(1):1-18.

[139] 李林香,谢永江,冯仲伟,等. 水泥水化机理及其研究方法[J]. 混凝土,2011(6):76-80.

[140] 孔祥明,卢子臣,张朝阳. 水泥水化机理及聚合物外加剂对水泥水化影响的研究进展[J]. 硅酸盐学报,2017,45(2):274-281.

[141] NICOLEAU L, NONAT A. A new view on the kinetics of tricalcium silicate hydration[J]. Cement and Concrete Research,2016,86:1-11.

[142] JANSEN D, GOETZ-NEUNHOEFFER F, LOTHENBACH B, et al. The early hydration of Ordinary Portland Cement(OPC):An approach comparing measured heat flow with calculated heat flow from QXRD[J]. Cement and Concrete Research,2012,42(1):134-138.

[143] 杨伟宁. C40预制混凝土早强剂试验研究[D]. 济南:山东建筑大学,2015.

[144] 黄天勇. 微量化学外加剂对硅酸盐水泥强度的影响及作用机理[D]. 北京:中国矿业大学,2014.

[145] 徐庆磊. 纳米二氧化硅对水泥基材料性能的影响及作用机理研究[D]. 杭州:浙江大学,2013.

[146] KRSTULOVIĆ R, DABIĆ P. A conceptual model of the cement hydration process[J]. Cement and Concrete Research,2000,30(5):693-698.

[147] 李瑶. 硅酸盐水泥-硅灰复合胶凝材料低温水化特征研究[D]. 大连:大连理工大学,2016.

[148] 刘邦禹. 混凝土耐久性影响因素综述[J]. 中国科技信息,2014(7):121-123.

[149] 刘立彬. 水工混凝土表面质量缺陷原因分析及处理方法[J]. 农业与技术,2017(24):83-83.

[150] 彭海涛,苏捷,方志. 基于图像分析技术的混凝土表面色差检测及评定[J]. 公路工程,2012,37(5):19-22.

[151] 刘春玉. 基于彩色图像识别的混凝土表观质量评价系统研究[D]. 武汉:武汉理工大学,2008.

[152] 叶铁锋. 基于量化指标的清水混凝土外观质量评价方法浅析[M]//吴念祖. 上海空港(第10辑),2015.

[153] 钟亚伟. 混凝土桥墩(台)表面质量研究[D]. 成都:西南交通大学,2006.

[154] 谷明. 提高混凝土结构表面质量的措施分析[J]. 中国新技术新产品,2011(18):204.

[155] 刘杰. 混凝土脱模剂国内外工程应用研究现状[J]. 江西建材,2017(6):2,4.

[156] 夏寿荣. 混凝土外加剂配方手册[M]. 北京:化学工业出版社,2010.

[157] 吕德胜. 透水模板布在龙青高速公路墩柱高性能混凝土施工中的应用研究[J]. 中国市政工程,2015(2):103-105.

[158] 赵成贵. 透水模板布在公安长江大桥的应用[J]. 上海公路,2017(1):47-50,5.

[159] 方明山. 新工艺、新技术及新材料在杭州湾跨海大桥工程的应用[J]. 公路,2006(9):177-180.

[160] 梅佳鸿,丛炳刚,穆红臣,等. 透水模板布在青岛海湾大桥的应用[J]. 公路交通科技,2010,27(S1):147-150.

[161] 傅立容. 透水模板在盐田港区三期工程中的应用研究[J]. 水运工程,2004(10):36-39.

[162] 叶珺,王中文. 清水混凝土模板处理方式试验研究[J]. 公路,2009(7):325-328.

[163] 张建雄,缪昌文,刘加平,等. 清水混凝土外观质量评价方法的研究[J]. 混凝土,2008(1):95-97.

[164] JENSEN B C, BRAESTRUP M W. LOK-TESTS Determine the Compressive Strength of Concrete[J]. Journal of the Nordic Concrete Federation,1975,14(2):59-61.

[165] SKRAMTAJEW B G. Determining concrete strength for control of concrete in structures[J]. Proceeding Am Concrete Inst,1938,42(9):28-35.

[166] TREMPER B. Measurement of concrete strength by embedded pull-out bars[C]. Proc of 47th Annual Meeting, American Society for Testing Materials,1944:880-891.

[167] KIERKEGAARD-HANSEN P. LOK-Strength, Nordisk Betong[J]. Journal of the Nordic Concrete Federation,1975,15(3):391-394.

[168] CLAUS PETERSEN. B Sc, M Sc LOK-TEST and CAPO-TEST pull-out testing, twenty years experience[EB/OL].

[169] 蔡正咏. 国内首创检测硬化混凝土强度的射钉法最近通过技术鉴定[J]. 混凝土与水泥制品,1991(3):52.

[170] 周孝正,蔡正咏. 射钉法检测硬化混凝土强度的试验研究[J]. 水力发电,1991(12):56-57.

[171] Inoue M, Komaki T, Dobasi K, et al. Study on the Rebound Strength of Rocks by Schmidt Test Hammer Part I. Application the Concrete Testing Method to Rocks[R]. Technical Reports of the Kumamoto University,1966.

[172] 国家建筑工程质量监督检测中心. 混凝土无损检测技术[M]. 北京:中国建材工业出版社,2009.

[173] ASTM C1084. Standard Test Method for Portland-Cement Content of Hardened Hydraulic-cement Concrete[Z],2010.

[174] 彭章. 回弹-钻芯综合法在既有结构混凝土强度推定中的应用[D]. 湘潭:湖南科技大学,2017.

[175] 邵海东. 回弹法检测宁夏地区泵送混凝土抗压强度测试曲线试验研究[D]. 西安:西安建筑科技大学,2012.

[176] 张之腾. 南水北调工程河北段水工混凝土回弹法专用测强曲线试验研究[D]. 石家庄:石

家庄铁道大学，2013.
- [177] 熊静. 回弹法评定混凝土抗压强度的主要影响因素及测强曲线的研究[D]. 广州：华南理工大学，2015.
- [178] 田洪臣. 回弹法检测早龄期高性能混凝土强度技术研究[D]. 北京：中国农业大学，2005.
- [179] 邵勇，阎长虹，马庆华. 苏州大阳山岩石强度相关关系分析[J]. 长江科学院院报，2015，32(10)：107-110，115.
- [180] 刘加敏. 粗骨料对混凝土回弹测强曲线的影响[J]. 铁道建筑，2016(7)：147-150.
- [181] 蒋正武，周磊，李文婷. 石灰岩骨料混凝土弹性模量与强度相关性研究[J]. 建筑材料学报，2014，17(4)：649-653.